AS FORMAS SOCIAIS DO GOSTO
SENSORIALIDADES E SENSIBILIDADES NA FEIRA DO GUAMÁ

Editora Appris Ltda.
1.ª Edição - Copyright© 2024 da autora
Direitos de Edição Reservados à Editora Appris Ltda.

Catalogação na Fonte
Elaborado por: Dayanne Leal Souza
Bibliotecária CRB 9/2162

C355f
2024
	Castro, Marina Ramos Neves de
	   As formas sociais do gosto: sensorialidades e sensibilidades na Feira do Guamá / Marina Ramos Neves de Castro. – 1. ed. – Curitiba: Appris, 2024.
	   305 p. ; 23 cm. – (Ciências Sociais – Seção Antropologia).
	
	   Inclui referências.
	   ISBN 978-65-250-5866-5
	
	   1. Antropologia. 2. Etnografia sensorial. 3. Feira do Guamá – Belém (PA). I. Título. II. Série.
	
	                                                        CDD – 301

Livro de acordo com a normalização técnica da ABNT

Appris *editora*

Editora e Livraria Appris Ltda.
Av. Manoel Ribas, 2265 – Mercês
Curitiba/PR – CEP: 80810-002
Tel. (41) 3156 - 4731
www.editoraappris.com.br

Printed in Brazil
Impresso no Brasil

Marina Ramos Neves de Castro

AS FORMAS SOCIAIS DO GOSTO
SENSORIALIDADES E SENSIBILIDADES NA FEIRA DO GUAMÁ

Appris
editora

Curitiba, PR

2024

FICHA TÉCNICA

EDITORIAL
Augusto Coelho
Sara C. de Andrade Coelho

COMITÊ EDITORIAL
Ana El Achkar (Universo/RJ)
Andréa Barbosa Gouveia (UFPR)
Antonio Evangelista de Souza Netto (PUC-SP)
Belinda Cunha (UFPB)
Délton Winter de Carvalho (FMP)
Edson da Silva (UFVJM)
Eliete Correia dos Santos (UEPB)
Erineu Foerste (Ufes)
Fabiano Santos (UERJ-IESP)
Francinete Fernandes de Sousa (UEPB)
Francisco Carlos Duarte (PUCPR)
Francisco de Assis (Fiam-Faam-SP-Brasil)
Gláucia Figueiredo (UNIPAMPA/ UDELAR)
Jacques de Lima Ferreira (UNOESC)
Jean Carlos Gonçalves (UFPR)
José Wálter Nunes (UnB)
Junia de Vilhena (PUC-RIO)

Lucas Mesquita (UNILA)
Márcia Gonçalves (Unitau)
Maria Aparecida Barbosa (USP)
Maria Margarida de Andrade (Umack)
Marilda A. Behrens (PUCPR)
Marília Andrade Torales Campos (UFPR)
Marli Caetano
Patrícia L. Torres (PUCPR)
Paula Costa Mosca Macedo (UNIFESP)
Ramon Blanco (UNILA)
Roberta Ecleide Kelly (NEPE)
Roque Ismael da Costa Güllich (UFFS)
Sergio Gomes (UFRJ)
Tiago Gagliano Pinto Alberto (PUCPR)
Toni Reis (UP)
Valdomiro de Oliveira (UFPR)

SUPERVISORA EDITORIAL
Renata C. Lopes

PRODUÇÃO EDITORIAL
Adrielli de Almeida

REVISÃO
Camila Dias Manoel
Ana Lúcia Wehr

DIAGRAMAÇÃO
Andrezza Libel

CAPA
Carlos Pereira

REVISÃO DE PROVA
Lavínia Albuquerque

COMITÊ CIENTÍFICO DA COLEÇÃO CIÊNCIAS SOCIAIS

DIREÇÃO CIENTÍFICA
Fabiano Santos (UERJ-IESP)

CONSULTORES
Alícia Ferreira Gonçalves (UFPB)
Artur Perrusi (UFPB)
Carlos Xavier de Azevedo Netto (UFPB)
Charles Pessanha (UFRJ)
Flávio Munhoz Sofiati (UFG)
Elisandro Pires Frigo (UFPR-Palotina)
Gabriel Augusto Miranda Setti (UnB)
Helcimara de Souza Telles (UFMG)
Iraneide Soares da Silva (UFC-UFPI)
João Feres Junior (Uerj)

Jordão Horta Nunes (UFG)
José Henrique Artigas de Godoy (UFPB)
Josilene Pinheiro Mariz (UFCG)
Leticia Andrade (UEMS)
Luiz Gonzaga Teixeira (USP)
Marcelo Almeida Peloggio (UFC)
Maurício Novaes Souza (IF Sudeste-MG)
Michelle Sato Frigo (UFPR-Palotina)
Revalino Freitas (UFG)
Simone Wolff (UEL)

A Fábio, Gabriela, Pedro e Maria Clara,
que ajudaram no construir-me no mundo da vida.

AGRADECIMENTOS

Este livro nasceu de uma pesquisa realizada durante sete anos na Feira do Guamá, em Belém. Meu primeiro agradecimento vai para as pessoas que fazem essa feira, na sua quotidianidade. Nada poderia ter sido feito sem o diálogo, a atenção e o cuidado construído entre nós, e sou grata à imensa generosidade de todas as pessoas que fizeram e fazem a Feira do Guamá.

Agradeço, igualmente, à Fundação Amazônia de Amparo a Estudos e Pesquisas do Governo do Estado do Pará (Fapespa), que concedeu a bolsa de pesquisa doutoral, e à Coordenação de Aperfeiçoamento de Pessoal de Nível Superior (Capes), que nos possibilitou a realização do estágio doutoral no Departamento de Antropologia da University College London.

Expresso, igualmente, meus sinceros agradecimentos ao Prof. Dr. Fabiano de Souza Gontijo, meu orientador de tese e, em seu nome, a todo o corpo docente do Programa de Pós-graduação em Antropologia da Universidade Federal do Pará.

Acredito que toda pesquisa científica é resultado de um longo processo de colaborações, apoios e sensibilidades comuns. E, isso considerado, também agradeço a meu companheiro, Fábio, e a nossos filhos e neta, Gabriela, Pedro e Maria Clara, sempre juntos na construção de um ideal comum de compreensão e vivência nos mundos das Amazônias.

PREFÁCIO

A Amazônia — essa vasta extensão territorial, que vai de oeste a leste dos contrafortes da Cordilheira dos Andes à Baixada Maranhense e de norte a sul do Mar do Caribe ao Pantanal ou Gran Chaco — é geralmente caracterizada por sua paisagem; mais precisamente, por uma paisagem múltipla e viva, em movimento constante, vivida e experimentada por seres humanos, não humanos, mais-que-humanos e extra-humanos... e por *coisas*, evidentemente. Belém, a capital paraense, é muito provavelmente a quintessência dessa paisagem. Não que seja a "mais importante" ou a "mais magnífica" ou, ainda, a "melhor" cidade amazônica; não se trata disso! Mas é polo de atração, por reunir e, por conseguinte, representar juntos todos os elementos que conformam essa paisagem. Talvez, o conceito mais conhecido e divulgado de "Amazônia" como um poderoso constructo colonial tenha sido inventado em Belém, o "portal da Amazônia". Hoje em dia, é nos mercados da região metropolitana de Belém, aqui chamados de "feiras", que se pode sentir essa quintessência paisagística amazônica em toda a sua concretude, em toda a sua fisicalidade e em toda a sua materialidade, como mostra Marina Castro em seu livro.

Não é à toa que as feiras têm sido um objeto privilegiadíssimo de interesse para quem quer apreender de alguma forma a Amazônia. Inúmeras pesquisas realizadas na região, particularmente em Belém, dão conta disso. Não somente as "pesquisas de mercado", mas sobretudo as pesquisas nas áreas de economia, administração, história, geografia, museologia, arquitetura, sociologia, arqueologia e, evidentemente, de antropologia. Para citar somente uns poucos exemplos, vejam os resultados de pesquisas reunidos em duas excelentes coletâneas, ambas publicadas em Belém, pela Editora do Núcleo de Altos Estudos Amazônicos (Naea), da Universidade Federal do Pará (UFPA): a primeira, de 2010 (com um segundo volume publicado em seguida), organizada por Wilma Leitão, se intitula *Ver-o-Peso: estudos antropológicos no Mercado de Belém*, e a segunda, de 2014 (também com um segundo volume publicado em seguida), organizada por Carmen Izabel Rodrigues, Luiz de Jesus Dias da Silva e Rosiane Ferreira Martins e Voyner Ravena-Cañete, se intitula *Mercados populares em Belém: produção de sociabilidades e identidades em espaço urbano*.

Muitos são os trabalhos de conclusão de curso, dissertações de mestrado e teses de doutorado defendidos em diversas instituições de ensino e pesquisa no Brasil e no exterior, abordando as feiras de Belém, como, para citar somente alguns exemplos, os textos acadêmicos de autoria de Maria Dorotéa Lima, em antropologia, Laura Carolina Vieira, também em antropologia, Paola Haber Maués, em museologia e patrimônio, Francianny Keyla Cabral Moraes, em arquitetura, Ubiraélcio da Silva Malheiros, nas artes e na arquitetura, e Edilson da Silveira Coelho, nas artes — e até um belo guia didático, de autoria de Gleyce T. Chagas Lisboa, Nívia M. da Silva Freitas e Nádia M. da Silva Freitas, foi publicado em 2020 para auxiliar professores do ensino fundamental e médio no uso do potencial das feiras como lugares de ensino e aprendizagem.

As feiras também têm historicamente inspirado e chamado atenção de importantes nomes da literatura, artistas plásticos, fotógrafos, teatrólogos, cineastas e documentaristas — como se vê, por exemplo, nas intervenções realizadas em edições do maior evento artístico anual de Belém, o Arte Pará, sob a curadoria de Paulo Herkenhoff, ou nas diversas exposições do fotógrafo Miguel Chikaoka, ou, ainda, na obra do escritor Bruno de Menezes, ou, enfim, no curta-metragem *Ver-o-Peso*, de 1984, dirigido por Januário Guedes, Sônia Freitas e Peter Roland.

O mercado do Ver-o-Peso, na área central de Belém, tem sido o principal alvo de interesse, muito provavelmente por sua história, que se confunde com a própria história da invasão europeia e da colonização da Amazônia, por sua grandiosidade, diversidade e densidade, que englobam muitos setores econômicos, e, enfim, por sua importância social e cultural, representada pela profundidade das redes de relações que se tecem e pela amplitude dos significados e símbolos que se formulam e reformulam ali. Mas o Ver-o-Peso é somente um dos mercados belemenses.

O livro que aqui tenho o prazer de apresentar é oriundo da pesquisa meticulosa, minuciosa e cuidadosa realizada entre 2011 e 2018 por Marina Castro, inicialmente no âmbito do curso de mestrado em Artes e, em seguida, para a obtenção do título de doutora em Antropologia junto ao Programa de Pós-graduação em Antropologia (PPGA) da UFPA. Suas dissertação e tese e, agora, seu livro vêm complementar brilhantemente os estudos já existentes sobre as feiras amazônicas. E seu livro vai muito além de complementá-los, por algumas razões que destaco rapidamente aqui: a inventividade do tema, a originalidade da abordagem, a criatividade da metodologia, a criticidade da revisão teórica e, *last but not least*, pela reflexividade do engajamento (político) da pesquisadora.

Marina Castro se propôs a tratar da experiência social do gosto com base em uma etnografia realizada na dinâmica Feira do Guamá, segunda maior feira de Belém, depois do Ver-o-Peso.

A pesquisa se alicerçou nas perspectivas fenomenológicas de Maurice Merleau-Ponty e de Alfred Schütz, combinando-as com o interpretativismo antropológico e suas críticas pós-modernas, a antropologia modal de François Laplantine e as antropologias sensorial e dos sentidos de David Le Breton, David Howes e Constance Classen, além dos estudos de cultura material de Daniel Miller e Chris Tilley. Com isso, Marina Castro pôde proceder à realização de uma etnografia sensorial, como proposto por Sarah Pink, com base na concepção de que etnografia é teoria, conforme sugerido por Mariza Peirano.

Os conceitos de sociação, socialidade e sociabilidade, de Georg Simmel, assim como os de traços, de Jacques Derrida, e de percepção sensorial, de Tim Ingold, permeiam toda a trama montada por Marina para dar conta, assim, das experiências sociais do gosto, ou seja, para compreender a construção social dos sentidos e do gosto como vetor de sensibilidades, socialidades e sensorialidades partilhadas na Feira do Guamá.

Participando ativamente da vida dos feirantes, compartilhando sensorialidades e formulando socialidades no cotidiano da feira, Marina Castro acabou por revisar o alcance da teoria do gosto proposta por Pierre Bourdieu no fim da década de 1970. Para ela, o gosto, enquanto forma de expressão e sociação, não deve ser reduzido à condição de um simples prazer estético ou enquadrado em categorias pautadas pelas concepções hegemônicas de beleza, ideal ou perfeição. O gosto passa a ser, assim, muito mais do que um princípio de organização social. Ela o demonstra primorosamente, em particular, nos "retratos sensoriais" apresentados no quinto capítulo, em meio aos conceitos de espacialidade, sensibilidade, percepção, sentidos e sinestesia. O gosto, na pesquisa de Marina Castro, adquire uma densidade de concretude, já que os sentidos se materializam no gosto por meio das coisas da feira... das coisas amazônicas que *fazem* a feira. Ou seja, o gosto se torna mais uma das formas tomadas pela quintessência paisagística amazônica. Eis a grande inovação sugerida por este livro.

Muito se tem falado da Amazônia, principalmente nas duas últimas décadas, a partir da tomada de consciência, por parte, principalmente, dos países mais industrializados do planeta, dos efeitos acelerados das mudanças climáticas em andamento. Muito se tem falado *sobre* a Amazônia e *em nome das* pessoas que vivem na região, embora pouco se tenha escutado as vozes locais. A região virou global. "Virou" agora, mesmo?

Ora, a região sempre foi global, como vêm mostrando os professores arqueólogas/os que Marina Castro teve ao longo de sua formação no Brasil, na França e na Grã-Bretanha. Antes mesmo da invasão colonial, já se tratava de um território de ampla circulação, múltiplos trânsitos, vivências diversas, trocas intensas e experimentos socioculturais inventivos. É essa Amazônia ancestral que Marina Castro nos apresenta com a exatidão e o rigor acadêmicos objetivos e, ao mesmo tempo, com a delicadeza e a sofisticação intersubjetivas de uma pesquisadora engajada, por meio das experiências sociais do gosto na Feira do Guamá. Aqui, são as pessoas feirantes que não somente falam da Amazônia, mas falam, sobretudo, *nos termos da* própria Amazônia, expressando-o com toda a sua sensibilidade.

Enfim, estamos diante de uma leitura de suma relevância para se pensar a Amazônia *de outra forma*, para além dos modelos existentes, nos termos das coisas da Amazônia, do espaço-tempo amazônico, das entidades amazônicas e das pessoas amazônidas que construíram e continuam construindo cotidianamente, no âmbito da feira, inclusive, não somente fisicamente, mas simbólica, cultural e socialmente — ou seja, *sensivelmente* — esse território hoje tão falado. Aproveitem a leitura!

Fabiano Gontijo[1]
Professor, Universidade Federal do Pará.
Bolsista de Produtividade em Pesquisa,
Conselho Nacional de Desenvolvimento Científico e Tecnológico

---

[1] E-mail: fgontijo2@hotmail.com

APRESENTAÇÃO

Este livro surge do desejo de compreender e evidenciar que as sensibilidades permeiam a integralidade de nossa existência na carne do mundo, pois dela fazemos parte; seja essa existência refinada ou mundana, ordinária ou excepcional, apurada ou insípida, assonante ou dissonante no e com o mundo da vida, onde ela se gera e se reverbera por meio dos sentidos do corpo na carne do mundo. E a Feira do Guamá, em Belém, torna-se, aqui, o lócus referencial, o arquétipo singular, dessa presença sensível da carne do mundo. E é por meio dela que procuramos encontrar as conformações do gosto no mundo da vida.

Pode parecer incomum falar sobre práticas do gosto em uma feira. Uma feira não é lugar onde, costumeiramente, se identificam práticas de gosto. Isso se dá pelo fato de que o gosto, tomado como fenômeno humano, tende a ser pensado em relação a um referencial platônico que o considera sempre dicotomicamente: há gosto/não há gosto ou, ainda, bom gosto/mau gosto. Os lugares de um gosto, digamos, positivados – há gosto/bom gosto – são, normalmente, instituições e espaços sociais empoderados pela experiência *savante* das sociedades: academias, museus, palácios, galerias, prédios institucionais, escolas, centro do poder político e econômico, locais de residência e trabalho de intelectuais e de indivíduos componentes das elites.

Assim, para encontrar esse gosto que ali, na feira como na vida cotidiana, se gera e reverbera e do qual falamos neste livro, procuramos não reduzir a ideia de gosto a uma compreensão dicotômica que o positiva ou o negativa. Tratamos o gosto como uma construção social, gerada nos processos sensoriais pessoais e coletivos partilhados. Nesse sentido, procuramos entendê-lo como um constructo que coloca em evidência uma forma de estar no "mundo da vida" – o mundo de experiências socialmente partilhadas e cotidianas, tal como elaborado pela abordagem fenomenológica e pelas sociologias compreensivas; o mundo das experiências sensíveis e sensoriais que, como sugere Merleau-Ponty, é contíguo ao nosso existir. Pensar gosto é pensar sensibilidade e processos de sensorialidade, é pensar em ambiente e corpo, categorias inerentes a esse estar no mundo da vida e conformar a carne do mundo. Entrar na feira equivale, portanto, a experienciar a própria "carne do mundo" de que fala esse autor.

Nosso aporte teórico metodológico está assentado no mundo da vida e na carne do mundo a partir do entendimento de Merleau-Ponty (1945). Assim, procuramos estar no mundo da vida compreendendo que fazemos parte, a partir de nossas vivências e experiências, da carne do mundo. Nossa carne é a carne do mundo. E o mundo é a nossa carne.

Procuramos igualmente adotar uma postura, ou melhor, uma abordagem, arqueológico-fenomenológica, que objetiva desvelar as múltiplas camadas de sentidos associadas ao gosto na feira. Essa disposição, acreditamos, se encontra tanto na arqueologia, de maneira explícita, quanto na fenomenologia, de forma mais sutil. Assim, exploramos a fenomenologia, com suas possibilidades de compreensão dos sentidos partilhados, e a arqueologia, que evoca essa maneira de escavar os sentidos denotativamente. A ideia foi escavar as vivências e experiência enraizadas, de certa maneira, no quotidiano de quem vive a feira. Para tanto, procuramos realizar uma etnografia sensorial pautada por uma antropologia dos sentidos no mundo da vida de uma cidade amazônica, quente, úmida e periférica. Além de outros, corroboraram para essa construção o pensamento de Schutz (1967) e Castro (2012a).

Dessa maneira, o aporte reflexivo dos autores do Seminário de Santa Fé, todos, assim como David Howes, Constance Classen, François Laplantine, Jeanne Favret-Saada, Sarah Pink, Daniel Miller, contribuíram significativamente para refletir sobre os processos de constituição das formas sociais – simmelianas – inerentes a uma carne do mundo amazônica e periférica. Assim, podemos entender que o gosto substantivo está aqui, neste lugar, sendo conformado e conformando o mundo da vida do eu e do outro.

Marina Ramos Neves de Castro

SUMÁRIO

4

OS SENTIDOS, A CULTURA MATERIAL E A CONFORMAÇÃO DO GOSTO NA FEIRA DO GUAMÁ

5

RETRATOS SENSORIAIS: AS SENSIBILIDADES NA FEIRA

6

À GUISA DE CONCLUSÃO: GOSTO E INTERSUBJETIVIDADE, DISTENDENDO O CONCEITO DE GOSTO

REFERÊNCIAS

INTRODUÇÃO

Estamos convencidos de que quanto mais rica for a diversidade de versões que a história da disciplina nos proporcione, tanto mais satisfatória poderá ser a nossa compreensão, uma vez que ela estará abrangendo não uma perspectiva, mas uma multiplicidade delas, onde se inclui naturalmente a nossa própria, de portadores de uma dada "cultura científica [...]".
(Cardoso de Oliveira, 2003, p. 83)

Pode parecer incomum falar sobre práticas do gosto em uma feira. Uma feira não é lugar onde, costumeiramente, se identificam práticas de gosto. Isso se dá pelo fato de que o gosto, tomado como fenômeno humano, tende a ser pensado em relação a um referencial platônico que o considera sempre dicotomicamente: há gosto/não há gosto ou, ainda, bom gosto/ mau gosto. Os lugares de um gosto, digamos, positivados — há gosto/bom gosto — são, normalmente, instituições e espaços sociais empoderados pela experiência *savante* das sociedades: academias, museus, palácios, galerias, prédios institucionais, escolas, centro do poder político e econômico, locais de residência e trabalho de intelectuais e de indivíduos componentes das elites.

Bourdieu (2007) já discutiu como a questão do gosto constitui um mecanismo de poder e uma forma de capital. Por meio dele, controla-se muito da reprodução social e produz-se muito da exclusão dos indivíduos socialmente indesejados, sob o pretexto, insustentável, de que eles não partilham das mesmas experiências de gosto; ou, pior ainda, de que eles não teriam condições cognitivas de partilhá-lo. Com efeito, o problema não é que esses indivíduos não partilhem de determinado gosto, nem que tenham ou não "condições" cognitivas para partilhá-lo, mas, sim, que não é possível reduzir a questão do gosto a essa compreensão dicotômica que o positiva, como há e não há e/ou como bom e mau gosto. Além disso, o tema do gosto está vinculado a uma discussão estético-filosófica que, ao longo dos últimos séculos, se deslocou para a filosofia e para o universo das artes — um universo que aparenta pretender certo monopólio sobre a reflexão do que seja o gosto.

O gosto sobre o qual trato neste trabalho não se enquadra nessas dicotomias e não é pensado como uma relação ou um instrumento de poder e/ou de reprodução social. Como disse, pode parecer incomum falar sobre práticas do gosto em uma feira, afinal não é um lugar onde, costumeiramente, se identificam práticas de gosto. No entanto, é justamente a construção social do gosto, numa feira, que constitui o objeto deste trabalho. De certa maneira, busco fazer uma arqueologia do gosto numa feira, no sentido de uma escavação das sensorialidades que, partilhadas pelo grupo, eventualmente podem vir a ser vivenciadas por esse mesmo grupo como gosto. A ideia, aqui, é vir de baixo para cima, ou seja, escavar as vivências e experiência cotidianas e enraizadas, de certa maneira, no quotidiano de quem vive a feira, e não o contrário, como faz Bourdieu (2007). Desejo pensar o gosto como vivência sensorial e social, e não como objeto, ou capital, na reprodução social.

Da mesma forma, também procuro deslocar a feira de seu paradigma convencional — espaço comercial de compra e venda — para um ponto de observação diferenciado. Não privilegio, assim, uma perspectiva sociológica, econômica ou histórica do que seja a feira, mas, sim, uma percepção antropológica do que é o fenômeno social do gosto e dos sentidos na feira, uma percepção que foi construída com base na prática etnográfica.

Convém destacar, por isso mesmo, como percebemos a feira, partimos do senso comum. De acordo com Bueno (1983), no seu dicionário da língua portuguesa, feira também é vista como mercado, um lugar de "venda de mercadoria ao ar livre, em vias públicas etc., em determinado dia da semana" (1983, p. 484). Conforme o mesmo dicionário, mercado, para o que aqui nos é concernente, é o "lugar de venda de gêneros alimentícios e outros; povoação em que há grande movimento comercial" (1983, p. 720); ou seja, nessa concepção, mercado seria o espaço físico, geralmente coberto, onde se desenvolve a feira. Visto que ambos se confundem e, em geral, são tomados um pelo outro, de maneira genérica, com o mesmo significado, optamos por manter o sentido usual, empregando os termos como sinônimos no caso aqui tratado. A priori, a feira é o lugar onde ocorre troca de mercadorias e de serviços; no entanto, na condição de espaço aberto, a feira compreende o mercado, espaço fechado. Assim, trabalhamos com ambos, a feira e o mercado, pois, quando falamos de um, estamos falando do outro.

O que importa, em nossa perspectiva, é que a feira, espaço de troca e de interações, pode ser pensada como uma forma social viva e pulsante, que se conforma continuamente conforme as múltiplas interações ocorridas em seus espaços e em suas temporalidades, como veremos ao longo deste trabalho.

Assim, a feira da qual falamos não se limita a uma localidade; ela atravessa espaços socioculturais e temporais, conformando-se por meio de interações contínuas. A feira da qual falamos é uma forma social, a forma-feira. Para compreendê-la dessa maneira, partimos de Simmel, que entende forma social como o resultado de um processo que se constrói, ininterruptamente, segundo as relações que se estabelecem entre os mais diversos elementos e conteúdos (Simmel, 2006), presentes num dado contexto.

Para Simmel (2006), o conteúdo é a matéria da sociação, ou seja, é um elemento que forja a interação, que participa da interação e que lhe dá mobilidade. Importante entender que, conforme Simmel (2006), não existe forma social estática, ela está sempre em processo, transformando--se, "formando-se" de acordo com os elementos que a conformam. Para ele, a sociação é "a forma que se realiza de inúmeras maneiras distintas" (Simmel, 2006, p. 60).

Assim, proponho pensar a feira de maneira não convencional e por meio de uma estratégia formista, uma estratégia simmeliana, que compreende o conteúdo e/ou a forma-conteúdo, tais quais os sentidos e o gosto, como elementos que contribuem para a conformação da feira enquanto tal, do mesmo modo como elemento que contribui para o desencadeamento e para a consolidação de reciprocidades.

Estratégias de campo

Esta etnografia foi feita em dois momentos. No primeiro, ocorrido nos anos de 2011 e 2013, estive na feira no âmbito da minha pesquisa de mestrado em Artes (Castro, 2013), buscando compreender possíveis formações artísticas na vida cotidiana da Feira do Guamá. No segundo momento, entre 2015 e 2018, retornamos à Feira do Guamá com o objetivo de compreender as formas sociais do gosto no âmbito de minha pesquisa de doutorado, que resultou neste livro.

Em parte, esta pesquisa se fez andando; andando e coletando imagens, odores, sabores, ruídos, tatos, falas; coletando sensações e tentando perceber o que é o gosto conforme essas sensações; andando e "fazendo a feira". Desde o projeto de pesquisa com o qual entrei no doutorado do Programa de Pós-graduação em Antropologia (PPGA), eu já anunciava minha predisposição metodológica em realizar um campo na Feira do Guamá, por meio do ato de "fazer a feira". Ou seja, eu me propus a caminhar, ouvir, sentir, tocar, comer, ver, valorizando as sensações. Exatamente como o não antropólogo, a pessoa que vai à feira para "fazer a feira" fá-lo buscando encontrar o melhor produto — a melhor banana, a melhor farinha —, valendo-se dessa disposição ou disponibilidade sensorial que, por meio da interação, cultiva reciprocidades.

Em minha infância, a expressão "fazer a feira" era recorrente em meio a meus familiares e evocava, de certa maneira, essa disponibilidade: o ato de andar pela feira buscando encontrar coisas saborosas, de boa qualidade, as melhores para se levar para casa. Evidentemente, num mundo em que as feiras cedem um pouco de seu espaço para os grandes supermercados — onde impera certa ideia de assepsia, os produtos são mediados por embalagens de todos os formatos, e o valor é aferido por frios códigos de barras —, retornar à feira, muitas vezes, parece-me como um humanizar do alimento, das relações, das sensações e do gosto. Andar pela feira "fazendo a feira", numa etnografia *on foot*: isso talvez resuma minha abordagem. Afinal, procurei sempre andar, parando aqui e ali, e predispondo-me a conversar com todos, ouvindo histórias de vida e procurando compreender como a feira é sentida, percebida, na sua vida quotidiana.

Ia à feira para "fazer a feira" e, assim, efetivamente, justificava minha aproximação para introdução do diálogo, para minha apresentação ao feirante e para comprar o que de melhor a feira podia oferecer-me, suprindo minha despensa, geladeira, proporcionando a alimentação necessária para a família; além do que, para mim, era mais barato comprar na Feira do Guamá do que em qualquer outra feira de Belém, mesmo na do Ver-o-Peso, como observou Dona Raimunda — *"Aqui, mana, é muito mais barato. Não dá nem pra comparar!"*[2] — ao comprar goma para tapioquinha do Seu Mário.

Para ajudar a registrar meu campo, habituei-me a andar, sempre, com um pequeno gravador pendurado ao pescoço. Em meu entendimento, isso me habituaria e ao frequentador da feira àquele aparelho, afastando aos poucos qualquer estranhamento ou impedimento entre mim, meu interlocutor e o gravador. De fato, ao longo do tempo, isso aconteceu, e eu

---

[2] Dona Raimunda é moradora do bairro desde a infância, aparenta ter mais de 60 anos e faz salgados e doces por encomenda. Em entrevista realizada no dia 14 de janeiro de 2017, fez questão de deixar claro que a Feira do Guamá é mais barata que a do Ver-o-Peso e utiliza como exemplo a cuba de 30 ovos que, naquele dia, no Guamá, ela estava comprando por R$ 8,50, enquanto no Ver-o-Peso, de onde ela acabara de vir, estava custando R$ 13 e, no supermercado, R$ 17.

me sentia à vontade utilizando aquele aparelho sempre ligado. Acredito que o mesmo aconteceu com meus interlocutores. Quando, por vezes, principalmente em um primeiro encontro, meu interlocutor notava o aparelho, ou eu notava que o feirante o tinha observado, achando aquilo estranho, eu me precipitava em explicar que eu o utilizava porque eu conversava com muita gente por ali, e às vezes esquecia "naturalmente", pois não conseguia gravar/recordar tudo o que eu havia conversado; dessa maneira, o gravador me ajudava a relembrar. Também observava ao meu interlocutor a importância de eu registrar os ruídos e sons da feira. Meu interlocutor aparentava entender-me, e assim conversávamos, acredito, mais tranquilamente tendo sempre minhas mãos livres para carregar as sacolas com compras. E, com minhas idas e vindas e meus reencontros com esses interlocutores, o aparelho, aparentemente, desaparecia de nossa relação.

Usava também uma câmera fotográfica, com a qual, vez ou outra, depois de pedir permissão, registrava a imagem de um feirante, de um box ou de uma mercadoria, de algo que me interessasse, ou mesmo do próprio contexto, algumas vezes sem que nada tivesse me chamado atenção particularmente; além disso, registrava a própria vivência do momento. Em algumas ocasiões, também levava uma câmera filmadora, o que me permitiu filmar algumas performances, como a do tratamento de peixes por um ou outro peixeiro, a do tratamento de carne por um açougueiro, a composição de um buquê, a lavagem da feira. Mas os registros foram para além dessas cenas: também filmei a banalidade do andar pela feira, meu mero andar pela feira; fiz isso com a autorização de cada um daqueles que se deixou registrar. Algumas vezes, pedi para eles mesmos registrarem uma filmagem, como no caso da lavagem da feira; na maioria das vezes, porém, eu mesma o fazia.

Ao andar pela feira, registrava-a como um todo, sempre que acreditava necessário e importante, sempre que estava com a posse do equipamento adequado, ainda que filmasse o que aparentava ser ordinário. Não usei caderneta ou papel e caneta para fazer alguma anotação, pois assim me sentia mais livre para dar atenção ao meu interlocutor; da mesma maneira, com minhas mãos livres, sentia-me mais à vontade para estabelecer uma relação contínua, com minha atenção voltada inteiramente ao meu interlocutor e ao meu entorno. Efetivamente, eu acreditava que qualquer parada para tomar nota acabaria interferindo na construção de minha relação com aquele com quem eu queria uma aproximação. O gravador funcionou na pesquisa para além das minhas expectativas, pois ele foi capaz de registrar aquilo que, no momento acontecido, não pude perceber, tal era a intensidade e diversidade de manifestações e informações que se produziam ali.

Outro procedimento importante que utilizei foi, logo na saída do campo, transcrever aquilo que eu tinha experienciado; dessa maneira, não somente transcrevia aquilo que o gravador tinha registrado, mas, principalmente, tomava notas das minhas impressões, ainda frescas nas minhas lembranças, nos meus sentidos e no meu corpo. Ou seja, tudo o que eu havia vivido naquelas últimas horas na feira estava mais vivo, tudo ainda estava mais intenso em meu corpo e em minha mente. Certo, terminava esse trabalho ainda mais atordoada, pois o som do gravador acabava por reproduzir, de maneira mais acentuada, todo o universo sensorial vivenciado naquelas horas na feira, por meio de um único veículo, o auditivo.

No primeiro momento da pesquisa, em 2011 e 2012, pude contabilizar, pelo menos, 61 entrevistas registradas e transcritas, as quais foram significativas para o desenvolvimento deste trabalho. Mas meu método de registro, naquele primeiro momento, apesar de contar com o gravador, era diferente: eu acentuava minhas descrições somente nas entrevistas, assinalando o que cada entrevistado gostava ou deixava de gostar na feira, suas impressões e qualquer outra informação centrada em nossos diálogos.

Já durante os anos de 2014 a 2017, centrei-me na descrição etnográfica densa (Geertz, 1989), colocando cada entrevistado no contexto de minha e de sua vivência ali na feira, e, dessa maneira, não me preocupei em contabilizar o número de entrevistados. No entanto, somando-se aos 61 entrevistados — voltei a reestabelecer interações com a maioria deles — e acrescentando a esse número os novos feirantes que conheci, com os quais entrei em interação, 52 feirantes é um número menor, com certeza, mas significativo de frequentadores da feira realizando diálogos e entrevistas com 113 interlocutores, conversas acerca das impressões dos feirantes, fregueses e frequentadores dali sobre a feira, sempre centradas no que eles gostavam ou deixavam de gostar da Feira do Guamá. Essa pergunta abria nossas perspectivas, minha e deles, para que o diálogo se estendesse e pudéssemos falar sobre suas impressões a partir dali. Essas conversas nos levaram, muitas vezes, a trocar receitas e a partilhar nosso quotidiano.

Metamorfoses da feira

Também gostaria de dizer algo a respeito do que é a feira em sua dimensão histórica, como espaço de experiência social. A feira é um espaço social tradicional e um *topos* central em muitas sociedades. Espaço por excelência das trocas, a feira pode ser encontrada em todas as épocas e em todos os espaços do chamado Ocidente. Anderson e Lathan (1986) mostram a evolução dos mercados ao longo da história ocidental; Redfield (1986) trata especificamente das feiras na Grécia arcaica, mostrando como essa experiência estruturou um padrão de divisão de espaços e de procedimentos de negociação que tendeu a se disseminar por todo o Mediterrâneo nos séculos seguintes. Kampen (1981) mostra muito do que foi a feira romana ao estudar a força de trabalho feminina na cidade de Óstia, ao longo do período imperial. Bridbury (1986) faz uma síntese do que foi a feira na Idade Média. Faroqi (1984) discute a venda de alimentos nas feiras da Anatólia, no século XVI. Geertz (2003) indica variáveis de um modelo de feira, o *souq*, com base em sua etnografia de Sefrou.

Cabe perceber, também, que a modernidade ocidental produziu metamorfoses do mercado, como as galerias, ou *passages*, discutidas por Walter Benjamin (2007), como um dos espaços centrais do urbano dezenoviano, os grandes magazines e as lojas de departamento. Esses dois últimos produtos das *passages* também surgiram no contexto da metamorfose dos mercados e das feiras. Evidentemente que se trata de uma correlação vertical, somente compreensível no contexto de uma expansão da oferta de produtos manufaturados associada à emergência de esferas públicas nas quais se realizavam, para além do debate político e intelectual, novas mediações do desejo e das práticas de consumo.

Uma variada e instigante bibliografia discute essas metamorfoses modernas e contemporâneas do mercado. Carrier (1995) oferece uma perspectiva histórica geral das metamorfoses da feira a partir de 1700; Miller (1998a), por sua vez, procura iniciar uma teoria geral da prática e do ato de comprar, descrevendo a predisposição intersubjetiva que estaria nos fundamentos de outro fenômeno, o de consumo. A diferença entre o comprar e o consumir produz-se, aparentemente, no processo de compreensão dessa experiência cultural associada à constituição do espaço público moderno.

Esses dois autores, Carrier (1995) e Miller (1998a), ilustram dois debates diferentes e instigaram muitas reflexões sobre o fenômeno: aquele que se dá em torno de uma perspectiva sobre a formação histórica dos mercados e aquele que se dá em torno da discussão sobre o consumo.

No primeiro grupo, podemos referir o trabalho de Rappaport (1996), que versa sobre a construção do "gosto" e da "tentação" na Londres vitoriana; o de Fraser (1981), sobre o surgimento das lojas de departamento, por volta de 1850; o de Kowinski (1985), sobre o advento da "cultura do retalho", nos mercados de Nova Iorque do século XIX; o de Miller (1981), sobre o papel do *grand magazin* parisiense *Au Bon Marché* na conformação do gosto burguês dezenoviano; o de Williams (1982), sobre o surgimento do consumo e do gosto de massa no século XIX; o de Sargentson (1996), sobre o gosto de luxo dezenoviano; o de Honig (1999), sobre a pintura de feiras e mercados na Antuérpia do século XVII; e o de Schama (1987), sobre as práticas sociais do gosto e o mercado em Amsterdam do século XVII, para citar alguns dos mais conhecidos trabalhos nesse campo.

O segundo bloco de discussão que referimos, aquele que trata dos processos de consumo, é representado por, entre outros, Bowlby (1985), que faz interessante revisão da descrição literária do consumo; McCracken (1986), que reflete sobre o caráter simbólico dos bens e serviços no ato do consumo; Dittmar (1992), que escreve a respeito da dimensão psicológica do ato de possessão de um objeto de desejo, nas sociedades contemporâneas; Benson (2000), que aborda o fenômeno da compulsão no ato de comprar e o consumo como elemento de conformação do *self* nas sociedades da abundância; e Solomon *et al.* (2002), que discutem o comportamento do consumidor europeu contemporâneo. Uma tônica dominante nesse debate é a compreensão de que aquilo que entendemos por consumo é um fenômeno cultural importante em muitas sociedades, mas que tem uma forma dominante a partir da conformação do espaço público moderno.

Além desses dois grandes blocos de debate, podemos localizar outro, menos expandido, embora não menos importante, que é aquele que trata da estrutura física dos mercados modernos e contemporâneos. Esse debate é representado por De Certeau (1985), em seu trabalho sobre as "políticas do espaço"; Ogborn (1998), em sua produção sobre a geografia das feiras e dos mercados de Londres, no século XIX; Nead (2000), em seus escritos sobre o comércio de rua e as especialidades dos mercados londrinos, no século XIX.

Todos esses debates parecem ser tributários, em alguma medida, do trabalho seminal de Walter Benjamin sobre as galerias parisienses do século XIX. Efetivamente, a "Capital do Século XIX", com sua cultura material, suas passagens, seus tipos humanos associados à experiência moderna — o *flâneur*, o trapista, a prostituta, o jogador etc. — parece confirmar um referencial central para o que entendemos por mercado e consumo, mas, de fato, há dimensões importantes a considerar que ficam deslocadas em relação à modernidade parisiense dezenoviana destacada por Benjamin.

No entanto, referimo-nos a outras experiências modernas, todas igualmente importantes para os sentidos que muitos de nós atribuímos ao mercado e ao consumo. Referimo-nos, então, às experiências como as metamorfoses da feira, que tiveram lugar na Itália, particularmente na Toscana do Renascimento, e àquelas que tiveram lugar na Holanda e na Flandres dos séculos XVI e XVII. Certamente, muitas experiências similares podem ser referidas. Fiz alusão a essas duas porque elas constituem etapas de grande magnitude na ilustração dessas metáforas modernas da feira.

A sensibilidade na feira

Ensejamos compreender, com este trabalho, de que maneira a experiência social sensível e partilhada, essa intersubjetividade (Schutz, 2012), que também pode ser chamada de sensibilidade ou de gosto comum, contribui para a conformação de formas sociais (Simmel, 2006). O espaço social que utilizamos, ou melhor, que experienciamos, para fazer essa discussão é uma feira popular localizada no bairro do Guamá, o mais populoso da cidade de Belém, estado do Pará, na Amazônia brasileira. Por meio de uma etnografia dessa feira, a Feira do Guamá, buscamos compreender o papel do gostar junto, da partilha de sensibilidades, para o processo de sociação, que, como Simmel (2006) descreve, é conformado pelo adensamento das relações sociais por meio de formas, ou melhor, de composições cognitivas intersubjetiva e socialmente, partilhadas.

Assim, quando falamos em sensibilidade, buscamos referir não à experiência particular de um indivíduo, tampouco ao estado de atenção que alguém tem em relação a alguma coisa, no sentido de *ser sensível* a isso ou àquilo; referimo-nos a uma experiência social de partilha de referenciais de gosto, de "sentir com outros", de partilhar de um mesmo conjunto de vivências sensíveis. Trata-se, como anteriormente colocamos, de uma experiência intersubjetiva, no sentido que o referencial fenomenológico, particularmente Schutz (2012) e Ricoeur (1999), dá a esse termo, ou seja, como substrato da vida cotidiana.

É por esse referencial que buscamos compreender o gosto, a sensibilidade, como forma social e, consequentemente, como mecanismo da sociação (Simmel, 2006). A respeito desse termo, esclarecemos que seguimos o pensamento de Simmel, segundo o qual *sociação* é o processo fundamental da vida social, a interação geral entre os indivíduos, que toma diferenciadas formas sociais (Simmel, 2006, p. 60). Assim, entendemos a *sociação* como o mecanismo de produção de vínculo (Castro, M., 2017; Castro; Castro, 2017a; Simmel, 1983, 1999, 2006), discussão feita mais à frente.

Dizendo de outro modo, indagamos sobre qual o papel das sensibilidades na conformação das interações na vida social: como ela se constrói, se desenvolve e corrobora a sociação e, eventualmente, a coesão social, gerando relações de troca, de pertencimento, de reciprocidades e o gosto. Nessa perspectiva, procuramos entender como as sensibilidades engendram maneiras de se estar junto; buscamos, em síntese, entender o papel das sensibilidades e sua conformação em uma feira, a segunda maior da capital paraense, segundo os feirantes e fregueses que nela trabalham e circulam.

Dessa maneira, nosso primeiro objetivo é compreender como, por meio de que sensibilidades e percepções, as pessoas estabelecem relações, constroem reciprocidades e partilham de uma forma de estar no mundo. Buscamos compreender quais são os elementos que arquitetam essas sensibilidades vivenciadas em comum; como eles se evidenciam, se combinam, se integram, se desintegram e interagem; de que forma, por intermédio de que materialidade, essas sensibilidades, ou gostos, estão presentes na cultura material na feira; como as pessoas que frequentam a feira estabelecem relações entre si e com o meio social circundante; e, enfim, como essa sensibilidade se manifesta na feira e evoca um gosto comum ou uma intersubjetividade.

A estrutura deste livro

O que falei anteriormente sobre as metáforas da feira tem um único objetivo: mapear um campo de significados, sentidos e reflexões para melhor situar a temática específica deste trabalho. Dessa maneira, no primeiro capítulo, procuro colocar em evidência meu objeto de estudo, as sensações, os sentidos e o gosto que encontrei na feira ao chegar lá; procurei evidenciar, por meio da etnografia (Geertz, 1989; Peirano, 1995, 2006), aqueles elementos e conteúdos que conformam a feira enquanto tal, as pessoas e as coisas materiais e imateriais na sua concretude, as sensibilidades de todas as ordens; aquilo que, acredito, seria a carne do mundo (Merleau-Ponty, 1945, 1985), que dá corpo à feira.

No segundo capítulo, procurei um afastamento pragmático — mesmo que ainda saibamos que há uma interferência na construção da escritura — para poder discutir a feira em sua pragmática quotidiana e ordinária, um registro factual da Feira do Guamá. Procurei fazer um mapeamento dos espaços construídos pela Prefeitura de Belém, sabendo que esses espaços sofreram e sofrem negociações contínuas ao se transformar em lugares de trabalho, de afetos e de vivências. Desse modo, procuro evidenciar como esses espaços foram negociados e ocupados por seus feirantes.

No terceiro capítulo, mostro quais os recursos teóricos e metodológicos que serviram de suporte para poder aproximar-me, seja do campo, seja de meu objeto de estudo, revelando como os pensei e os conformei para poder aplicar ou não conceitos e métodos. Convém observar que não procurei conformar meu objeto dentro de uma teoria ou metodologia específica, pois somente me utilizei delas para que o objeto de estudo pudesse melhor manifestar-se, melhor aflorar-se, deixando-se perceber.

No quarto capítulo, disponho-me a entrar na carne daquele mundo e a compreender como essa carne se conforma, observando de perto e de dentro os sentidos, a cultura material e a conformação do gosto na Feira do Guamá. Esforço-me por expô-la, sabendo que essa suposta exposição é uma escolha que registro aqui, mas é uma escolha que se conforma no ato da vivência de muitos, não somente do pesquisador. Dessa maneira, o quinto capítulo funciona como um retrato sensorial da Feira do Guamá, o que seria, em meu entendimento, o elemento que "dá liga" (Maffesoli, 2000a) entre os demais elementos que compõem a Feira do Guamá.

No capítulo quinto, procuro construir retratos da feira por meio das percepções sensoriais do ato "fazer a feira", ou seja, de minhas interações e interlocuções cotidianas no Guamá. Trata-se de registrar, sensorialmente, os elementos e conteúdos das formas sociais que conformam a cultura sensorial, a "carne do mundo" em um lugar, a cidade de Belém, Amazônia paraense.

Este trabalho ainda possui um espaço conclusivo presente no capítulo sexto. Conclusivo ou, talvez, inconclusivo – se seguirmos as discussões metodológicas do livro –, aquilo que é um encaminhamento para uma conclusão que demanda retorno, no qual registro o que compreendi sobre o que seria o gosto depois de minha incursão e estadia no campo. Dessa forma, à guisa de conclusão, explano sobre o que seria o gosto e a intersubjetividade, procurando distender o conceito de gosto.

Após esse percurso, entendo que o trabalho chegou ao fim. Espero que, pelo menos, sua leitura leve ao prazer em lê-lo e, quem sabe, essa leitura suscite em cada leitor o desejo de conhecer uma feira e penetrá-la, ou, ainda, de experienciar a Feira do Guamá.

O GOSTO NA FEIRA DO GUAMÁ

1.1 Caminhando por entre corredores, sentidos e experiências

Em um sábado qualquer, ordinário, comum, adentramos a Feira do Guamá. Entramos num reino de um colorido intenso e diversificado. Folhagens verdes de todos os matizes nos cercam; frutos de todas as cores impõem-se, enquanto seus aromas nos tomam os sentidos. Entramos ali pelo corredor, que, envolto em frutas e legumes, faz com que eu me sinta mais protegida, ou menos exposta, nesta tarefa de fazer etnografia, que não aprendi na graduação e para a qual o doutorado me lança, me empurra, inclemente com as minhas inexperiências, deixando-me ansiosa pelas experiências do campo. Nesse reino colorido e perfumado, somos cercados, também, por vozes, por muitas vozes, pequenas expressões animadas, gentis; outras, jocosas (Radcliffe-Brown, 1952) e engraçadas; todas elas, expressões verbais corriqueiras e entrecortadas:

> *Alô, freguesa, o que tem pra hoje?!*
> *Bom dia, freguês!*
> *O que deseja, amada?*
> *Posso ajudar, querida?*
> *E aí, papai? O que que o neném manda agora?*
> *Comendo aí, né, papai?!*
> *O que é, meu amor?*
> *Ei, meu patrão!*
> *Leva dois aí, bebê.*

Os sons se sobrepõem. Acima dessas vozes, um tumultuado horizonte de ruídos. É intenso o barulho de carros, motos, buzinas, sirenes, ônibus e caminhões, mas também há a contribuição das muitas *bike-sons*[3], dos carros e das bocas de ferro[4] (sonoros urbanos) publicizando

---

[3] Bicicletas que levam, em seu carregueiro, dianteiro ou traseiro (o mais comum é dianteiro), uma caixa de som ou alto-falantes e/ou amplificadores de som. Geralmente são usadas para publicizar evento, loja, mercadoria/produto ou serviço etc.

[4] Bocas de ferro são caixas de som ou megafones instalados no alto de postes com fiação elétrica. Elas servem para divulgar músicas, eventos, lojas, serviços, mercadorias etc. São também conhecidas como rádio-poste ou rádio-cipó. Segundo Fioravante Filho (2014): "'Rádio cipó' é tradição que tem ouvintes cativos em toda a cidade. Músicos de sucesso dizem que este espaço é importante para divulgar trabalho".

um mercadinho, um comércio próximo, o próximo Baile da Saudade, o Pop Ternura e outras festas, sempre muito pródigas na cidade de Belém (Costa, 2009); tudo entrecortado pela música frenética do conjunto que, numa delas, se apresentaria[5]:

> Fox Sabadão. Quinta Top dos DJs, com a volta dos Juntos e Misturados. É no Poupilho pra galera... olha só quem faz a festa... Fox Sabadão... DJs convidados. DJ David do Pop Saudade, DJ Júnior Brasil do Brasileirinho. Portaria liberada até meia-noite... Balde com quatro latas, nove e noventa e nove, até meia-noite e meia... Fox Sabadão...Fox, Fox... Fox Sabadão... Fox, Fox, Fox [neste último, como se fosse cantado, entra música] Sabadão... Quinta Top Sucesso. É a quinta top dos DJs; é pra lotar o Poupilho [sede no Guamá], com a volta dos Juntos e Misturados, que é sucesso, você sabe.... Um show do Fox pra galera... Fox Sabadão... Os DJs que são sucesso na Saudade, Júnior Brasil do brasileirinho e David do Pop Saudade. É a quinta Top dos DJs com a volta dos Juntos e Misturados, é no Poupilho Acústico. [Agora sem música, à capela:] A volta dos Juntos e Misturados na quinta Top dos DJs, é no Poupilho, Poupilho, Poupilho, Poupilho... Fox Sabadão...[6]

O carro de som distancia-se. O Fox Sabadão vai ser na Quinta Top. Indago aos meus interlocutores o que o locutor quer dizer com Poupilho. Descubro que se trata de uma sede de clube famosa no bairro do Guamá. "*Hoje o barulho na feira está infernal*", diz-me Dona Gilmara[7]. São como dois canais de som simultâneos: o barulho do mundo e o rumor dos homens. O vozerio dos homens — e das mulheres, evidentemente — envolve o ambiente, e mal podemos identificar o que se fala. As frases parecem cortadas por outras frases. Sigo. Visito boxes e procuro comprar alguma coisa. Paro para comprar uns CDs; na verdade, para perguntar o que mais tem vendido por ali.

Converso com Seu Mariozinho, que vende CDs e DVDs num ponto de esquina, bem na frente do tradicional Mercado da Farinha, ponto de origem da Feira do Guamá, já no fim do século XIX. Trocamos votos de

---

[5] Importante observar que só pude trazer essa referência ao trabalho devido ao registro feito pelo gravador com o qual eu andava pendurado ao pescoço.

[6] Importante observar que somente em janeiro de 2018 descobri, por meio do meu orientador Fabiano Gontijo, que a sede se chama Poupilho e que a festa se chama Fox Safadão, apesar de ter perguntado para um e outro, que no momento me cercavam, sobre a sede e sobre a festa. Dessa maneira, observo como nos deixamos levar, seja pela sonoridade do ambiente, seja pela voz do outro, assim como pela nossa capacidade de escutar e ouvir o mundo que nos cerca. Isso me faz pensar até que ponto realmente escutamos o que queremos, ou o que o mundo nos diz.

[7] Entrevista realizada em 6 abril 2016. Para garantir o anonimato dos entrevistados, utilizamos pseudônimos em todos os nomes.

Boas Festas — o fim de ano aproxima-se. Seu Mariozinho é um homem alto e bem forte, na verdade, acima do peso, extremamente doce, gentil e paciente.

A esquina do Mercado da Farinha, um orientador daquele espaço (Da Matta, 1997), é sempre um ponto de referência importante, o mais antigo, o mais concorrido espaço entre os feirantes, e onde há uma aglomeração mais intensa de pessoas. Ali fica a banca de Seu Mariozinho. Ele tem uma grande caixa de som, com a qual reproduz seus produtos. Naquele momento, reproduz um *flashback* remixado de um conjunto de Igarapé-Açu, cidade do interior do Pará; um ritmo que, segundo ele, é "*do passado*". Pergunto-lhe o que mais vende, e ele me diz que é o arrocha, o ritmo que "*está arrebentando agora*". Pergunto qual o som que mais toca na feira, e ele responde que é o Siqueirão, o Cineral e o Arrocha. No momento, são os ritmos que mais vendem.

Peço para comprar três CDs, na sua promoção de três CDs por R$ 5. Ele vai colocando e me mostrando os CDs que estão "arrebentando", um a um, pacientemente. Esses seriam, para Seu Mariozinho, o que está tocando em todas as festas e "*vendendo feito água*". Seu Mariozinho é muito simpático, apesar de ter o semblante um pouco fechado. Confesso-lhe que não consigo diferenciar o brega do arrocha. Ele vai colocando e mostrando outros CDs, paciente, solícito, educado, mas fica intrigado com minha ignorância e pergunta se "sou daqui", pois ele estranha o fato de eu não conhecer aqueles músicos e aquelas músicas. Lembro que ali a estranha era eu, eu era o outro. Assim, notava quanto a feira, que eu tinha como familiar, me era estranha (Velho, 1978). O quanto aquele universo simbólico era diferente do meu (Cavalcanti, 2003). Era um universo de códigos ou símbolos em formas de músicas, de ritmos, de nome de grupos e de cantores que eu não conhecia e que faziam parte daquele universo. A banca de Mariozinho estava lotada de fregueses que, dali, tudo conheciam.

Com toda paciência que lhe é característica, ou característica de um bom vendedor, Seu Mariozinho, ao longo de nossa conversa, vai trocando os CDs para que eu escute um pouco de cada um, assim como também vai colocando o que os fregueses ali estão pedindo. A sensação que tenho é a de que todos os CDs e todas as músicas pertencem ao gênero que ele chama de arrocha. Demoro para descobrir que arrocha é, na verdade, um ritmo, embora também houvesse uma banda que se chamava Arrocha. E Seu Mariozinho continua: "*O que vende muito também é passado, arrocha e* evangélico. Simone e Simaria... que é forró, mas com ritmo de arrocha... Aqui pra nós ela é arrocha". Não entendi, e peço para ele me explicar novamente. Ele me diz que "pra lá", "pra eles", é forró, mas para "nós [aqui do Pará, no entendimento de Seu Mariozinho] é arrocha, que a gente dança bem coladinho".

Passa uma freguesa perguntando sobre certo CD, e Seu Mariozinho diz "só amanhã". É um CD de funk, igualmente muito vendido ali no Guamá. Vou despedindo-me de Seu Mariozinho, quando se aproxima um freguês procurando o CD da banda gospel Som e Louvor. Ele diz que já acabou, mas que os trará no dia seguinte. Fico impressionada com o conhecimento de Seu Mariozinho: não lhe escapa nenhuma informação do que lhe é demandado. Eu, já com meus três CDs da promoção na bolsa, acabo por levar um quarto, de Simone e Simaria, indicação de compra de uma freguesa que ali passara e, ouvindo a aula que eu recebia de Seu Mariozinho, insistiu para que eu levasse para casa o trabalho dessa dupla — da qual ela, a freguesa, gostava demais.

"Pega duas aí, bebê!", em tom jocoso, ele se vira a um freguês amigo, que trabalha na seção da farinha e que agora está na outra ponta de sua mesa de venda, e pede para lhe passar umas sacolas plásticas. Peço mais três CDs por R$ 5; compro de acordo com a sua indicação, pois ele diz que vai me dar o que está tocando, porque, se escolho outro CD, ainda que com o mesmo título, "pode dar uma zebra, nunca se sabe". Seu Mariozinho trabalha na feira há oito anos. Assim relata do que mais gosta no trabalho:

> É que a gente só vive na sacanagem, chamando uns de... de... de corno pro outro, de... de comilão, de tudo... só vive na sacanagem... isso aqui... que distrai a gente aqui... entendeu?! Aí o pessoal passa, acha graça, aí outro vem, acha graça, aí a gente fica na sacanagem... e chamando um de ei... eu não vou nem lhe falar do que a gente chama de um pro outro... mas até mulher chama... não vou nem lhe falar.[8]

Ainda pouco antes de sair, perguntei ao Seu Mariozinho sobre o cheiro da feira. "Como assim?"[9], rebateu ele. Atenta em me fazer entender, pergunto a ele se tem algum cheiro que seja característico da feira. Ele sorri, vira levemente o corpo para o lado, continua arrumando os CDs, aproxima seu corpo e se volta para mim e me diz, ao pé do ouvido, que o cheiro da feira é fedorento, que "passa muita gente fedorenta aqui". "Passa

---

8 Dona Gilmara, entrevista em 6 abril 2016.
9 Mariozinho, em entrevista concedida à pesquisadora, na Feira do Guamá. Belém, 6 abr. 2016.

muito homem fedorento... vou lhe falar...". Ele não se estende na explicação, mas suas interjeições e expressões completam a narrativa sobre o cheirar e o feder; homem fede, *"mas tem uns que são piores!".* Nesse contexto, eu pergunto: *"E de mulher?".* Ao que ele responde: *"Ah, passa muita mulher cheirosa".* E sorri. E a diferença de gênero evidencia-se no discurso de Seu Mariozinho[10]. Homem fede, e mulher cheira.

Observo que Seu Mariozinho, ao me falar sobre do que mais gostava ou desgostava, se remetia a uma experiência sensível, sensorial; em decorrência disso, notei que ele estava falando de sensibilidade. Assim, no sentido fenomenológico e cotidiano, o gosto não é uma coisa constituída, o *cogito*; o gosto é uma sensibilidade.

Mas continuemos. Noto que Seu Mariozinho, ao me falar que não vai me falar, está, na verdade, ansioso para partilhar comigo essa sua vivência, essa sua sensibilidade; está ansioso para me contar do que eles se chamam, de como brincam e fazem gozações entre si. Sinto-me estimulada a estimulá-lo, aproveito e incentivo, e ele não tarda:

> *Ei, pau mole... eles assim acham graça, entendeu?... aí, tipo assim, é uma... uma coisa que a gente não pode nem... eu sou um, tem vezes que a gente não... eu sou um, que não gosta nem de ir pra casa... Quando chega no domingo a gente se reúne, aqui. Quando acaba a feira umas meio-dia e meia, quando cada um toma uma cerveja... e fica na sacanagem... e aí a gente dança... a gente fica na sacanagem aqui... um começa a sacanear com outro, mas é tudo na brincadeira, entendeu? Eh, tal fulano; ei, comilão.[11]*

Pergunto para o Seu Mariozinho de quais apelidos eles se chamam, além de "pau mole". Um pouco tímido, mas rindo, Seu Mariozinho continua: *"Rói rola [risos], só na sacanagem. Mas sabe, é uma brincadeira sadia... um passa, acha graça, até mulher acha graça... até mulher que fala também!".* Intuindo que existem outros apelidos que, talvez por pudor, Seu Mariozinho não queira falar para mim, insisto; pergunto para ele quais são os outros apelidos mais falados, além desses. Ele cai na gargalhada. Vi aí que não me enganei, mas será difícil arrancar isso dele: *"É muita sacanagem... Ei, fodão!".* A brincadeira, segundo Seu Mariozinho, *"é mais homem com homem, não tem mulher",* mas entendo que há aquelas poucas mulheres que os conhecem e estão por ali com mais frequência.

---

[10] *Idem.*

[11] Mariozinho, em entrevista concedida à pesquisadora, na Feira do Guamá. Belém, 6 abr. 2016.

Recordo o que Goffman (2013) escreveu a respeito da importância das graças, da galhofa para a compreensão das reciprocidades. Acerca disso, ele observa que:

> [Das] brincadeiras e dos jogos sociais nos quais são intencionalmente arquitetadas situações embaraçosas que não devem ser levadas a sério... contam-se e repetem-se anedotas do passado – reais, enfeitadas ou inventadas – pormenorizando [quando é o caso] rupturas que de fato ocorreram, quase ocorreram ou que ocorrem e foram admiravelmente solucionadas (Goffman, 2013, p. 26).

Percebo que a feira não seria o que é sem a galhofa, sem a brincadeira, sem a conotação sexual nela presente, sem essa relação jocosa — que, segundo Radcliffe-Brown (1952, p. 90, tradução nossa), "significa uma relação entre duas pessoas na qual uma delas tem permissão, pelos costumes, e em alguns casos a obrigação, de zombar ou fazer graça de outra, que, por seu turno, não pode se ofender"[12]. E percebo, igualmente, que também o riso, a piada, a provocação bem-humorada constituem uma parte importante no rumor, no ruído, na sensorialidade da feira.

A galhofa, a brincadeira jocosa, a piada são manifestações coletivas que fazem parte do jogo ritual (Goffman, 2012); manifestações vividas em grupo, elas fortalecem os laços sociais, evidenciando valores comuns entre seus participantes. Algumas vezes, nas relações sociais, elas se fazem como pequenas transgressões que quebram interditos temporariamente, procurando, por meio da ludicidade própria da galhofa, superar o tédio do quotidiano por gerar divertimento. Às vezes, a galhofa surge para criticar uma situação ou para afirmar determinado valor; pode surgir em um momento de embaraço ou desconserto para consertar um *faux pas*, expressão utilizada por Goffman (2012), por exemplo. O fato é que, na feira, a galhofa está presente e é importante geradora de laços, reciprocidade e afeto, como veremos mais à frente em outros exemplos.

Despedimo-nos, e Seu Mariozinho me diz: "*Oh, meu amor, vou te esperar no sábado*", pois, no meio da conversa, combinamos que eu voltaria no sábado próximo para ajudá-lo na venda!

Sigo meu caminho andando pela feira. A seguir, para melhor situar o leitor, apresento um pequeno mapa, feito por mim à mão, da Feira do Guamá, especificamente do epicentro nevrálgico da feira, onde está

---

[12] Como no original: "[...] is meant [...] a relation between two persons in which one is by custom permitted, and in some instances required, to tease or make fun of the other, who in turn is required to take no offence".

situado o Mercado da Farinha, primeiro prédio da feira, e o Complexo de Abastecimento, onde é vendido todo tipo de produto alimentar, que fica em frente e na diagonal do Mercado da Farinha:

Figura 1 – Mapa do epicentro da Feira do Guamá, o cruzamento com a Av. José Bonifácio com a Av. Barão de Igarapé-Miri e a Passagem Mucajás

Fonte: arquivo pessoal da pesquisadora (2018)

Os sons ao redor elevam-se e dissipam os diálogos. Novamente o carro de som se aproxima, lentamente, convidando para a festa no Poupilho: "*Fox Sabadão. Quinta Top dos DJs, com a volta dos Juntos e Misturados. É no Poupilho pra galera... olha só quem faz a festa... Fox Sabadão...*". Não sei ao certo se é uma gravação ou se há um locutor que fala ali na hora.

Sigo caminhando, imersa em tantas informações, em tantos sons e ruídos, prosseguindo minha etnografia que se pretende sensível, sensorial (Pink, 2012), atentando para o fato de que, no Poupilho, o Fox Sabadão promove a Quinta Top dos DJs. Perdida ainda, sem entender se, num sábado vindouro, a Quinta Top ocorreria, ou se seria o contrário: seria numa quinta-feira, igualmente vindoura, que o Fox Sabadão faria a sua festa. "Tanto faz", penso, "será num dia qualquer... como naquele sábado em que estava — era um sábado — ou como no sábado a vir, também ele, no qual o Seu Mariozinho prometia me esperar: "*Oh, meu amor, vou te esperar no sábado*".

"Um dia qualquer na feira", penso. Um dia qualquer em Belém do Pará... É o título do filme de longa-metragem do cineasta Líbero Luxardo, de 1965, obra icônica do cinema paraense; curiosamente, um filme de fundo etnográfico. Curiosamente, um filme que faz algumas imersões sensoriais, como numa cena em que os personagens frequentam uma festa de umbanda, ou nas cenas em que um veículo atravessa a cidade de Belém, refletindo-a nos seus vidros.

Reflito sobre o que significa, para mim — e para as pessoas que estão ao meu redor, na feira —, a sensorialidade e sobre o que significa sensibilidade. Quando uso a palavra "gosto", não estou referindo-me ao "gosto de alguém", mas a esse gosto *qualquer*, esse gosto marcado pela sensorialidade e que não pretendo alcançar senão pela sensorialidade. Insisto, o gosto de que falo não é o gosto do *cogito*, o gosto pensado como o percurso, intelectivo ou sensível, de uma mente, mas, sim, o gosto comum, o traço (Derrida, 1994) presente na vida cotidiana e que está aí, lançado no mundo da vida, *taken for granted*, como diz Schutz (2012). Fenomenologicamente falando, o gosto é uma experiência sensível, sensorial, de se sintonizar com o lugar; ele se faz pelo reconhecimento da experiência sensível, imanente, do estar no mundo em um tempo e lugar.

Como já observei, na minha etnografia sensorial, utilizei um pequeno gravador digital, sempre ligado. Porém, ouvir qualquer gravação, posteriormente, é sempre difícil, em função do acúmulo e da sobreposição de ruídos. Refiro-me a isso quando quero falar em gosto, sensorialidade, sensibilidade. Essa sobreposição de ruídos é característica das feiras, todavia não apenas essa sobreposição, mas também a sobreposição de odores, sabores, elementos táteis, visualidades e visibilidades, raciocínios e contas.

Percebo, também, que essa sensorialidade possui uma dimensão sinestésica, no sentido de que as sensações não se conformam "em grupo", segundo os sentidos, mas, sim, "de uma só vez", de maneira integral. Diz Le Breton (2016a) que as sensações sinestésicas andam em par com o ambiente em que a pessoa está. Pallasmaa segue nessa mesma direção quando explica o que ocorre quando "mergulhamos" numa paisagem:

> [...] a percepção periférica inconsciente transforma as formas retinianas em experiências espaciais e corporais. A visão periférica integra-nos ao espaço, enquanto a visão direcionada nos empurra para fora, transformando-nos em simples espectadores (Pallasmaa, 2010, p. 14, tradução nossa)[13].

Assim é a visão periférica que nos integra ao ambiente. Imagens, sons, odores e tato corroboram nosso envolvimento nesse tumultuado reino sensorial. Se não nos concentramos no que ali vamos fazer, somos levados pelo atordoamento frenético do ambiente quando o integramos com nosso corpo.

Percebo que as experiências sensoriais a que estamos naturalmente submetidos quando mergulhamos na paisagem de um lugar, no caso, de uma feira, não constituem, por assim dizer, um mero acaso. Não são experiências ocasionais, ou ocorrências, meramente. Na verdade, elas estão disponíveis às pessoas ali presentes na sua vida cotidiana e são parte integrante das estratégias que essas pessoas utilizam na sua pragmática, no uso que fazem do mundo. Quero dizer com isso que essas vivências sensórias parecem estar presentes nas elaborações de mundo das pessoas.

Volto-me para o mercado conhecido como "o da carne", pois é o prédio onde se vende carne vermelha — embora bem mais se venda por lá. Continuo andando e, ao atravessar o primeiro corredor dedicado à venda da carne vermelha, com toda sua voluptuosidade visual, odorífica e sonora promovida pelos elementos que o compõem, desemboco no pequeno espaço destinado à venda de frango, de um lado do corredor, e de peixe, do outro lado.

Volto pelo mesmo corredor e tomo o segundo, destinado à venda de hortifrútis, com alguns boxes dedicados à venda de ervas e produtos terapêuticos artesanais, como a copaíba, a andiroba, o banho de cheiro. Lá há muita

---

[13] Como no original: "la perception périphérique inconsciente transforme les formes rétinienne en expériences spatiales et corporelles. La vision périphérique nous intègre à l'espace, alors que la vision ciblée nous pousse dehors, nous transformant en simples spectateurs".

movimentação, um empurra-empurra. Parte do corredor é mal iluminada, em especial aquela destinada à venda desses produtos terapêuticos. Atravesso o primeiro corredor em perpendicular e chego à parte em que se comercializam temperos e condimentos semi-industrializados ou manufaturados, como o colorau, a pimenta do reino, e os industrializados, como o caldo Knorr, o Sazón, entre outros. Algumas barracas seguem o padrão de somente vender esses produtos, outras vendem fósforos e pequenas quantidades de arroz, de macarrão a retalho, ou outra coisa que possa incrementar suas vendas; nelas podemos comprar a pimenta do reino moída na hora, basta pedir. Entretanto, alguns vendedores já a têm moída e preparada em saquinhos; outros, apesar de a terem moída, deixam-na em pequenas vasilhas, indicando que a moedura é recente e o produto é novo e fresco.

Mas nos voltemos para esse primeiro bloco de boxes, que invade a feira e é caracterizado pelos hortifrútis. Esse bloco de boxes parece ocupar a metade da feira.

Figura 2 – Corredor de hortifrútis da Feira do Guamá[14]

Fonte: arquivo pessoal da autora (7 nov. 2015)

---

[14] Não obstante ter a autorização dos feirantes e frequentadores da feira, com quem estabelecemos relações, para publicarmos suas imagens, neste livro, decidimos proteger seus rostos a fim de preservar suas identidades.

Vamos observar melhor os boxes de hortifrutigranjeiros. A base desses boxes, com 1 metro de altura, é construída em concreto. Sua parte superior e suas laterais e coberturas são fabricadas em gradeado de ferro fino entrelaçado, no sentido de jogo da velha. O balcão é feito em cimento queimado, cinza. As grades pintadas acompanham o cinza do balcão. A abertura do box dá-se pelo levantamento da grade da frente, que dá para o corretor, onde transitam os feirantes, fregueses e frequentadores da feira, e é presa ao alto, como se fizesse uma coberta. Na verdade, não é uma coberta, mas um corredor de grades que perpassa acima dos passantes. Os boxes que ficam nas extremidades abrem-se também nas laterais, ampliando, assim, seu balcão e seu espaço de exibição dos produtos. O gradeado dos boxes de hortifrútis é utilizado de maneira prática e criativa: serve não só de divisória e proteção, mas também de suporte para o feirante expor seus produtos, o que o faz com bastante maestria e criatividade. Sacos de frutas e verduras são preparados e ali pendurados e expostos. Com eles, também são pendurados no gradeado santinhos, fitas de santos, patuás de boa sorte e proteção, enfeites e lembranças familiares, terços, e tudo o que evoque um pertencimento ao proprietário do box àquele seu espaço e a seu universo familiar e social. Geralmente, no balcão onde são expostos os frutos e legumes, o feirante coloca uma tábua comprida, que dá suporte para a exposição do produto, transformando o balcão em uma grande bandeja. Sua função é a de conferir ordem ao mundo dos produtos vendidos, não deixando o fruto ou legume escaparem e caírem no chão; serve, igualmente, como extensão feita nos boxes para aumentá-los ligeiramente, trazendo-o para frente e ocupando discretamente o corredor.

Nos dias de sábado e domingo, a fartura é mais evidente. Dificilmente encontramos um box fechado, o que pode ocorrer nas segundas e terças-feiras. Podemos observar, nas imagens a seguir, frutas e verduras penduradas em "Ss" ou ganchos; as bananas (Figura 3 e 4) formam um céu amarelo, ou seja, a coisa "amarela", cor essa que, segundo Merleau-Ponty, tem uma propriedade de transcender ela mesma:

> [...] se supera: assim que se torna cor de iluminação, cor dominante do campo, ela deixa de ser tal cor, ela tem então de si uma função ontológica, ela torna-se apta a representar todas as coisas (Merleau-Ponty, 1964, p. 271, tradução nossa).[15]

---

[15] Como no original: "se depasse d'elle même: dès qu'elle devient couleur d'éclairage, couleur dominante du champ, ele cesse d'être telle couleur, elle a donc de soi fonction ontologique, elle devient apte à représenter toutes choses [...]".

Assim, ela se torna um céu, uma dimensão, uma paisagem. Essa é a paisagem[16] que é dada ao frequentador da feira e na qual ele interage, recriando-a simultaneamente. Há um mergulho no ambiente, que se faz pelo visível nas coisas e pelo invisível nos odores, por exemplo, no tato com o ambiente, outro exemplo. Os frutos exalam odores, e as cores fortes desses frutos invadem a visão. O nível de informação visual, sonora, odorífica, tátil, assim como de outros sentidos possíveis, é alto. Entrar na Feira do Guamá é mergulhar em uma paisagem cultural (Sauer, 2004 *apud* Silva, 2017) atordoante de sentidos.

Figuras 3 e 4 – Corredor dos hortifrútis na Feira do Guamá

---

[16] Partilhamos da compreensão de paisagem de Barbara Bender (2002, p. 136), que observa como nos integramos e vivenciamos a paisagem com todo o corpo e com todos os nossos sentidos: "[...] les paysages [landscapes] ne sont pas que des objets de contemplation, ils sont aussi des contextes intimes de rencontres et d'interactions. Ils ne sont pas uniquement vus, ils sont aussi vécus à travers tous les sens". Acrescentamos ainda a compreensão de Balée (2008, p. 9-23), que observa que a paisagem é uma construção cultural, seja ela construção física, à medida que a natureza sofre uma interferência física do homem; seja uma construção cultural, visto que a visão, ou o ato de olhar e pensar, já transforma qualquer natureza em cultura. Entendemos que essa perspectiva de que a paisagem é culturalmente construída, vai ao encontro do pensamento de Bender (2002).

Fonte: arquivo pessoal da autora (4 dez. 2016)

Paneiros, caixas e caixotes em madeira, papelão e plástico invadem a feira. Apesar de, a cada dia, encontrarmos cada vez menos paneiros, eles ainda se fazem presentes. Outro elemento frequente são as formações de buquês de legumes, para sopas e cozidos, que se mostram recorrentes para a venda na feira. Eles estão presentes em quase todos os boxes de hortifrútis. Os feirantes preparam buquês de verduras e legumes e os deixam expostos em cima desses caixotes, como uma forma atrativa de chamar e cativar o possível freguês. O buquê geralmente é atrativo, pois se faz por meio de uma combinação de legumes e verduras para um ensopado ou uma sopa, tem aparência apetitosa e já induz o freguês a comprá-lo, pois é conformado para o cozimento de determinada alimentação ou do prato do dia.

Esses buquês tomam evidência no box. Eles ficam logo em primeiro plano, na frente e tomando a lateral fronteira, ou seja, sobrepostos nos balcões ou suportes à frente dos boxes. Essa maneira de expor o produto, a forma como é mostrado e ofertado, portanto, toma um caráter decorativo, ou seja, um caráter estético. Não somente sua melhor face é ofertada, mas sua composição de verduras e legumes e a forma como eles são expostos procuram cativar pelo visual o possível freguês. Interessante observar que quem confecciona o buquê para a venda é aquele feirante que trabalha com algum tipo de folhagem. É a folhagem que dá a abertura e possibilita a construção do buquê em forma de cone, aberto, a mostrar os demais legumes; é a folhagem que faz a "cama" para que os demais legumes sejam evidenciados; é ela que permite a existência do formato buquê e seu "florescimento".

Figura 5 – Buquê de verduras e legumes de Dona Fátima

Fonte: arquivo pessoal da autora (7 nov. 2015)

Observamos aqui a conjugação do buquê de Dona Fátima com legumes ofertados para o cozido[17]. Notemos o cariru ao fundo, o folharal verde-escuro, os legumes e as verduras, mais compactos que as folhas do cariru. Sobre as folhas do cariru, estão colocados os legumes com cores diferentes da cor verde, fazendo-os sobressaltarem-se visualmente. As duas cenouras não foram colocadas juntas, as bandas das batatas estão separadas, o pedaço do jerimum dedicado ao buquê também foi dividido

---

[17] Prato ordinário e cotidiano da alimentação que todo feirante conhece, feito, geralmente, mas não exclusivamente, de carne com legumes.

e separado no buquê. Note-se que, quando o legume é verde, como o maxixe e o quiabo, ou verde-esbranquiçado, como o chuchu e o repolho, ele é colocado acima da verdura de cor, separado da cama feita de cariru verde-escuro. A composição ganha um tom mais vivo e inusitado com a presença da beterraba, que, apesar de cortada, forma uma só parada visual contundente na imagem, devido à sua cor — vinho e quente — em relação às demais. Geralmente, o feirante evita uma sobreposição de cores e tons iguais, o que apagaria a presença de um legume em relação ao outro e diminuiria o impacto visual do buquê, ou seja, comprometeria seu poder de atração visual e de venda.

A tentativa de Dona Fátima é dar volume e vida ao buquê, conferindo, por ser um buquê de legumes, apetência, suculência e desejo. O arranjo é colocado cercado pelos legumes que Dona Fátima vende. Esses legumes servem de base visual, de arcabouço e de pano de fundo no qual o buquê é contextualizado. O verde das folhagens é rompido pelo laranja da cenoura, pelo verde-esbranquiçado do repolho e pelo amarelo-alaranjado e aver-melhado das pimentas, que, na cesta em que é ofertado; o bouquet tem sua abertura voltada para o freguês, como se fosse um convite à compra. Não só os legumes, mas também a composição das cores procura induzir o freguês ao desejo de comê-los.

Figura 6 – Buquê de Dona Conceição

Fonte: arquivo pessoal da autora (14 nov. 2015)

Outra prática muito comum na feira é a composição de sacos de verduras e legumes. Dificilmente encontramos um box que não utilize esse atrativo para mostrar e vender seus produtos. A composição desses sacos é das mais variadas; no entanto, há no arranjo do saco uma divisão clara. Podemos encontrar sacos somente com hortaliças para sopas e cozidos, outros somente com legumes que têm a função de tempero, como cebolas, tomates, pimentões e pimentinhas; outros sacos, ainda, têm uma composição homogênea, ou seja, são feitos de um só produto, seja de batata, seja de cebola, tomate etc.; outros, ainda, são completamente misturados. A variedade e a oferta são grandes. Os tipos de sacos utilizados pelos feirantes para a exposição das hortaliças e dos frutos são normalmente os sacos em rede sanfonada, de cores branco e amarelo. Essas cores são as disponibilizadas pelos fabricantes desse tipo de embalagem, que é bastante utilizada porque molda melhor as verduras, não as machuca, também não as abafa, evitando a rápida decomposição natural do produto; além disso, tais sacos colocam os produtos em evidência, possibilitando que sejam destacados visualmente, apreciados e comprados. No geral, os sacos são compostos com os artigos mais pesados embaixo e com os mais leves em cima, ou com os mais resistentes embaixo e os que podem amassar em cima. Na imagem a seguir podemos observar melhor essa composição descrita *supra*, em que a cebola, mais pesada e compacta, portanto, mais difícil de machucar, fica ao fundo, e o tomate e o pimentão vêm em seguida. Vemos ainda os sacos em redes sanfonadas em amarelo e em branco.

Figura 7 – Box de Dona Suely

Fonte: arquivo pessoal da autora (14 nov. 2015)

Quando o interesse é vender os legumes para um cozido de carne, naquele saco vão os legumes correspondentes para isso. Se for para peixe, muda levemente o tipo e a quantidade de legumes em relação aos legumes ofertados para cozimento com a carne. Ocorre o mesmo com a preparação dos buquês, embora o formato deles seja um só. No saco, o feirante cuidadosamente vai colocando um por um dos legumes, organizando-os de acordo com o formato do saco que ele quer dar, ou à adequação do formato ao tipo de legume: ou comprido ou mais arredondado. Observe as Imagens 7 e 8, apresentadas a seguir:

Figura 8 – Box de Dona Dina

Fonte: arquivo pessoal da autora (7 nov. 2015)

Figura 9 – Box na feira

Fonte: arquivo pessoal da autora (7 nov. 2015)

A voltinha nos sacos para fechá-los, o feirante, já com seus anos de feira, faz com mestria, segurando o saco com uma mão e com a outra batendo-o levemente, sem machucar os legumes, para que o saco gire, ficando mais fino e firme, facilitando a feitura do nó para o seu fechamento.

Essas técnicas são aprendidas e apreendidas no dia a dia, habitualmente vendo os outros fazerem e fazendo por si próprios, como foi o caso de Dona Suely, quando aprendeu a fazer buquê com a amiga e vizinha de feira. Essas técnicas constituem uma tessitura de saberes que vão moldando-se às ferramentas — às mãos — do feirante; ele sabe como deve adentrar o legume no saco com as mãos para que ele não engate nas redes, ajeitando-o em sua composição sem machucá-los, ou evitando que os legumes se machuquem entre si; ele conhece a envergadura de cada movimento para que o produto não caia no chão e se perca; ele conhece a força que deve aplicar na voltinha dada no saco, para o seu fechamento, assim como no nó. É todo um *savoir-faire* que exige destreza e agilidade.

As plaquinhas feitas de papelão expõem os valores dos produtos ofertados, em especial daqueles conjuntos que já estão prontos para a venda, como os sacos preparados e expostos que ficam pendurados no gradeado do box, em ganchos em forma de "S", ou em pregos colocados em tábuas que servem de suporte para a proteção do produto, em cima de um caixote, ou, ainda, sobre os produtos não ensacados em cima do balcão do box. Observamos, nas Imagens 7 e 8, a acuidade com a qual foi cortado o papelão e foram desenhados os valores conferidos aos produtos. Notemos as cores das placas de preços em relação a cada produto e na relação entre uma e outra, a maneira alternativa pela qual as cores são colocadas nas placas e em relação aos produtos. A vivacidade na composição e na exposição desses elementos estimulam os sentidos da visão por meio das cores e de suas composições.

Quando atravessamos o segundo e o terceiro corredores dos hortifrútis (e atravessamos o primeiro corredor em perpendicular), a feira muda de cor, e a paisagem muda quase de maneira abrupta. Ela se torna cinzenta e branca; cinza é a cor dos boxes na sua parte superior, e branco é a cor da goma[18], do coco aberto, da farinha de tapioca.

---

[18] Retirada da mandioca, a goma é um pó branco compacto resultado do resíduo do tucupi. Para ser utilizada, deve ser lavada, seca e peneirada. É comum sua utilização para a confecção da tapioquinha, uma espécie de panqueca (ou beiju) branca, e da goma do tacacá. Também é conhecida como uma espécie de polvilho doce. A mandioca "é uma raiz de um arbusto do gênero Manihot e espécie Manihot esculenta Crantz" (Agostini, 2006 *apud* Lobato; Ravena-Cañete, 2017, p. 37).

Nesse espaço, o branco impera, porque, diante do cinza, ele se impõe à nossa percepção de maneira reluzente; reluzente, talvez porque ele seja o que mais caracteriza o produto vendido: o branco da goma, o branco da farinha de tapioca, o branco do coco, o branco da macaxeira e, até mesmo, o branco levemente amarelado da mandioca... Esses são os produtos que devem ser vistos. Aqui o olfato é capturado pelo azedo da goma e da macaxeira.

Figura 10 – Boxes do corredor do coco, goma e mandioca

Fonte: arquivo pessoal da autora (12 maio 2016)

Figura 11 – Feirante coando a goma para a tapioquinha

Fonte: arquivo pessoal da autora (12 maio 2016)

Acrescentemos a esse cenário o vestuário da maioria dos feirantes desses boxes: quase todos usam toucas brancas; é raro encontrar um deles sem a touca. Quando os encontramos, descobrimos que, geralmente, são parentes que estão ali para dar uma ajuda temporária e pontual. Esse grupo de feirantes, além da touca, ou estão usando uma roupa branca — camisa ou bata — ou um avental branco. No entanto, é para o branco da goma disposta em cima dos balcões que somos levados a olhar, a apreender aquela paisagem, e o restante quase se torna invisível. A goma, a rainha do lugar, é o produto, é a vedete daqueles boxes, e ela é colocada de tal maneira à mostra que todo o resto parece ser ofuscado. A composição daqueles boxes é branca, cor que também evoca higiene, limpeza. Esse ofuscamento de um elemento por outro também ocorre, em outra escala, na seção e nos boxes dos hortifrútis, os quais quase inexiste a cor branca diante da diversidade dos produtos expostos e ofertados, pois parece que ele foi assimilado, engolido pelo colorido dos hortifrútis, ou seja, pela maneira como aqueles produtos foram expostos.

Continuamos andando nesse mesmo terceiro corredor, envolvidos pelo odor de azedo da goma. O corredor é um pouco mais "vazio", ou seja, nele há menos interferência dos feirantes e de seus produtos no corredor, pois os vendedores, diferentemente do que com mais frequência ocorre nos boxes dos hortifrútis, estão todos do lado de dentro de seus boxes. Esse corredor é menos invadido pelos produtos à venda, e isso é visual-mente perceptível, pois os produtos estão dentro de seus "quadrados" e de lá não escapam; assim, o espaço destinado ao freguês, ao frequentador da feira, parece maior. Convém observar que esse corredor é majorita-riamente ocupado por mulheres; os homens que ali se encontram estão acompanhados de suas respectivas mulheres, como é o caso de Dona Lorena, que sempre está acompanhada pelo marido, Seu Mário; também de Dona Soraya, que, com frequência, em dias de intensa movimentação, está acompanhada por seu filho e/ou sobrinho.

Em seguida, ainda dentro do ambiente cinzento e branco, adentra-mos a área dos peixeiros. Agora o branco que predomina é das instalações, dos boxes, revestidos de azulejos brancos, e o branco dos aventais dos peixeiros, e não mais o dos produtos. Já a cor cinza, dessa vez, deve-se ao produto, uma vez que cinza é a cor que caracteriza a maioria dos pei-xes à venda, além do alumínio das bandejas e da cor do gelo, que parece fazer a passagem do transparente ao branco e, daí, ao acinzentado. Se nossa percepção visual e odorífica sofre um impacto com essa mudança de ambiente, de um ambiente mais quente para um mais frio, a percepção sonora caminha no sentido oposto. A área dos hortifrútis, apesar de invadir densamente nossos sentidos por meio da visão e do olfato, sua sonoridade polifônica é menos marcante, pois é baixa devido à composição dos boxes e à maneira como os feirantes estão distribuídos e divididos em seus boxes, o que faz com que a sonoridade do ambiente do hortifrúti seja mais abafada e concisa, principalmente se comparada à dos peixeiros.

Ocorre o oposto do relatado anterior na área do peixe, onde odor e sonoridade podem quase ofuscar os demais sentidos, tornando a visão um elemento de segunda ordem no inebriamento dos sentidos. Ou seja, o odor dos peixes, forte e característico, assim como a intensidade do som devido à composição dos equipamentos feitos com paredes baixas e completamente sem barreiras, faz com que a sonoridade no ambiente dos peixeiros exploda e seja uma das maiores dentro do ambiente da feira; assim, esse ambiente do peixe exacerbe nossos sentidos odoríficos e auditivos, se comparado com a exacerbação do visual na área dos hortifrútis. Há aí uma inversão completa na comunicação sensorial, ou, ainda, na sinestesia promovida por nossa experiência na feira. Podemos observar, a seguir, os equipamentos ou boxes que compõem a área do peixe no mercado do Guamá.

Figura 12 – Área do peixe

Fonte: arquivo pessoal da autora (3 nov. 2012)

Figura 13 – Área dos peixes e mariscos

Fonte: arquivo pessoal da autora (7 abr. 2017)

Nessa perspectiva, podemos observar como as cores presentes na feira atuam na conformação das vivências e experiências daqueles que a frequentam em seu quotidiano e das experiências daqueles que por ali passam. Falar sobre a presença sensorial da cor, do odor ou dos sons, e desses estímulos sensoriais a partir da ambiência em que estão inseridos deve ser uma discussão contextualizada, pois suas presenças se tornam intraduzíveis na agitação do quotidiano da feira.

A cor faz parte do universo sensorial não racionalizante, mas sensitivo e cognitivo, assim também o odor, ou a maior parte de nossas experiências ordinárias. Apesar de sensorial, sempre há um motivo na escolha da cor, um motivo que nem sempre se pode ou se consegue racionalizar, mas que não se conforma de maneira homogênea, pois "a expressividade da cor dependerá das funções que desempenhe" (Ostrower, 1983, p. 235), e a busca da expressividade é pessoal, cultural, social e circunstancial.

Se adentrarmos a feira pelo primeiro corredor à direita, perpendicular à Av. José Bonifácio, seguimos pelo corredor dos açougueiros. O ambiente branco dos equipamentos (ou boxes) é quase ofuscado pelo vermelho das carnes expostas, pelos aventais brancos manchados de sangue, vermelho. Assim, podemos observar as maneiras como os açougueiros arrumam a carne — a ênfase dada à parte mais sangrenta dela, sempre mais bem-exposta ao freguês, além do destaque dado à forma como a carne é cortada e pendurada, como ela é arrumada na bandeja do refrigerador. Dependendo do tipo de carne, sua gordura será evidenciada. A presença de refrigeradores também caracteriza o setor. O refrigerador do Seu Reis, por exemplo, destaca-se pelos seus 2 metros de altura. Os refrigeradores, a partir do novo mercado, passaram também a desempenhar um papel de vitrines da carne. A maioria dos refrigeradores tem divisórias compostas por espaços destinados às carnes que ficam penduradas, às que devem ficar deitadas e àquelas que devem ser colocadas em bandejas, como as carnes picadas ou moídas. Esses refrigeradores acabam por organizar visualmente a apresentação do produto, ou seja, além de atuar como ambiente de conservação da carne, eles atuam como vitrines dela.

Podemos assinalar a maneira como o açougueiro amola a faca, com orgulho, ao colocar seu corpo alinhado, sua altivez, ao se deixar fotografar amolando a faca, evocando com brio seu *savoir-faire*. Outra marca particular se revela nas formas de se vestir para viver/fazer a feira, como no uso do avental ou da bata branca, presente tanto entre os açougueiros, os peixeiros, quanto entre aqueles que vendem goma com suas toucas alvas — o branco aqui, apesar de colocada como neutra, no universo colorido da feira, desempenha a função de evocar higiene, mas essa higiene também é tomada como um objeto estético, pois evoca uma sensibilidade.

No ambiente da feira, utilizam-se diversos objetos: peneiras, facas, cutelos, sacos de rede, sacos plásticos, jornais, caixas e caixotes, ganchos em forma de "S", patuás, garrafas, fotografias, sacolas, objetos de sorte (que afastam mau-olhado), rádios, ventiladores, produtos à venda, traquitanas elétricas etc. Esses elementos conformam a imagem que temos e fazemos da feira. São elementos que ocupam os espaços físicos, visuais, sonoros, olfativos dos boxes e da feira, os quais interagem tanto com o sujeito que os utiliza como entre si, criando, potencialmente, um ambiente sinestésico.

Esses elementos, muitos deles com aparência de gambiarras, assim como a própria feira, já foram diversas vezes colocados em evidência por artistas plásticos, como Marinaldo Santos e Emanoel Nassar[19], entre outros.

---

[19] Marinaldo Santos e Emanoel Nassar são artistas plásticos paraenses que desenvolveram obras de arte que evidenciam essas gambiarras, não necessariamente nas feiras, mas na vida quotidiana do paraense, como eles mesmos colocam. Suas obras apresentam referências da quotidianidade do paraense, do ribeirinho, do universo urbano da cidade de Belém, evidenciando as gambiarras encontradas nessas vivências, como discute Castro (2011).

Essas gambiarras, em nossos processos cognitivos, por meio dos processos sinestésicos, conformam em nós a própria ideia de feira, associando-se a ela como sinônimos do quotidiano e do improviso. Essas apropriações da vida diária da feira, que foram usadas pelo universo da arte, evidenciam, em nosso entendimento, o poder da banalidade na construção do imaginário e, portanto, da intersubjetividade (Schutz, 2012) na conformação da forma social (Simmel, 1983, 2006). Se esse poder da banalidade está presente naquele que vê a feira como um ambiente exótico — no caso, o artista —, tal poder, conforme nossa compreensão, se revela mais profundo naquele que a banaliza por conta dessa quotidianidade.

A ideia de intersubjetividade (Schutz, 2012) parece-me apropriada para descrever a experiência etnográfica, pois esta constitui uma tarefa imperiosa para quem percorreu muitos caminhos antes de chegar à antropologia.

"Intersubjetividade", termo oriundo da fenomenologia, consiste naquilo que pode ser compreendido como uma experiência sensível comum. É o ambiente de união cognitiva entre os indivíduos, aquilo que permite que dois ou mais indivíduos sintam algo de maneira semelhante em relação a alguma coisa que está no mundo. A ideia de intersubjetividade permitiu-me chegar perto das pessoas que compunham aquilo que, na pesquisa de campo, era, para mim, alteridade. Dizendo de outra maneira, esse conceito permitiu que eu pudesse compreender o fazer etnográfico como uma experiência sensível.

Por não ser antropóloga de formação, procurei entender a tarefa de fazer etnografia desde a base, e pensar nela como um compreender a compreensão que me antecede, o que me ajudou bastante nesse percurso. Não obstante, logo também percebi que não se trata apenas de compreender outra compreensão, porque, no exercício desse ato, também acabamos, em primeiro lugar, por interpretar e, em o fazendo, em segundo lugar, por provocar novas compreensões e interpretações desse "outro". A compreensão não é, de forma alguma, uma tarefa estática; é sempre o meio de um caminho, ou melhor, o meio percurso do círculo hermenêutico (Gadamer, 1976; Ricoeur, 1999), sempre em processo de se produzir e de se completar.

Assim, compreendemos que, quando fazemos nossa etnografia, estamos fazendo aquilo que Pink (2012) chama de etnografia sensorial, que também equivale àquela etnografia que, ao produzir conhecimento (Magnani, 2009; Peirano, 1995), se utiliza dos sentidos para apreender e aprender e, assim, interpretar.

A partir do que foi colocado anteriormente, partilhamos do pensamento de Laplantine (2017, p. 11, tradução nossa), de que:

> O verdadeiro objeto-sujeito da antropologia, isto é, antes de tudo a etnografia, sempre foram as emoções. A experiência de campo é uma experiência de compartilhar o sensível. Nós observamos, nós ouvimos, nós falamos com os outros, compartilhamos sua própria culinária, nós tentamos sentir com eles o que eles sentem.[20]

Da mesma maneira, partilhamos do pensamento de Howes e Marcoux (2006), no que diz respeito ao sensível. Esses autores, a partir da leitura de Laplantine, em *Le social et le sensible: introduction à une anthropologie modale*, observam que o termo "sensível":

> [...] é usado para designar a vida das sensações: as relações que mantemos com as três famílias de sons (a voz, os ruídos e a música que é do som organizado), com os cheiros, os gostos, as percepções visuais e táteis. É este último sentido que nós retemos (Howes; Marcoux, 2006, p. 7, tradução nossa).[21]

Com apoio dessas proposições, continuamos nossa caminhada pela Feira do Guamá. Nesse percurso, percebemos outros elementos que também se fazem presentes em muitos boxes: placas, cartazes, dizeres, mensagens, imagens e desenhos que os feirantes afixam em seus boxes. Havia dizeres de caráter religioso, político, afetivo, social... "O Senhor é meu Pastor, nada me faltará", por exemplo, ao lado de um cartaz de uma revista masculina, na qual uma ex-BBB estava de costas, de biquíni, em uma pose que insinuava sua nudez no interior da revista. Esses dois "dizeres", embora aparentemente paradoxais, por seu caráter religioso e laico — ou sagrado e profano —, eram visíveis, no entanto, num mesmo box. Na verdade, ainda outros "dizeres" se faziam presentes no mesmo espaço. Ao lado desse cartaz da ex-BBB, que cobria um quarto da parede de fundo, encontramos a imagem de um boi da marca Nelore, e, entre as duas imagens – mas colocada entre elas –, estava a oração de São

---

[20] Como no original: "Le véritable objet-sujet de l'anthropologie, c'est-à-dire d'abord de l'ethnographie, a toujours été les émotions. L'expérience du terrain est une expérience du partage du sensible. Nous observons, nous écoutons, nous parlons avec les autres, nous partageons leur propre cuisine, nous essayons de ressentir avec eux ce qu'ils éprouvent".

[21] Como no original: "[...] est utilisé pour désigner la vie des sensations: les relations que nous entretenons avec les trois familles de sons (la voix, les bruits et la musique qui est du son organisé), avec les odeurs, les goûts, les perceptions visuelles et tactiles. C'est ce dernier sens que nous retenons".

Francisco de Assis. O box se constrói como uma instalação de sentidos, seu significado extrapola o significado isolado dos objetos e coisas ali expostos, que ultrapassam o caráter de comercialização e evidenciam as valorações de quem os produz e os vê. Reproduzimos, a seguir, uma imagem desse espaço:

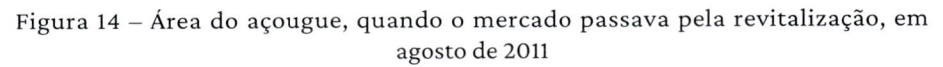

Figura 14 – Área do açougue, quando o mercado passava pela revitalização, em agosto de 2011

Fonte: arquivo pessoal da autora (13 ago. 2011)

Podemos perceber os sentidos por meio da materialidade ou, ainda, por intermédio da cultura material do lugar. Importante observar que não temos aqui o objetivo de tratar da cultura material tal como trataram os trabalhos desenvolvidos, no Departamento de Antropologia do University College London, por Daniel Miller (2009a), Victor Buchli (2002) e Christopher Tilley *et al.* (2013). Mais à frente, abordamos a questão da cultura material no que concerne à feira.

Não procuro reduzir a linguagem à língua, mas ampliar a compreensão da linguagem como aquela que se refere a toda forma de expressão dos meus interlocutores, passando, conforme já foi considerado, pelos elementos e conteúdos usados e reelaborados na feira, também pelas percepções dos sentidos produzidos em um ambiente em movimento, onde, quotidianamente, se elabora uma forma social, uma maneira de interagir e de estar junto.

Do mesmo modo, como veremos no transcorrer deste trabalho, não estamos aqui para evidenciar as observações e notas "perfeitamente identificadas (em detrimento dos 'ruídos'), as caras fotogênicas, cores ousadas, [...], em detrimento da continuidade de cores mais 'indecisas' e oscilando" (Laplantine, 2017, p. 75, tradução nossa)[22]. Não estamos aqui para evidenciar o que o senso comum quer ouvir sobre a feira ou sobre o gosto, por uma perspectiva clássica, do que é ou está na feira. Queremos falar das ranhuras, daquilo que percebemos por meio dos sentidos, ainda que os termos escritos aqui tenham, no senso comum, um valor negativo. Convém informar que nosso objetivo não é (nem será) fazer julgamento de valor à vivência experienciada na feira pelos seus frequentadores; no entanto, sabemos que ideia e valor são inseparáveis, como aponta Dumont (1983), e somente pela aproximação deles é que podemos chegar mais próximo das sociedades — e, eu diria, das interações que pretendemos compreender.

1.2 Gosto e sensibilidade na feira

Fui à feira, desde o primeiro momento, desejando compreender essa sensibilidade, entender o bom, o agradável, o positivo, o belo, o prazer de lá estar e trabalhar. O que me leva à feira é a vontade de captar instantes vividos, vivenciados, experienciados... é compreender as interações sociais, os valores do outro, daqueles que estão no mundo com os meus. É também experimentar o diferente; ver e saber o que o outro come, que cheiro e aparência tem, como ele se organiza, o que ali é vendido e o que eu posso experimentar. É experienciar aquilo que Velho (2003, p. 8) diz ser "um dos encantos do fazer antropológico", saber e ensaiar a vida do outro.

Desse modo, tudo o que pretendo salientar desse universo tem algo de pessoal, talvez tenha mais do pesquisador, no discurso que escrevemos sobre o outro, nesse processo de alteridade, do que de fato do outro, do pesquisado. Assim, a descrição, acredito, está entre o eu e o outro, está na alteridade (Goldman, 2008; Peirano, 1995; Magnani, 2009), pois sem o outro não existiria essa alteridade da qual pretendemos falar, nem mesmo a reflexão sobre ela. É nessa intersecção que este trabalho pode estar presente, afinal compreendemos, como Cardoso de Oliveira (2003, p. 50), "que

---

[22] Como no original: "dignes d'intérêt les notes parfaitement identifiées (au détriment des 'bruits'), les visages photogéniques, les couleurs franches comme le rouge flamboyant ou le bleu marine, ou détriment de la continuité de couleurs plus 'indécises' oscilant entre le rouge et le bleu, comme le mauve et le grenat".

não se pode prescrever a experiência em nome de um conceito 'a priori' de causalidade"; devemos tê-la, passá-la, realizá-la. Da mesma forma, entendemos, com Brunschvicg (1949 *apud* Cardoso de Oliveira, 2003, p. 50), que temos, ao contrário disso, que "consultar a experiência tal qual é, pedindo-lhe que nos oriente através da diversidade de concepções que as gerações sucessivas tiveram da causalidade".

Ao estabelecer meus primeiros diálogos com os feirantes, fregueses e demais frequentadores da feira, pergunto a eles qual é o gosto da feira. A princípio, eles não entendem direito minha questão, mas, depois, conversando, pergunto do que eles mais gostam ou desgostam da feira. As perguntas não ocorrem de maneira objetiva, elas vão variando em densidade, entonação e contornos, de acordo com a interação do pesquisador com aquele que está sendo interpelado; varia de acordo com a entonação, o interesse e a disponibilidade do interpelado, e essa variação é expressa seja por meio das palavras, seja pelo uso das expressões que meu interlocutor utiliza, ou, ainda, pela minha necessidade de cativar para podermos estender nossa compreensão na tentativa de captarmos o que o outro sente, pensa, fala ou tenta falar. Nossa interpretação começa aí, quando compreendemos que "Não há verdade da floresta, mas uma grande variedade de percepções sobre isso de acordo com os ângulos de abordagem, expectativas, afiliações sociais e culturais" (Le Breton, 2007, p. 50, tradução nossa)[23]. Assim, procuramos fazer com que essa interpretação esteja vinculada a um processo de alteridade mútuo entre o pesquisador e o outro, ou que ela seja o resultado desse processo, tendo consciência de que ali o pesquisador é o outro. Esse é um processo de alteridade permeado pelos sentidos.

Nas minhas incursões em busca de respostas, pergunto para Dona Silvana do que ela mais gosta na feira: "*Ah, minha filha, eu já tô aqui há mais de trinta anos!*"[24]. Ao me dizer isso, percebo que ela quer-me sintetizar toda sua vivência de mundo ali na feira. Sei que não é tudo. A sua fisionomia e o tom de sua voz dizem-me que sem aquilo ela já não consegue viver, como se estivesse acostumada àquilo. Mas ela continua: "*Só carregando esse carro pra lá, pra Paulo Cícero, pra lá e pra cá, pra lá e pra cá! Tô até com a bexiga baixa de tanto carregar!... Só agora eu consegui esse box...*

---

[23] Como no original: "Il n'y a pas de vérité de la forêt, mais une multitude de perceptions à son propos selon les angles d'approche, les attentes, les appartenances sociales et culturelles".

[24] Dona Silvana, em entrevista concedida à pesquisadora na Feira do Guamá. Belém, 18 jan. 2017.

trinta anos eu carregando!"[25]. A simpatia de Dona Silvana é contagiante. Ela para com seu carrinho de mão novo em folha, brilhando, para me dar atenção. Ganhou o carrinho da filha, que também conseguiu o box no interior do Complexo dos Industrializados, junto à administração, para que ela pudesse guardar sua mercadoria e parar de ir e voltar para a casa, diariamente, sob sol e chuva, com tudo o que vende. É dessa forma que Dona Silvana continua a responder:

> *Adoro trabalhar na feira... tem cheiro bom de frutas, comidas.... Adoro trabalhar nisso. Aí vem os universitários e vende pra gente! Tem roupas boas que a gente tira pra gente... eles vendem a dois, três reais... roupas boas, brinquedos, eu pego e levo pra minhas netas.... Eu já tô velha, cinquenta e cinco anos. Fiz uma inscrição numa fábrica de sabonete [na Phebo], mas não fui chamada... dá pra tirar o do almoço.*[26]

Quando Dona Silvana me fala da feira, ela me fala também com as expressões de seu rosto, de seu corpo e com a entonação de sua voz. Ao falar do odor das frutas ao prazer da comida, ela desloca levemente a cabeça para trás, inclinada para a direita; para falar que já *"está velha"*, franze todo o rosto e volta a cabeça levemente para baixo e para a esquerda; vai falando, movimentando-se de acordo com seu trabalho e sua atenção para comigo. Consegue fazer as duas coisas ao mesmo tempo: carregar sua mercadoria no carrinho e dar-me atenção. Enquanto trabalha, Dona Silvana abraça as roupas que vende, muitas delas já surradas ou rotas, mas, ao me falar e me evidenciar a proximidade que ela tem com sua mercadoria, os movimentos me evocam uma intimidade com aquele universo de roupas usadas e queridas. Observo que a mesma atenção e cortesia com a qual Dona Silvana me trata, ela trata sua mercadoria, aquelas roupas: o apalpar, o passar de mão, o toque. Vai arrumando-as enquanto conversamos.

Noto que um cachorro acompanha Dona Silvana. Pergunto de quem se trata... *"Ah, minha filha, ele não me larga..."*[27]. De fato, todas as vezes que fui à feira e que Dona Silvana lá estava trabalhando, o cachorro estava lá, sentado ou dormindo na calçada, em meio às roupas, por vezes mais coladinho, por vezes mais afastado; mas já não é um só cachorro, são vários. A seguir, podemos observar o espaço que Dona Silvana ocupa na

---

[25] *Idem.*

[26] *Idem.*

[27] *Idem.*

calçada, na esquina da Av. José Bonifácio com a Passagem Mucajás, em frente ao Mercado da Farinha pela José Bonifácio, e em frente à central de abastecimento ou ao Mercado de Carne, pela Mucajás.

Figura 15 – Pechincha da Dona Silvana com seus animais

Fonte: arquivo pessoal da autora (18 jan. 2017)

Além de seu trabalho quotidiano na feira, dia de sexta-feira, Dona Silvana, com algumas amigas, recolhe animais da rua e leva para castrar no posto da prefeitura, que fica "*lá na Zoonoses, na Augusto Montenegro*"[28]. Já apressada, ela se despede de mim, dizendo que já está atrasada. Eu sigo para a área de hortifrútis.

Chego ao corredor de hortifrúti e falo com Dona Socorro, que está muito ocupada separando algumas batatas que acabaram de chegar e arrumando seu box. Não quer me dar muita confiança naquele momento. Coisa costumeira, pois os feirantes têm mais o que fazer na feira: limpar, arrumar, atender, vender... Não há espaço para se estar parado dando entrevista a pesquisador. Viro-me e encontro um senhor que trabalha em frente à Dona Socorro e descubro que é seu cunhado. Aos poucos, fico sabendo que, dos nove irmãos do marido de Dona Socorro, pelo menos sete trabalham ali, uns de maneira mais sistemática, outros de vez em quando, "*quando a coisa aperta*", diz-me Seu Éder, marido de

---

28 *Idem.*

Dona Socorro, de uma maneira como se não dissesse. A família de Seu Éder nasceu e criou-se na feira, quase todos trabalham por lá quando a coisa aperta. Seu Éder fala sem parar de se movimentar, para aqui e acolá, sacudindo e arrumando os legumes que vende. Dos parentes que ali trabalham ou trabalharam, quem já lá não está, por lá já passou em algum momento; e, quando alguém fica desempregado, volta. A feira é sempre uma fonte de renda, um espaço aberto por aquele que já a teve enquanto meio de sustento.

Pergunto para Seu Henrique, o cunhado de Dona Socorro, o que está vendendo alguns frutos e algumas hortaliças ao lado, do que ele gosta na feira: *"Pra mulher bonita eu faço tudo... só não faço pra macho... só não posso parar"*[29]. E, como Seu Éder, Seu Henrique também não para de se movimentar. Aquilo de que ele mais gosta é *"das mulher bonita que passa"*[30]. Seu Henrique tem os cabelos negros e cacheados, quase à altura do ombro. Os cabelos são bem arrumados em cachos, não há um único fio solto em sua cabeleira, e ele, ao falar, mexe a cabeça com graça e desenvoltura, seus cachos vão de um lado para o outro sem perderem um só fio. Percebo certo orgulho em Seu Henrique em possuir aquela cabeleira farta, negra e bem arrumada em cachos quase simétricos, com aparência de quem passou algum produto para deixá-los brilhosos e bem-arrumados, sem que o vento e o movimento possam atrapalhar os fios. Enquanto eu sempre encontro Seu Éder sem camisa e de shorts, com os cabelos também em cachos, mas desalinhados, encontro sempre Seu Henrique com camisa, bermuda — mais comprida do que os shorts de Seu Éder[31] — e com o cabelo bem-arrumado. São irmãos que têm o mesmo tipo físico, trabalham no mesmo lugar, vendem as mesmas coisas, são próximos não só ali na feira, moram próximos e, pela forma como dialogam, partilham de uma vida juntos.

Naquele momento, sentia que estava tateando, buscando compreender o que estou procurando, sem ainda meus futuros pressupostos teóricos. Encontro Gilson, que trabalha na barraca que era da avó — e ainda se encontra no nome dela: *"Gosto... [pensativo] do pessoal, dos amigos*

---

[29]   Seu Henrique, em entrevista concedida à pesquisadora na Feira do Guamá. Belém, 24 mar. 2016.

[30]   *Idem.*

[31]   No transcurso da pesquisa, Seu Henrique e Seu Éder foram mortos, segundo os feirantes, pela milícia do carro prata, aquele carro — preto ou prata — que passa em bairros não centrais de Belém, ditos por alguns como bairros violentos, geralmente aos fins de semana. Não só os feirantes do Guamá, como também outros interlocutores, de outros bairros não centrais de Belém, como o Bengui, a Pratinha, relataram-me ocorridos similares em seus bairros.

que eu tenho aqui. Tô acostumado...[32]. Mas pergunto se há algo de especial de que ele goste, ali; ainda pensativo, Gilson coloca que gosta de arrumar seu box, mas detesta quando um freguês o desarruma, principalmente aqueles *pirangueiros* que, ao mexerem:

> *[...] amassam, amassam, amassam tudo e não compram. Já até sei.... Tem freguês que é chato e freguês que é bacana. Freguês compra... e num fica... amassando.... Ainda agorinha veio uma aqui.... Ela veio três vezes já aqui, amassou, amassou, amassou, foi pra'li e voltou... amassou, amassou e foi pra'li.... três vezes já.*[33]

Gilson me conta isso indignado, irritado e imitando os *pirangueiros*[34]: leva as mãos aos maços de cheiro-verde que vende, pega um, pega outro, sacode, vira e revira, cheira, falando e dobrando a boca no sentido inverso ao riso, evidenciando desgosto e desprezo pelo *pirangueiro*. Quanto à arrumação, gosta de estar a arrumar tudo em cima e, depois da venda, coloca tudo embaixo e tranca para o outro dia. Ele observa que, depois da reforma, ficou mais fácil manter tudo arrumado e devidamente guardado, pois antes, dentro do Mercado de Carne, onde ele tem seu box, eram colocadas barracas improvisadas, mal-ajambradas e não padronizadas[35], e que era difícil manter tudo arrumado, porque poderia dar bicho, e que naquela arrumação ficava tudo mais desarrumado. Noto certa satisfação e gosto de Gilson em poder arrumar e desarrumar seu box para a venda, pois agora, segundo ele, desarrumar não é ficar tudo "malguardado"[36] embaixo do box, mas ficar também bem-guardado e arrumado naquele local.

Mais à frente, encontro Dona Carmem, falante e com ar de felicidade, diz sentir-se feliz de trabalhar na feira; gosta de gente, de falar com um e com outro. Gosta de trabalhar com a população: "*Tem umas que são bacana, tem umas que são grosseiras..., mas, se a gente tem problema em casa,*

---

[32] Seu Gilson, em entrevista concedida à pesquisadora na Feira do Guamá. Belém, 12 set. 2015.

[33] Gilson trabalha há mais de oitos anos na feira, mas não me especifica o tempo. Vendia em seu box basicamente cheiro-verde, chicória, cebolinha e salsa e, aos poucos, passou a vender tomate, couve, cenoura. Só eu já o conheço há seis anos. Em frente a seu box, na lateral, trabalha sua irmã, Guiomar, com sua mãe e seu tio. Seu Gilson fez essas declarações em entrevista concedida à pesquisadora na Feira do Guamá. Belém, 12 set. 2015.

[34] Perguntei a Gilson o que é pirangueiro, ao que ele respondeu: "*Ah, aquele que fica pirangando, chorando, pra gente baixar o preço enquanto pega, cheira, revira tudo... um real num quer pagar. Num quer pagar nada!*" (Entrevista concedida à pesquisadora na Feira do Guamá. Belém, 12 set. 2015).

[35] Informações obtidas de Seu Gilson, em entrevista concedida à pesquisadora, na Feira do Guamá. Belém, dez. 2016.

[36] Seu Gilson, em entrevista concedida à pesquisadora na Feira do Guamá. Belém, 12 set. 2015.

como mãe de família, na feira a gente esquece tudo". Dona Carmem, que é evangélica, diz que o diabo está sempre ao lado *"e faz a gente se entristecer, e na feira a gente se diverte e esquece tudo! A distração é boa"*[37].

Saio do setor das hortaliças, procurando onde posso sentir o conforto de ser bem acolhida para continuar minhas conversas. Encontro com Célia, da mercearia, e um cheiro de charque invade-me os sentidos. Seguindo as primeiras apresentações e sentindo-me acolhida, também lanço minhas questões à procura do gosto: *"Gosto de vir, né?! Às vezes tem muitos amigos que são bacana, a comunicação é boa, né?! Aí eu gosto de vir pra feira"*[38].

Nem sempre a conversa rende tanto. Alguns daqueles que entrevisto colocam-se de maneira mais reservada, o que, no meu entendimento, seria uma característica pessoal, e evito ser mais invasiva, aguardando o momento adequado para um aprofundamento, seja na relação, seja nas minhas interpelações. Procuro buscar um equilíbrio para deixar meu interlocutor tranquilo, até porque sei que ali vou voltar e preciso cons-truir uma relação de simpatia e proximidade, pois passei a observar que a maioria dos meus interlocutores entende o gostar como uma sensação do bom, do agradável, principalmente pela via afetiva.

Sigo em direção ao peixe. Vou entregar alguns pacotinhos de bis-coito que fiz para alguns amigos e pessoas queridas da feira, uma maneira que encontrei de desejar Feliz Natal. Uma feirante me chama e diz que se lembra de mim desde 2011, perguntando se eu me recordava disso. Dona Marina faz questão de falar seu nome completo, sem me olhar, com a cabeça levemente levantada, o que vejo de uma grande faceirice, de um grande prazer em se apresentar. Sim, Dona Marina vende camarão fresco, é a segunda mulher que vejo ali, na área dos peixeiros, depois de Pingo. Falante e alegre, pede-me para eu bater uma foto dela. Não compreendi como eu ainda não a conhecia, mas acho que andava tão absorvida pelo que eu fazia, interagindo com outras pessoas ali, que não conseguia dar conta de tudo e de todos. E ainda não consigo. Ela já trabalha na feira há 27 anos, e o que ela mais gosta é de vender. Pergunto qual o sabor da feira e ela, não guardando a faceirice, me responde que o sabor da feira é uma

---

[37] Dona Carmem, assim como Gilson, possui, até o momento dessas entrevistas, apenas um box, ambos vendem cheiro-verde, chicória, salsa, em resumo, vegetais para tempero; seus boxes não aparentam ser tão recheados de mercadoria. Aparentemente, estão ali para ganhar apenas o necessário para uma parca sobrevivência; mas, conforme os anos de pesquisa foram passando, Gilson adquiriu um segundo box, e Dona Carmem permaneceu com um único. Belém, 12 set. 2015.

[38] Dona Célia, em entrevista concedida à pesquisadora na Feira do Guamá. Belém, 18 set. 2012.

"*delícia*", que a feira tem o "*cheiro do Pará*", que o som da feira "*é o povo falando, vendendo...*"[39]. O que poderia tirar da feira, para Dona Marina, é o aparelho de som lá fora, que atrapalha as vendas. Mas a festa dentro da feira é maravilhosa. Ela me deseja Feliz Natal, despedimo-nos, pois, para ela, nossa conversa já havia terminado, e, depois de bem apresentar-se, compreendo a despedida, já que "é necessário que cada membro evite destruir a fachada dos outros" (Goffman, 2012, p. 47); e, não querendo naquele momento exigir mais do que Dona Marina podia me dar, segui. Observo nessa entrevista que Dona Marina tem limites para me encenar algo. Ela já falou o que queria, por isso, gentil e discretamente, manda-me seguir caminho. Evoco Goffman (2012, 2013) e as máscaras sociais, aquelas máscaras não propositais, mas aquelas que evocamos e usamos de acordo com nossa conveniência e disposição.

Apesar de percebê-la com um rosto bem-fechado, aventuro-me a entrevistar a senhora dos descartáveis, Dona Lulu. Até 2015, ela era a única que vendia descartáveis, a retalho, dentro do Mercado de Carne, quando perdeu seu monopólio para Fátima, que possui um box, bem menor que o dela, no setor da mercearia onde vende somente descartáveis. Ao me aproximar, com a desculpa de entregar a foto que havia tirado dela, pergunto-lhe do que ela mais gosta na feira e surpreendo-me com a forma e com o palavreado largo e solto com o qual ela se coloca: "*Gosto do pessoal, da sacanagem, do alvoroço, vixi! Tem dias que é um alvoroço, barulho daqui, barulho dali, grito, berro*". Pergunto ainda: "*E dia de sábado é mais frenético?*" "*É um alvoroço. Tem uns domingos que é alvoroço e tem outros domingos que é mais calmo*"[40]. Dona Lulu não para, sinto que o melhor é deixá-la, pois, se a maneira pela qual ela se colocou foi mais larga, até então, do que a dos demais, ela se mostra bem concentrada no seu trabalho, e não para de se movimentar e de vender.

Interessante notar que os mesmos motivos pelos quais Dona Lulu diz gostar da feira levam Dona Lorena a não gostar dela. Seu Mário, seu marido, diz que ali não é lugar para qualquer um, em especial para pessoas como a esposa dele, Dona Lorena, que é muito sensível. "*Aqui* [referindo-se à feira] *tem muito barulho e perturba muito a cabeça das pessoas*"[41]. Interessante observar a percepção de ambos os feirantes, Dona Lulu e

---

[39] Dona Marina, em entrevista concedida à pesquisadora na Feira do Guamá. Belém, 7 abr. 2017.

[40] Dona Lulu, em entrevista concedida à pesquisadora na Feira do Guamá. Belém, 2 out. 2012.

[41] Dona Lorena, em entrevista concedida à pesquisadora na Feira do Guamá. Belém, 29 maio 2017.

Seu Mário, assim como a de Dona Lorena, sobre a feira. São percepções opostas. Aquilo que é agradável para Dona Lulu, por seu barulho e sua sacanagem[42], é um defeito e um problema para Seu Mário e Dona Lorena.

Sigo em direção aos açougueiros e recebo uma boa acolhida no box de Seu Reinaldo, o Rei da Carne. Trabalham ali três pessoas, Sr. Reinaldo, que é o proprietário do box; Domingos, funcionário, e Seu Maurício, sobrinho que, de vez em quando, vai trabalhar no box para dar uma mão para Seu Reinaldo. Conversa vai e vem, Seu Maurício está a limpar e cortar um bom pedaço de carne, vai separando as peles da carne e jogando-as para seu lado direito; os pedaços que formam bifes, para o seu lado esquerdo. Como ele está usando uma mesa de corte, colocada na lateral direita do box que dá para a frente — justamente o espaço que não tem nenhum tipo de refrigerador e que, portanto, é onde fica a porta de entrada e saída do box —, quem ali está fica mais próximo do freguês, visto que, no caso do box de Seu Reinaldo, são os refrigeradores que fazem a divisão entre a parte interior do box e o corredor por onde andam os fregueses. Um dos refrigeradores tem mais de 2 m de altura, e o outro, 1,4 m. Dessa maneira, e assim mais próximo de mim, estabeleço com mais proximidade uma conversa com Seu Maurício, pois, fora daquele espaço, temos todos que levantar a cabeça e falar alto para sermos entendidos, o que dificulta um contato mais próximo. Pergunto do que ela mais gosta dali e obtenho esta resposta:

> *Eu gosto do meu tio...* [fala aos risos, e entrevejo ali o riso da sinceridade, do prazer]. *De trabalhar em açougue... porque é algo que... eu gosto... não posso nem elaborar muito, porque eu gosto mesmo... de desmanchar carne... já desmanchei...* [e coloca um pedaço de carne à parte].
> *O que me deixa feliz, eu vou ser sincero, é tá trabalhando, é tá do lado daquele preto ali.* [E aponta para Domingos, que mal nos olha com um sorriso tímido nos lábios]. *Esse aqui é o dono, aquele lá é o subdono...* [e risos]. *Eu não sou dono de nada... quando ele me chama... é meu tio, mas é mau* [muitos risos], *eles se divertem, eles se divertem comigo... se distrair é muito bacana...*[43]

---

[42] Importante observar que as palavras "barulho" e "sacanagem" aqui não têm, no contexto, nenhum valor negativo. Pelo contrário, em minha conversa com Dona Lulu, em meu entendimento, ela utilizou os termos, particularmente a palavra "sacanagem", como sinônimo de brincadeira; às vezes, uma brincadeira mais pesada, mas também engraçada. Esse termo também foi utilizado por outros feirantes no mesmo sentido, por exemplo, por Seu Mariozinho, vendedor de CDs e DVDs.

[43] Seu Maurício, em entrevista concedida à pesquisadora na Feira do Guamá. Belém, 12 set. 2012.

Todas ali continuam a atender os clientes. Seu Reinaldo e Domingos parecem deixar Seu Maurício livre para confabular comigo. Mas, apesar de continuarem a atender, estão com um olho nos fregueses e o outro em mim, mais precisamente na nossa conversa; acompanham tudo, com pequenos sorrisos e expressões de pequenos prazeres. Lembro-me de Mauss (1991) e de um conceito tão falado na antropologia, a dádiva[44]. Sim, damo-nos ali, damo-nos uns aos outros pequenos prazeres nas formas de palavras, expressões, e tantos outros elementos que nos permitem trocar e, ao trocar, interagir, e, ao interagir, geramos sociações (Simmel, 1981, 1999, 2006).

É nesse momento que vejo que há um gosto na feira, e que ele está presente no momento do prazer e do desprazer e, quiçá, no momento ou no estado do insípido e do imponderável, porque foi nesse momento que pude captar a partilha, não somente segundo o que Seu Maurício me falou sobre o gostar de ali estar e seus porquês, mas porque pude perceber a relação que se estabelecia entre os três e, quiçá, entre os quatro — inclusive eu — no momento daquela interação. Se tais prazeres puderam estar presentes, foi porque estávamos partilhando um gosto, determinado gosto em ali estarmos juntos. Aqui não posso negar a subjetividade de Seu Maurício e de sua história, não posso domesticar, enquadrar em conceitos, o que ele vivenciou e o que experienciamos ali; seria reduzir a experiência antropológica e etnográfica. Mas posso intuir e tentar delinear, de maneira turva, acredito, o que experienciamos juntos; e é justamente essa experiência compartilhada que resulta nessa etnografia.

Com o tempo, fui ganhando novos espaços na feira, o que significa que, a cada vez que ali eu ia, uma fronteira eu avançava, eu conquistava. Não uma conquista sobre eles, que retirasse algo deles ou dali, mas uma conquista baseada em minhas próprias limitações e deficiências; um superar-me; uma conquista que, na verdade, significava que eu havia passado por um processo de autossuperação diante da alteridade; a cada dia um passo, para vencer limitações e deficiências diante do outro, do desconhecido. Era uma conquista também diante da necessidade de seduzir para poder obter, junto a eles, uma relação que me proporcionasse a aproximação e, quiçá, a compreensão daquilo que eu pretendia.

Assim, saí do Mercado de Carne, atravessei a rua e fui em direção às vendedoras de pechincha que ficam na Av. José Bonifácio, na calçada em frente a uma loja de material de construção. O lugar me evocou uma

---

[44] Aquela de "caráter voluntário, por assim dizer, aparentemente livre e gratuito, mas em verdade obrigado e interessado" (Mauss, 1991, p. 147).

balbúrdia de gente, roupas, livros e vendas misturados; não sabia quem vendia e quem comprava, mas, aos poucos, fui entendendo que, quanto maior era a minha impressão de balbúrdia, mais farta parecia-me a venda, ou melhor, a troca. Nos dias calmos, as reclamações das vendedoras de pechincha faziam-se sempre presentes; portanto, aquilo que me parecia balbúrdia era o melhor para a venda que ali se fazia. Para termos uma vaga ideia do que significa aquela feira, nela trabalham pessoas que vêm de Icoaraci, Ananindeua, Outeiro, Jurunas, Águas Lindas, ou seja, de bairros muito distantes do Guamá, para ali trabalhar. São feirantes que vivem e dependem da Feira do Guamá. Quando pergunto para Mariana por que ela não vende na feira do Jurunas, onde mora, pois ela precisa pagar o deslocamento em van para chegar à Feira do Guamá, ela me responde: *"Aqui eu ainda vendo, lá eu não vendia era nada!"*[45]. Fala-me em um tom meio amargo, com o rosto fechado em suas expressões, as palavras ditas de forma bem-marcada, sincopadas, evocando certa raiva daquilo que tentava fazer na feira do Jurunas, vender sua mercadoria, mas *"não vendia era nada!"*.

Ver, pegar, aproximar todo o corpo e a mente foi e é um encontro intenso, porque os sentidos — olhar, cheirar, tocar — são levados a partilhar aquele estar. Sentei-me entre as duas vendedoras de pechincha que naquele dia se encontravam ali, Madalena e Vanessa, no batente da loja de material de construção, uma beirada possível, visto que logo às nossas costas estavam os latões de tintas à venda, empilhados uns sobre os outros. Era um espaço que o dono da loja e os demais funcionários acabavam concedendo para as vendedoras de pechincha descansarem ou passarem seu tempo a aguardar seus fregueses. As duas, a princípio, aparentam ter o mesmo perfil: desconfiadas, caladas, mas gentis. Mal começamos uma conversa, e Vanessa se levanta para atender uma freguesa. Assim, fico com Madalena, que, conforme o tempo vai passando, conforme vamos trocando impressões banais, vai relatando um pouco daquilo que procuro compreender, suas percepções sobre o mundo da vida a que me proponho compreender.

> *Mana, porque eu... eu, assim, o que eu gosto... porque, na verdade, eu venho trabalhar para cá, é pra mim... para eu adquirir o alimento lá pra casa, entendeu?! Aí compra as coisas para levar... porque eu tô com a minha mãe... que eu moro com a minha mãe... e a minha mãe tá doente, aí eu que tenho que... moro*

---

[45] Mariana, em entrevista concedida à pesquisadora na Feira do Guamá. Belém, 6 abr. 2016.

> com ela e tenho mais dois filhos, né?! Então eu praticamente sou
> pai e mãe deles, aí, quer dizer, com a minha mãe doente, muito
> doente, aí eu tenho que vim trabalhar pra cá, para eu comprar
> o alimento pra levar, entendeu?! É isso que...[46]

Os não ditos são mais amplos e maiores do que os ditos. A Feira do Guamá supre sua necessidade diária e intermitente diante da vida. Quando pergunto qual o gosto da feira, ela me diz:

> [...] eu gosto de trabalhar aqui, gosto muito... até porque os
> problemas que eu tô passando na minha vida, aqui me distrai
> muito [a ênfase em algumas palavras é bem maior, como
> em muuuuito] sabe, muito mesmo. Porque só Deus sabe o que
> eu tô passando na minha vida... agora eu tava conversando com
> ela [e olha para a amiga que já levantou, mas está próxima]
> que a gente tem mesmo que se....se.... olhar para Deus, né?! Falar
> para Deus o que a gente tá passando, o que tá acontecendo na
> nossa vida... então eu tô passando por um momento aí muito
> difícil. Sabe, muito difícil... financeiro, com enfermidade... é que
> a minha mãe está muito doente... ela tá toda inchada... tá um
> caos lá em casa...[47]

A venda, a fome, a necessidade de suprir sua família, o prazer, o encontro, a conversa, o estar ali começavam a tomar uma forma com base na fala de Madalena.

De repente, muita gente se acerca das roupas, e Madalena também sai para atender a freguesia. Fico afastada, olhando a movimentação, pois já são quase dez horas da manhã, e o movimento está mais intenso. Chegam duas moças, Darle e Mari, que vieram trocar um vestido comprado da Vanessa; não vieram para devolver, mas para trocar. Enquanto Darle discutia com Vanessa e via as outras peças que poderia trocar, Mari se sentou ao meu lado ao azar; estava vago o lugar, e ela não queria esperar a amiga, que já demorava muito nas escolhas, em pé. Assim pude estabelecer uma conversa com ela.

Mari está com um vestido preto, em elastano, todo rendado. Quem a vê de vestido preto, todo rendado, saia rodada, em elastano e que, mesmo

---

[46] Com o passar do tempo e o estreitamente de nossas conversas, soube que os filhos da Mariana estão presos, um em Belém, e outro no Complexo Penitenciária de Americano, em Santa Izabel do Pará. Mariana consegue visitá-lo uma vez por mês, quando é permitido, e é quando pode levar material de higiene pessoal ou qualquer outro agrado ao filho. Muitas vezes, Mariana não consegue visitá-lo por não ter dinheiro para a condução até o complexo, que fica a cerca de 50 km de Belém. Mariana, em entrevista concedida à pesquisadora na Feira do Guamá. Belém, 21 dez. 2016.

[47] Idem.

cobrindo o ombro, é todo vazado, deixando essa parte do corpo à mostra, pode dizer que ela está pronta para um evento noturno, tal é o grau de sofisticação na sua indumentária. Mas é apenas uma quarta-feira, dez horas da manhã, quando ela vai à feira com a amiga para comprar alguns produtos; entre essas coisas que se faz na feira, foi também trocar um vestido na pechincha da esquina da José Bonifácio com a Barão. Procuro superar o meu espanto, ou o meu sentimento de estranhamento, do sem-sentido que me toma. Às vezes, não tenho a menor vontade de falar quando me ocorre esse espantamento ou estranhamento; no encontro com o outro, diante do qual, mesmo o aceitando em toda a sua integridade, eu preciso me aceitar e superar a sensação que toma conta de mim, aquele estranhamento, e nesse processo provocar uma fusão de horizontes (Ricoeur, 1978), meu e deles, do meu passado e do que me constituiu com o que vivo agora, para superar o impasse que o preconceito surgido no encontro com o outro (Cardoso de Oliveira, 2003) provocou, a fim de que ele possa tornar-se consciente ao pesquisador [eu] e assim possa vir a ser superado. Pois partilho do pensamento de Cardoso de Oliveira, quando expressa sua compreensão acerca da voz dos sujeitos de pesquisa, pesquisador e entrevistados:

> No meu entendimento, a chamada antropologia polifônica – na qual teoricamente se oferece espaço para as vozes de todos os atores do cenário etnográfico – remete, sobretudo, para a responsabilidade específica da voz do antropólogo, autor do discurso próprio da disciplina, que não pode ficar obscurecido ou substituído pelas transcrições das falas dos entrevistados (Cardoso de Oliveira, 2006, p. 30).

Enquanto conversamos, a amiga de Mari aproxima-se trazendo um sapato, seminovo, rosa-vinho, bonito; queria que Mari o visse e a ajudasse na escolha. Olham, trocam algumas palavras, nada evidentes, olhares e gestos se impõem entre elas. Volta na direção das roupas estendidas em cima de um tecido no chão, próximo à vala. Minutos depois, volta trazendo mais um vestido, rosa, em tafetá, revestido na parte que cobre o busto com flores feitas à mão, em alto relevo, uma espécie de brocado, a saia é justa, e o vestido deve acompanhar o feitio do corpo. É um vestido que deve ser usado em um evento, aniversário, Natal... elas não falam comigo, quase me ignoram ali ao lado. A amiga elogia o vestido, mas diz que vai ficar grande; todavia, em aparente oposição, coloca:

– [...] vai ficar curto...

– [...] mas tem bainha... dá pra aumentar a bainha... olha,
vira o vestido...
– [...] Só que o outro é muito mais bonito!
– Não, tá claro aqui... não, tem uma mancha aqui... num vai saí...[48]

Olham-se... Olham o vestido... Olham a mancha... Falo *"Será que isso não sai?"*. Não me dão confiança... há um diálogo triangular quase silencioso, com pequenas interjeições... pergunto, mas o pensamento segue longe, elas continuam sem me dar atenção... os olhares, as frases cortadas, as interjeições, as expressões faciais e corporais acabam falando sobre esse gostar e esse gosto. Como observa Laplantine:

> Não existem, de fato, comportamentos corporais fora das experiências que são aquelas da temporalidade. Estas podem ser extremamente tributárias do passado [...] mas também dirigidas a um futuro [...]. Não há corporeidade em si, mas atos oscilando entre a lentidão e o aceleramento, atos suscetíveis de se repetir, mas também de improvisar a cada vez de maneira singular (Laplantine, 2017, p. 39, tradução nossa).[49]

A amiga nos deixa novamente e volta para o conjunto de roupas ofertadas na calçada à beira da vala. Ficamos a uns 3 metros de distância das roupas; eu observando e querendo perceber mais informações delas. Já estamos a sós novamente, e pergunto para Mari do que ela mais gosta na feira. *"O que eu mais gosto?* [pensativa, mas nem tanto] *De comprar!"*[50]. Joga levemente a cabeça e o cabelo na diagonal, para sua direita, para trás e para cima, os ombros acompanham levemente o movimento da cabeça; ela faz os movimentos valendo-se de modos de socialização aceitos (Laplantine, 2017), conhecidos e ordinários; ela dialoga comigo também por meio de seus trejeitos corporais e de suas expressões faciais e corporais. Seu movimento é um diálogo com o meu movimento, seja pelo assunto que suscito no encontro, seja pelo ambiente que pauta a nossa conversação, as roupas da pechincha.

Assim, observamos que essa comunicação ocorre de maneira mais intuitiva — com mais não ditos do que ditos —, provocada pelos processos

---

[48] Diálogo entre Mari e Darle, na Feira do Guamá. Belém, 21 dez. 2016.

[49] Conforme o original: "Il n'existe pas, in effet, de comportements corporels en dehors d'expériences qui sont celles de la temporalité. Ces dernières peuvent être extrêmement tributaires du passé [...] mais aussi tendues vers un avenir [...]. Il n'existe pas de corporéité en soi mais des actes oscillant entre le ralenti et l'accéléré, des actes susceptibles de se répéter mais aussi de s'improviser chaque fois de manière singulière".

[50] Mari, em entrevista concedida à pesquisadora na Feira do Guamá. Belém, 21 dez. 2016.

cognitivos afetados pelos sentidos do corpo. Há um conjunto de elementos no diálogo que funcionam combinando-se: olhares, expressões faciais e corporais, expressões faladas, interjeições; tudo isso junto para se decidir se fica com o sapato ou com o vestido. Observo, dessa experiência, que a sinestesia — enquanto um estar no mundo processual corporal — colabora definitivamente para a escolha do produto, neste caso.

Vanessa, Madalena e todos aqueles que citei anteriormente são aqueles heróis anônimos dos quais De Certeau fala:

> [...] anônimo que vem de longe. É o murmúrio das sociedades. De todo o tempo, anterior aos textos. Nem os espera. Zomba deles. Mas, nas representações escritas, vai progredindo. Pouco a pouco ocupa o centro de nossas cenas científicas (De Certeau, 1994, p. 57).

Assim, andando pela feira, conversando, experienciando-me por meio da vivência do outro, aprendi o que Cardoso de Oliveira observa sobre a transformação do tempo, mas do tempo do pesquisador, aquele tempo apreendido e aprendido:

> [...] interiorização do "tempo" não significa outra coisa que a admissão tácita pelo pesquisador hermeneuta de que a sua posição histórica [social, política, de classe] jamais é anulada; ao contrário, ela é resgatada como condição do conhecimento. Conhecimento que, abdicando de toda objetividade positivista, realiza-se no próprio ato de "tradução". É a "fusão de horizontes" de que fala a filosofia de um Gadamer ou de um Ricoeur (Cardoso de Oliveira, 2003, p. 21).

Somente o tempo, com minha ida contínua à feira, ao fazer a feira, me ajudou a me despir dos preconceitos inerentes à minha formação; ainda assim, em cada tempo de pesquisa, de reflexão, em cada ida, fazia-se uma conquista do pesquisador, na tradução a que Cardoso de Oliveira (2003) se refere, pois, do ato de experienciar para o ato de vivenciar, há a necessidade do tempo; e só ele, o tempo, provoca essa fusão de horizontes entre o eu, do pesquisador, e o outro.

DESCRIÇÃO FACTUAL DOS LUGARES E PERSONAGENS DA FEIRA

2.1 Apresentação do campo: o complexo da Feira do Guamá

Factualmente, ou seja, sob uma leitura material e ordinária de meu campo de pesquisa, procurarei evidenciar o que é esse campo por meio de suas materialidades, daquilo que se dá a ver a quem passa ou vai à Feira do Guamá. Dessa maneira, compreendo a Feira do Guamá como aquele amplo espaço que inclui as axes perpendiculares e estendidas das Avs. José Bonifácio e Barão de Igarapé-Miri com a Passagem Mucajás. O epicentro desse encontro são os mercados do "Complexo de Abastecimento do Guamá", espaço conhecido como o "Mercado de Carne", o "Mercado da Farinha" e o "Complexo de Industrializados", este um anexo do Mercado da Farinha.

Importante salientar que, apesar de compreendermos que "o conhecimento do espaço é sinestésico, ele mistura a todo instante a totalidade da sensorialidade" (Le Breton, 2016a, p. 23), abrimos um espaço neste capítulo no esforço de transformar em texto nossa percepção efetiva daquele lugar, pois, se pretendo partilhar aqui minhas impressões, procurarei evidenciar a materialidade daquele lugar de maneira precisamente factual, deixando clara a existência de uma modelação entre o eu, que escreve, e aquilo que é experienciado por mim e vivenciado por meus interlocutores, cujo resultado é este texto.

Considerando as colocações dos feirantes ao falarem sobre esses espaços, e principalmente por uma questão didática para que se compreenda melhor, tomei a iniciativa de dividi-los em três mercados, ou complexos — que são espaços distintos inseridos em um cruzamento de ruas com grande tráfego de automóveis e pessoas e com um amplo número de estabelecimentos comerciais nos logradouros adjacentes.

O primeiro mercado do qual vou falar é o "mercado novo" — em relação ao primeiro e antigo mercado, que hoje é ocupado pela farinha —, ou "Mercado da Carne", que abriga dez áreas[51] de comercialização, e que, após a reforma realizada pela Prefeitura de Belém, entre 2010 e 2012, ganhou o nome de "Complexo de Abastecimento do Guamá", quando foi entregue, já revitalizado, de volta aos feirantes. Esse é o mercado onde se concentram os feirantes que vendem carne, pescado, hortifrúti, frango, coco seco, goma, temperos e ervas, camarão fresco e seco, caranguejo, alimentação em geral, e a chamada mercearia — onde se vendem produtos industrializados, ou seja, enlatados, cigarros, tudo aquilo que passa por algum tipo de industrialização antes de chegar ao consumidor.

O segundo mercado, aquele que fica no antigo prédio do mercado do Guamá, foi destinado à venda da farinha depois da implementação do Mercado de Carne, em frente e na sua diagonal, primeiramente; mas hoje divide aquele espaço com os produtos industrializados e com uma casa lotérica, além de uma lanchonete. Foi o primeiro prédio construído para abrigar a Feira do Guamá, ainda nos anos de 1950. Alguns feirantes o chamam de Complexo da Farinha.

O terceiro mercado — um anexo ao prédio da farinha — é destinado à venda de roupas; somente é permitido vender nesse espaço roupas e acessórios, apesar de encontrarmos alguns poucos boxes destinados a mercadorias outras, como eletroeletrônicos, produtos de esmaltaria, brinquedos, sapatos e bijuterias; no entanto, encontramos apenas um box para cada um desses produtos, o que veremos mais detalhadamente à frente. Esse espaço também é conhecido como Complexo de Industrializados. Na Imagem a seguir, mostro a área geral da feira, na qual esses espaços estão distribuídos.

---

[51] Área é como os feirantes chamam a concentração de mercadorias de um só tipo, por exemplo: área do coco, área do peixe, área dos hortifrútis etc.

Figuras 16, 17 e 18 – Fotografia panorâmica do epicentro da Feira do Guamá, esquina da Av. José Bonifácio com a Passagem Mucajás, à esquerda, e a Av. Barão de Igarapé-Miri à direita. Fotografia registrada a partir da esquina do Mercado da Farinha, que está do lado esquerdo, em cor bege

Fonte: arquivo pessoal da autora (12 mar. 2018)

Figura 19 – Registro feito a partir do mesmo local da imagem anterior; no entanto, a ênfase aqui está na Av. Barão de Igarapé-Miri, do lado esquerdo da imagem

Fonte: arquivo pessoal da autora (12 mar. 2018)

Figura 20 – Fotografia panorâmica do epicentro da Feira do Guamá; esquina da Av. José Bonifácio (à frente) com a Passagem Mucajás (à esquerda) e a Av. Barão de Igarapé-Miri (à direita)

Fonte: arquivo pessoal da autora (12 mar. 2018)

Figura 21 – Esquina da Av. José Bonifácio com a Passagem Mucajás. Registro feito da calçada do Centro de Atendimento ao Cidadão, antigo SACI

Fonte: arquivo pessoal da autora (12 mar. 2018)

Figuras 22, 23 e 24 – Esquina da Av. José Bonifácio com a Av. Barão de Igarapé-Miri. Registro feito da calçada da loja de materiais de construção

Fonte: arquivo pessoal da autora (12 mar. 2018)

O bairro do Guamá possui áreas em dois dos distritos administrativos do município de Belém, o Distrito Administrativo Guamá (Dágua) e o Distrito Administrativo Belém (Dabel)[52]. Seus limites físicos o situam na fronteira com os bairros de São Brás e de Canudos, ao norte (onde fica situada a rodoviária da cidade); com o Rio Guamá, ao sul (onde se localizam as Ilhas do Combu e Murutucu, entre outras menores, habitadas por população ribeirinha); com o Canal do Tucunduba[53], a leste; e, assim, com o bairro da Terra Firme; e com os bairros da Cremação e Condor, a oeste. Dessa forma, podemos observar, no mapa a seguir, que o bairro do Guamá se encontra na intersecção entre os pontos de entrada da cidade, por onde chegam e para onde confluem migrantes — seja por meio da rodoviária, localizada ao norte, seja do rio, localizado ao sul.

Na carta a seguir, podemos observar a divisão em bairros da cidade de Belém, o marco do limite da primeira légua patrimonial em semicírculo e a localização do bairro do Guamá, o segundo maior bairro dentro da primeira légua de Belém, com 4.175.366,80 m^2 (Belém, 2011, p. 7), menor apenas que o bairro do Marco.

---

[52] A divisão de Belém em oito distritos administrativos foi estabelecida pela Lei Municipal n.º 7.603, de 13 de janeiro de 1993. Ver *Anuário administrativo de Belém* (Belém, 2012, p. 1-16).

[53] O bairro faz parte da bacia do Tucunduba: a "Bacia do Tucunduba, formada pelos bairros: Universitário, Terra Firme, Guamá e parte de Canudos e Marco, em estudos de amostra, detectou a presença da bactéria Escherichia, causadora de doenças como a disenteria, cólera e a febre tifoide. As águas do sistema aquífero Barreiras, as mais utilizadas na área, apresentaram valores anômalos de Ferro e Nitrato. Os principais problemas que esses altos teores podem causar são manchas em roupas, sabor metálico, incrustações nas bombas d'água, ferrugem, entre outros. A presença de Nitrato, contudo, não é uma característica natural. Pode estar associada à contaminação por dejetos orgânicos, como ocorre quando o poço é escavado às proximidades de esgotos ou fossas" (Pará, 2009).

Figura 25 – Mapa de Belém indicando o limite da 1ª Légua Patrimonial

Fonte: Instituto Brasileiro de Geografia a Estatística (IBGE) Sistema de proteção da Amazônia (SIPAM), 2014

Entendemos o lugar, seguindo o pensamento de Augé (1994, p. 73), como um espaço identitário, relacional e histórico, portanto pleno de sentidos. Nesse contexto, o espaço estaria ainda vazio, esperando por ser construído de sentidos. Assim, o lugar seria o espaço criado pelos sentidos, o espaço com referencial. O lugar feira tem linguagens e paisagens compostas de sentidos gerados dentro de uma porção maior, o espaço; podemos apontar, ainda, o lugar como um espaço de vivências, não obstante eu não queira fazer crer aqui que o lugar não interfere na criação do espaço — a feira ou o mercado — e que o espaço não influencia na criação do lugar. O conceito é apenas uma maneira de construirmos discursivamente aquilo que tentamos elucidar. No entanto, também compreendo lugar como um tempo elástico (Casey, 1996), pois, na fala do feirante, encontramos a elasticidade do tempo quando ele fala da materialidade daquele lugar, tornando suas bordas e seus limites manchados pelas lembranças, nas quais há uma maleabilidade na construção do lugar que vivenciam e diante das quais o ontem e o hoje podem sobrepor-se imageticamente nas narrativas dos feirantes.

Os feirantes, quando falam da feira, do que era aquele lugar que ali ocupavam e onde trabalhavam, descrevem um lugar a que só tenho acesso por meio de minha imaginação, e passo a conhecê-lo por suas narrativas, por de suas descrições, mas não o enxergo com esses olhos físicos. Ao contrário, enxergo-o por meio das imagens provocadas pela minha imaginação, onde corroboram minha memória, minhas lembranças e minhas vivências. Assim, vejo ali um lugar de afetos, de lutas e de conquistas. Desse jeito, um lugar que evoca movimento (Ingold, 2008b), onde vários espaços e vários aconteceres se entrelaçam (Ingold, 2012), e que, ao mesmo tempo que é aquele lugar que vemos, é, também, outro, aquele que imaginamos, baseados nas vivências de quem narra e naquelas de quem escutam. Dessa forma, é um lugar que se estrutura da vivência de cada um, no entanto uma vivência que é compartilhada, portanto também uma vivência social.

Observamos isso na fala do Seu João, que hoje vende roupa e frequenta a feira desde sua infância, há mais de 30 anos, quando evoca como trabalhava e me aponta lugares hoje inexistentes e pede que Dona Justina o confirme: *"Não é, Dona Justa? Lembra disso?"*[54]; na fala da Dona Erundina, que vende farinha e que está na feira *"desde que a gente ficava ali, na lama, na rua"*[55], relata ela, apontando-me o local com a boca, fazendo um bico em direção ao local indicado; na fala do Seu Rafael, que

---

[54] Seu João, em entrevista concedida à pesquisadora na Feira do Guamá. Belém, 19 fev. 2017

[55] Erundina, em entrevista concedida à pesquisadora na Feira do Guamá. Belém, 19 fev. 2017.

há mais de 40 anos anda pela feira — apesar de hoje ele não mais trabalhar diretamente lá na Feira do Guamá, sua mulher e demais familiares lá trabalham; na fala de Dona Celeste, que vende verdura e há mais de 20 anos na feira do Guamá.

Como já observei, a Feira do Guamá possui três mercados cobertos: o mais antigo, que hoje é o mercado voltado para a venda da farinha; o anexo ao prédio da farinha, voltado à venda de roupas e acessórios; e o mercado dito da carne, mais recente, datado de meados da década de 1980, localizado na antiga sede de festas, que foi comprada pela Prefeitura de Belém para abrigar o mercado do Guamá, pois o antigo mercado, o prédio da farinha, já não respondia às necessidades dos feirantes e da população que o frequentava.

Mas, se o mercado é essa parte coberta, onde se realizam trocas comerciais, o "lugar de venda de gêneros alimentícios e outros; povoação em que há grande movimento comercial", a feira é onde se realiza a "venda de mercadoria ao ar livre, em vias públicas etc., em determinado dia da semana" (Bueno, 1983, p. 720, 484). Entendemos aqui que ambos os termos, "feira" e "mercado", se referem a um lugar de venda, de troca comercial e simbólica; no entanto, a feira se espalha, física ou simbolicamente, no imaginário de quem a vivencia, pelo comércio no seu entorno, alcançando percepções que se distendem do seu centro. Assim, ela tem seus limites fluídos, visto que se realiza em vias públicas. Portanto, trabalhei com ambos, mercado e feira, como sinônimos, pois assim se aplica na academia (Lobato; Ravena-Cañete, 2015), além de essa perspectiva ter sido trazida, ao longo da pesquisa, pelos feirantes e pelos frequentadores da feira.

A seguir, colocamos algumas imagens, retiradas do Google Maps, nas quais aquele espaço que comporta a feira pode ser visto de maneira mais precisa em relação ao clima e à temperatura do ambiente, assim como por se tratar de registros de imagens feitas em um horário em que a feira não está em pleno funcionamento.

Nas Imagens 24, 25 e 26, a seguir, podemos observar a entrada da Passagem Mucajás. Ao lado direito, temos o chamado Mercado de Carne, onde, como já observei anteriormente, além da venda de carne vermelha, também se concentram as vendas de peixe, caranguejo, camarão fresco e camarão seco, frango, hortifrúti, goma de mandioca, tapioca, coco seco, mercadorias de mercearias, como enlatados e alimentos que passam por industrialização, ervas e produtos medicinais e dois boxes com produtos industrializados que oferecem serviços de consertos de relógios e amolação de objetos cortantes, como tesourinhas e alicates. Segundo a Secretaria Municipal de Economia (Secon), esse mercado, a partir de sua revitalização, passou a ser denominado de "Complexo de Abastecimento do Guamá", o qual é composto de 387[56] equipamentos para os feirantes, ou seja, boxes adequados a cada mercadoria ali vendida. Ao lado esquerdo, estão pequenas vendas coladas ao muro do Estação Cidadania[57], o prédio que fica na esquina, com arcadas quadradas brancas.

Figura 26 – Mercado de Carne, hoje Complexo de Abastecimento do Guamá (à direita), e vista da Passagem Mucajás pela Av. Barão de Igarapé-Miri[58]

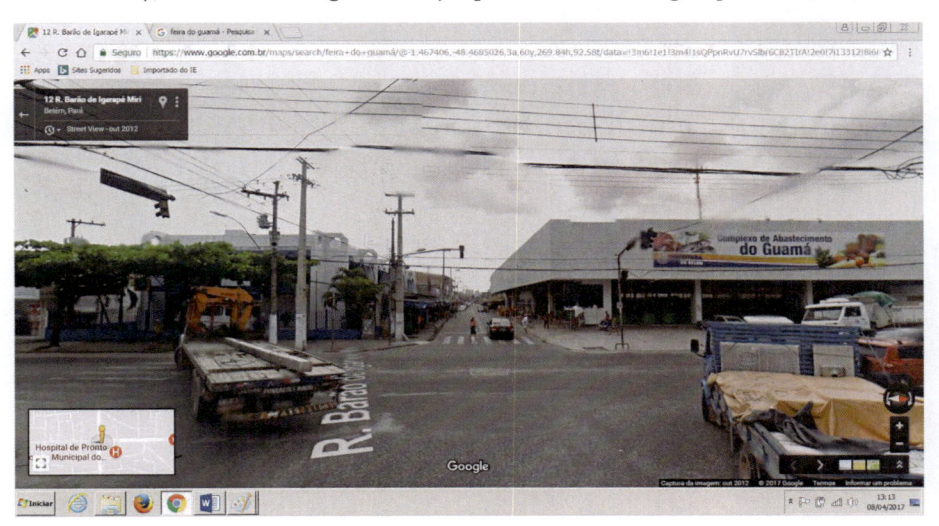

Fonte: Google (28 abr. 2017)

---

[56] Isso depois da revitalização e reinauguração do prédio entregue aos feirantes no dia 26 de maio de 2012. Informação disponível em: http://g1.globo.com/pa/para/noticia/2012/05/feirantes-do-guama--recebem-complexo-de-abastecimento.html; https://ptb.org.br/prefeito-duciomar-costa-entrega-novo-complexo-de-abastecimento-do-guama/

[57] A Estação Cidadania é uma iniciativa do Governo do Estado do Pará, com o objetivo de disponibilizar à população serviços públicos de diversos órgãos em um único local, procurando oferecer atendimento ágil, eficiente e de qualidade.

[58] Aqui também priorizamos a imagem do Google Maps, pois acreditamos que estamos mostrando o espaço, aquilo que existe conforme uma percepção não comprometida com quem ali vive cotidianamente com o lugar. Assim, podemos, ao longo do trabalho, evidenciar o lugar, também por meio das imagens, mas estas produzidas pela pesquisadora.

Na imagem a seguir, podemos observar a vista do cruzamento pela Av. José Bonifácio, em direção ao bairro de São Brás. Ao lado esquerdo, temos a Passagem Mucajás, seguida do Mercado de Carne, e, ao lado direito, a Av. Barão de Igarapé-Miri, seguida da loja Belém Material de Construção e da loja de eletrodomésticos City Lar, hoje Lojas Ricardo Eletro. É nessa calçada, do lado direito da imagem, onde se concentram as vendedoras de pechinchas, das quais falamos ao longo deste trabalho.

Figura 27 – Av. José Bonifácio

Fonte: Google (28 abr. 2017)

Nesta outra imagem, apresentada a seguir, podemos observar, com mais proximidade, a Passagem Mucajás. Na calçada direita, está o Mercado de Carne, aberto e em funcionamento, e, do lado esquerdo, na calçada do Centro de Atendimento ao Cidadão, há diversas barracas comerciais que funcionam como bar, mercadinho de produtos industrializados, ponto de venda de farinha, venda de frango abatido na hora e outros. Pela imagem, podemos observar e inferir que, pela sombra do mercado e das pessoas que transitam à esquerda da imagem, assim como pelo fato de os pequenos mercados à esquerda estarem ainda fechados, se trata de um horário cedo pela manhã, quando a feira abre, por volta das seis horas, mas os comércios adjacentes só abrem por volta das oito horas da manhã; no caso de bares, como é o caso do primeiro ponto comercial à esquerda, de cor verde, eles abrem até às nove horas da manhã, a depender do dia da semana.

Figura 28 – Vista da Passagem Mucajás

Fonte: Google (28 abr. 2017)

Aqui temos uma vista da Av. Barão de Igarapé-Miri, na qual podemos observar o prédio da farinha à direita e da loja de material de construção na esquina, à esquerda, seguida da City Lar, posteriormente Lojas Ricardo Eletro. Pela disposição das sombras, pelo número escasso de pessoas presentes na imagem, assim como pelas pessoas que estão à direita — uma com seu "burro sem rabo" ainda sem mercadoria, a outra com seu "aquário" ainda repleto de salgados à venda –, podemos inferir que se trata de um horário cedo da manhã.

Figura 29 – Imagem matinal da feira, vista da Av. Barão de Igarapé-Miri, pela Passagem Mucajás

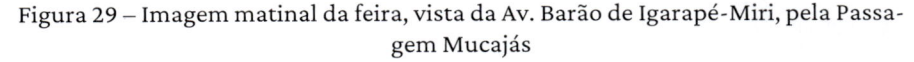

Fonte: Google (28 abr. 2017)

A próxima imagem se refere a uma imagem tomada no dia 12 de outubro de 2017, feriado, tirada em um horário em que a feira já se encontrava fechada. Podemos observar de mais próximo a lateral do prédio da farinha com aquele lugar que chamo de anexo ao prédio ou Mercado da Farinha, onde a maioria dos boxes é voltada para a venda de roupas. Esse local era um terreno vazio que foi ocupado pelos feirantes que vendem roupas e que, só tardiamente, foi coberto com telhas Brasilit e fechado apenas com grades pela prefeitura. O espaço ainda é mal-adaptado e não corresponde aos anseios dos feirantes do local. Mais à frente, falaremos melhor sobre esse assunto.

Figura 30 – Vista do Mercado da Farinha pela Av. Barão de Igarapé-Miri, com seu anexo ao fundo

Fonte: Google (28 abr. 2017)

Ainda no que se refere à imagem anterior, podemos observar que o vínculo desse espaço com o Mercado da Farinha está na cor das grades, laranja, e na cor das pequenas batentes que ajudam na sustentação das grades, ocre, as quais acompanham a mesma cor presente no Mercado da Farinha. No entanto, observe-se que não existe uma diferença entre o nível da calçada e o nível do local onde estão localizados esses boxes de roupas; acrescente-se a isso o fato de que as grades finas que fecham o local fazem com que os feirantes que ali trabalham sintam-se "*completamente abandonados*" pela prefeitura, segundo a fala de Dona Gilda, a ponto de receberem a isenção da taxa anual devida à prefeitura.

Dessa maneira, o campo que procuro compreender é aquele conformado não somente por esse espaço apresentado anteriormente, mas pelas pessoas que frequentam e vivenciam esses lugares que conformam a feira enquanto tal: o mercado dito da carne, o Mercado da Farinha, o Complexo de Industrializados com seu anexo. Neste último, em sua maioria, os boxes vendem roupas, em oposição aos boxes que ficam dentro do prédio da farinha, que vendem diversos produtos industrializados, que vão de brinquedos a cabos de eletroeletrônicos, ainda que alguns desses boxes também vendam roupas. Difícil especificar que box vende o que, pois há uma fluidez discreta na ocupação desses espaços.

Esta apresentação do campo, no que se refere a este subcapítulo, está baseada em três fontes: a minha própria vivência no campo e a vivência daqueles que ali estão e vivem aquele espaço, as informações da Secon e as informações provenientes de Seu Rafael, presidente da Associação dos Feirantes e Funcionários da Secon, o qual tem forte presença entre os feirantes do Guamá. Mais à frente, falamos mais sobre o papel de Seu Rafael na feira.

O prédio do Mercado da Farinha tem 11 m de frente para a Av. José Bonifácio e 32 m para a Av. Barão de Igarapé-Miri. Esse é o mercado mais antigo da feira, onde se concentrava, até 30 anos atrás, a venda de toda e qualquer mercadoria, carne, peixe e hortifrúti. Ele era "o" mercado do Guamá. No entanto, já havia algumas bancas de legumes nas suas imediações, assim como a venda da farinha, que tinha sua concentração, até a época do prefeito Resende (1991-1993), no meio-fio da Av. José Bonifácio com a Passagem Mucajás — quando esta ainda não era asfaltada, mesmo que houvesse uma banca de farinha dentro do mercado. Segundo Seu Rafael, depois de uma luta árdua junto à Prefeitura de Belém, os feirantes de farinha conseguiram, na gestão do prefeito Augusto Resende, ter a permissão da prefeitura para ocupar o referido prédio. Seu Rafael, já à frente desse diálogo, nos conta como isso aconteceu:

> [...] *então nossa feira, ela funcionava aqui nessa rua... na piçarra* [e aponta em direção da rua, Av. José Bonifácio com a Passagem Mucajás, no cruzamento]. *Quando dava poeira no verão, poeira na farinha. Quando dava inverno, lama! Então foi aí que a gente, diante dessa necessidade, nós organizamos os trabalhadores e começamos a reivindicar... Esse mercado aqui, de lá pra cá, funcionava o mercado de peixe do Guamá. Aí na gestão do*

prefeito Resende desapropriou aquele espaço [apontando para o que chamamos hoje de Mercado de Carne ou Complexo de Abastecimento do Guamá] *e passou todos os feirantes pra lá e não coube a farinha dentro. Então o que que ele faz? Então ele deixa a farinha fora! Na rua! Esse mercado passa então a ficar fechado. Antro de venda de droga, prostituição infantil, assalto, roubos, então... O que que era nosso primeiro desafio? É fazer com que o governo faça a reforma, tira nós do meio da rua e coloque nós pra cá! Então foi uma vitória pra nós! Sair do meio da rua e vir pra cá! Pra você ter uma ideia, esse estrado que você está sentando, ele é de angelim pedra* [Seu Rafael faz referência aos bancos que são institucionalmente as bancas dos feirantes e que sustentam as sacas de farinha, para que elas não fiquem no chão] *e tá completando agora, dia 30 de agosto, 18 anos!*[59]

O relato de Seu Rafael remonta ao tempo de quando eles entraram no mercado com a farinha. Ou seja, segundo o presidente da Associação dos Feirantes, a farinha está ali desde a nova reforma, quando entraram os bancos para dar suporte à venda. E Seu Rafael continua a explicar:

Quando o mercado foi construído, ali era a carne [e me aponta para o local da carne]; *ali era o peixe; e aqui já tinha um box de farinha. Quando o prefeito assume, ele tira todo mundo daqui; ele pensa aqui uma creche, ele pensa aqui uma unidade de saúde, ele pensa qualquer coisa pra cá, e joga o mercado pra lá e deixa a farinha na rua! A gente percebe que vai passando longos anos e ele não faz nada aqui. A gente reivindica o espaço; já que tá ocioso! E conseguimos, e transferimos a farinha pra cá! Né?! Pra quem vivia no meio da rua, passou a ter um espaço... e se você observar onde você tá localizada; você é do Guamá, nós estamos numa área nobre do Guamá! Nós estamos dentro do metro quadrado mais caro.*[60]

Segundo Lobato e Ravena-Cañete (2017), a farinha é um alimento importante na dieta regional; sua fabricação e seu consumo são marcados por práticas culturais ligadas às formas de alimentação na região, que vão de sua produção à sua distribuição ao consumidor[61].

[59] Seu Rafael, em entrevista concedida à pesquisadora na Feira do Guamá. Belém, 19 jan. 2017.

[60] *Idem.*

[61] De acordo com o Instituto Brasileiro de Geografia e Estatística (IBGE, 2014 *apud* Lobato; Ravena-Cañete, 2017), o Pará é o quarto maior produtor brasileiro de farinha e o maior produtor de mandioca do Brasil. Conforme Júnior e Alves (2013, p. 47 *apud* Lobato; Ravena-Cañete, 2017, p. 225), "O cultivo gera 200 mil empregos no meio rural, talvez a cadeia agrícola de maior oferta de emprego no Estado".

Ao entrarmos no prédio da farinha, percebemos que os feirantes dali têm as disposições de suas bancas voltadas para a Av. José Bonifácio, como se ali fosse a sua frente, pois os boxes se colocam em toda a sua largura de frente para essa avenida. Nesse mercado, no ano de 2011, foram contabilizados 44 equipamentos para 24 feirantes, segundo o Anuário estatístico (PMB, 2011) produzido pela Prefeitura Municipal de Belém. Mas, se contarmos, os números não batem. A compra e a venda, ou a passagem do box para um familiar, são frequentes, mas não tão fáceis, pois o custo de um box de farinha pode chegar a R$ 4 mil, ou seja, pode custar quatro vezes mais do que um box de produto industrializado, estimado em R$ 1 mil, localizado no mesmo prédio; isso segundo informações de Inês, feirante de farinha, e de Dilza, feirante de produtos industrializados.

Em meu primeiro momento nesse mercado, foi difícil mapear os boxes. Para minha surpresa, ao conversar com Inês, descobri que cada banco delimita uma banca, um espaço de venda de farinha; assim, aqueles espaços não eram chamados de boxes pelos feirantes, e sim de bancas. A disposição varia de acordo com o seu local na feira, assim como a relação que se tem com o feirante vizinho. Essas bancas são posicionadas formando quadrados, às vezes fechados, às vezes abertos, dependendo da disposição da banca. Quando fechado, o feirante se coloca no seu interior, tendo as sacas de farinha entre feirante e freguês; quando não, o feirante fica no seu exterior com maior mobilidade de interação com o freguês e os demais frequentadores da feira.

Inês divide seu espaço interno, o seu quadrado, com outro feirante, que basicamente utiliza sua banca como depósito, pois ele tem outra banca mais adiante, no mesmo mercado. Já em relação a Seu Velhinho[62], apesar de serem vizinhos antigos, um armário e uma balança os separam. Isso já não acontece com Seu Sebastião, que arrumou seus bancos colocados no do feirante vizinho da parte de trás e na lateral; assim ele fica livre pelo corredor para poder tratar com o freguês, como para andar e brincar pela feira. O temperamento de Sebastião é mais aberto e expansivo que o de Inês, que é mais reservada, assim como Seu Velhinho, vizinho de box dela. Então, houve uma pequena variação na articulação das disposições das bancas, segundo o temperamento de cada feirante, de acordo com a relação que cada um deles estabelece com seus vizinhos.

---

[62] Inês me apresenta como "Velhinho", o feirante que divide a banca com ela, e assim ele e a esposa se colocam para mim. Demoro para descobrir seu nome, até porque a conversa flui e acabo esquecendo-me de perguntar, visto que fico absorta nos assuntos que estão nos envolvendo.

Seu Rafael faz questão de se apresentar, dizendo seu nome e sobrenome, e completa: *"mas, se alguém perguntar quem é Rafael da Silva, ninguém sabe, então eu sou o Rafa"*[63]. Ele conta que foi criado no bairro e na Feira do Guamá; segundo ele mesmo, desde os 15 anos já trabalhava na feira. Hoje, Seu Rafael não trabalha diretamente na feira — apesar de possuir bancas de farinha e de ser o representante dos feirantes da farinha na comissão da feira —; é funcionário da prefeitura, responsável pelas lavagens dos mercados e das feiras de Belém e pela limpeza de entulhos na cidade. Essa sua relação com a feira, ele mesmo nos relata:

> *Eu tenho trinta e cinco anos como feirante do Guamá. Em um determinado momento, devido às nossas necessidades, a gente sentiu que era preciso organizar os trabalhadores; em que pese o mercado tem todo o dia, em todos os momentos, a concorrência que é natural, de uma feira, do comércio, algumas pessoas entenderam que a gente precisava buscar organizar os trabalhadores. E somente a gente organizado, a gente conseguia atender, a gente ia conseguir que as nossas reivindicações, que as nossas demandas, elas fossem atendidas. Então, no Guamá, no caso, nós fundamos uma comissão. Essa comissão, ela é formada por dois representantes de cada setor: tem os da carne, tem os do peixe, tem os do frango, tem os da farinha, tem os do horti... de cada coisa que você pensar que vende na feira, duas pessoas vieram fazer parte dessa comissão. Então se formou um grupo de quinze a vinte pessoas, representativas, porque todos os setores estão envolvido, pra poder buscar defender o interesse dos trabalhadores. O que que a gente faz? Primeiro a gente fez um levantamento das necessidades do mercado. Quais são nossos pontos fortes? Quais são nossos pontos fracos? A gente identificando quais são os fortes e os fracos, aí nós fizemos um planejamento. O que que nós queremos realmente? Quais são as prior... Tudo é prioridade, mas quais são as prioridade das prioridades? Então eu começo aqui a minha vida sindical como representante.*[64]

A esposa de Seu Rafa também é uma das feirantes permissionárias da feira da farinha, mas trabalha com alimentação, único espaço naquele prédio que vende refeições e lanches. Outros familiares de Seu Rafa possuem boxes de industrializados, assim como bancas de venda de farinha. Ele participa de todas as tomadas de decisão na Feira do Guamá, em especial

---

[63] Seu Rafael, em entrevista concedida à pesquisadora na Feira do Guamá. Belém, 19 jan. 2017.

[64] Seu Rafael, em entrevista concedida à pesquisadora na Feira do Guamá. Belém, 19 jan. 2017.

no que diz respeito ao Mercado da Farinha e seu anexo. Nesse ínterim, não é possível falar da feira, sobretudo do espaço da farinha, sem abordar a pessoa do Seu Rafa.

Soube de Seu Rafa por meio dos feirantes, primeiro dos feirantes dos produtos industrializados e depois do pessoal da farinha. Nenhum feirante, em nenhum momento, me falou algo que desabonasse Seu Rafa. Talvez em um ou outro feirante eu pudesse, e de maneira errônea, perceber o silêncio, mas jamais escutei algo que o desacreditasse ou desabonasse. Logo vi que seria imperativo conversar com Seu Rafa, afinal nada ali, nenhuma disputa, passaria sem ele.

Seu Rafa é o presidente da Associação dos Feirantes de Belém (Asfembel), cargo que passou a ocupar justamente a partir do período de revitalização do Mercado de Carne, em 2011, até os dias atuais. Seu Rafa, como funcionário da Secon, é um dos encarregados da administração da limpeza das feiras e mercados de Belém. É ele que, juntamente com o Sr. Rui, fica encarregado de acompanhar e fiscalizar os funcionários da prefeitura que pegam no escovão e no sabão. Entretanto, segundo Dona Carmem, e como vi durante uma das lavagens do Mercado da Farinha e anexo, Seu Rafa realmente pega no escovão e acompanha a limpeza.

Seu Rafa também é conhecido como Rafinha — ainda que de "Rafinha", que evoca uma pessoa pequenina ou miudinha, nada tenha em sua aparência, já que é grande e corpulento. Mas Seu Rafa tem de "Rafa" aquilo que o nome também pode evocar: a aproximação, o afeto, a simpatia de uma pessoa gentil e cordata, que, como colocam Dona Carmem e Dona Gilda, é aquele que "sabe ouvir", que sabe compreender as necessidades daqueles feirantes. Assim, já predisposta a tudo de bom que poderia pensar, a pessoa de Seu Rafa levou-me a crer que ele era, se não uma pessoa querida, minimamente bem respeitado. Sabia ouvir, era paciente e bom conselheiro, segundo os feirantes, ou quase todos a quem ouvi sobre ele, se não me falha a memória e me relembram minhas anotações e gravações. De qualquer maneira, acredito que era imperativo Seu Rafa procurar um equilíbrio entre tantos feirantes, pois quase metade dos feirantes da farinha fazia parte da família dele, assim como havia muitos, entre seus familiares, que possuíam boxes de produtos industrializados também naquele setor.

Para termos uma ideia do imbricamento das relações ali expostas, somente de boxes de produtos industrializados que estão localizados dentro do prédio da farinha — com exceção do anexo que fica colado ao lado, pela Av. Barão de Igarapé-Miri —, pude contar, junto com a feirante Dona Arlete, 52 boxes. Sinceramente, de fora não conseguimos compreender como pode caber tantos boxes naquele prédio; isso somente os boxes altos, gradeados, dedicados aos produtos industrializados, excetuando-se as bancas de farinhas. Desse modo, podemos acrescentar a esses 52 boxes os 44 equipamentos ou bancas de farinhas, com 24 feirantes, citados no *Anuário estatístico do município de Belém* (Belém, 2011). Esses espaços são estabelecidos como bancos com 170 cm de extensão por 40 cm de profundidade e 50 cm de altura. Cada banco perfaz uma banca. Estamos aqui falando de boxes e bancas, pois, quando falamos de feirantes, a conta é outra, é diferente. Explico sobre essa questão adiante. Cardoso *et al.* (2001) observaram que cerca de 20% dos postos que vendiam farinha na feira no Guamá eram de produtores rurais. Como já foi observado anteriormente, a mobilidade de venda ou repasse de bancas e boxes é frequente. De acordo com Lobato e Ravena-Cañete (2015), em 2015, foram encontrados 18 feirantes que trabalhavam com farinha dentro do Mercado da Farinha. Porém, encontrar feirante trabalhando é uma coisa, a outra é saber a quem pertence a banca. Um exemplo é a banca de Inês: são três bancas que pertencem a seu pai, que já não trabalha na feira e mora no interior; quem ali trabalha é ela e o marido; sazonalmente — sempre em uma mesma época do ano —, já é o irmão. De forma diferente, no entanto, acontece com Dona Eulália, que tem apenas uma banca, não tem marido ou companheiro, mora só e a única filha é casada e reside em outro estado; Dona Eulália conta apenas consigo própria, somente ela está ali no batente diariamente.

De acordo com as normas da prefeitura, um feirante pode ter até três bancas ou boxes, apenas, mas isso não ocorre de fato. Encontramos com frequência feirantes com mais de três bancas, às vezes com o dobro ou o triplo. Entendemos isso como formas de interação que procuram escapar da lógica institucionalizada da Prefeitura de Belém, que desconhece as necessidades de seus feirantes e normatiza comportamentos. Por outro lado, essas normatizações são quebradas sutilmente, e sutilmente também aceitas ali, entre eles.

No prédio da farinha, começam a aparecer os boxes de produtos industrializados e, dentro dessa categoria, as roupas, o vestuário que é também vendido ali, mas as roupas estão principalmente presentes na parte anexa, como veremos mais à frente. Primeiro, somente é permitido a esses boxes ficar encostados na parede que dá para a Av. Barão de Igarapé-Miri; dali por diante uma miscelânea de coisas é vendida: vestimentas, antenas artesanais e industriais de televisão, baterias, carregadores de eletroeletrônicos, sapatos, cremes medicinais, xampus, bijuterias, produtos artesanais etc. Eu e Dona Arlete chegamos a contar 52 boxes desses produtos somente nesse espaço, sem passarmos para o anexo. Como observei, os boxes ficam localizados dentro desse espaço na lateral que dá para a Av. Barão de Igarapé-Miri, encostados na parede e ao fundo do prédio, desde o espaço concedido à lotérica, a qual, a propósito, segundo Seu Rafa, foi outra grande conquista dos feirantes:

> *O centro lotérico foi mais uma conquista nossa, a única casa lotérica que tinha era lá em frente ao Paulo Maranhão, pra todo o Guamá, e nós conseguimos uma pra cá, pra dentro do mercado do Guamá. Uma forma de aquecer o mercado aqui. Agregar mais gente!*[65]

No meio do prédio, mais ao fundo, funciona a casa lotérica com dois caixas; Seu Rafa já luta por um terceiro caixa, pois o movimento demonstra essa necessidade: as filas diárias imensas, sem horário predeterminado, mostram a urgência de expansão daquele serviço oferecido aos frequentadores da feira.

Se, de um lado, a casa lotérica é cercada pelos boxes em metal dos produtos industrializados, do outro lado, está o único equipamento do local destinado à alimentação, aquele administrado pela esposa de Seu Rafa. O local, em comparação a outros espaços destinados à alimentação, mesmo do prédio da carne, recém-reformado, é amplo e bem aparelhado.

Ao circularmos por aquele lugar, notamos que certas quantidades de boxes estão sempre fechadas. Ao conversarmos com os feirantes do local, descobrimos que esses boxes funcionam como depósitos dos feirantes que vendem seus produtos na calçada do mercado na Av. Barão de Igarapé-Miri. Assim, de acordo com as informações de Madalena, Seu João, Dona Arlete, Dona Dilza, o feirante que vende ali na calçada só o faz porque tem um box dentro daquele complexo. Esse feirante, além de possuir um box no interior do mercado, tem o direito de ter um espaço na calçada do mercado, direito esse concedido pelos próprios feirantes; no entanto, ele precisa mandar fazer uma barraca para poder vender na calçada, se o quiser, o que geralmente acontece, pois, segundo eles, quase

---

[65] Seu Rafael, em entrevista concedida à pesquisadora na Feira do Guamá. Belém, 19 jan. 2017.

ninguém "*entra naquele mercado, sujo, feio e escuro*"[66]. A venda no interior é, de acordo com esses feirantes, bem menor em relação à venda no exterior do mercado. Assim, ter um box dentro do mercado garante o espaço de uma barraca na rua.

O anexo do prédio da farinha, aquela parte gradeada, que se prolonga pela Av. Barão de Igarapé-Miri e que, segundo os vendedores dali, foi esquecida pela Prefeitura de Belém, "*De tão esquecida, a prefeitura* [por meio da SECON, secretaria responsável pela regularização do espaço] *não cobra a taxa paga pelos feirantes* [dos permissionários] *pela ocupação do espaço*"[67]. O local é abafado, quente e sem ventilação, situação agravada devido ao fato de a disposição do telhado ser baixa, não ter revestimento interno e, para piorar as condições, ser coberto por telhas Brasilit, algumas transparentes, colocadas com objetivo de ajudar na iluminação do espaço, deixando passar a luz, mas que passa também o calor. Para se proteger disso, Dona Alda, que possui seu box embaixo de uma dessas telhas, mandou cobri-las com um pedaço de papelão. Além disso, a limpeza geral, que deveria ser feita mensalmente em todo complexo dos mercados cobertos, pode chegar a dois meses entre uma lavagem e outra.

Esse espaço possui 76 boxes. Entre eles, cerca de dez são utilizados como provadores, ou seja, são apenas fechados com cortinas de tecidos e não são utilizados como expositores. Feirantes como Dona Carmem e Sílvia possuem três vestuários, e outros como Dona Gilda e Dona Alda, apenas um. Feirantes como Dona Dilmara não possuem vestuário e, quando há necessidade de uma freguesa experimentar uma roupa, pedem para uma vizinha feirante que empreste o vestuário. Oito boxes são destinados à venda de produtos diversos, como controles, pequenos aparelhos eletroeletrônicos, cintos, miudezas, esmaltaria; outros cinco são utilizados como depósitos — por exemplo, o de Dona Solange, que vende pechincha e utiliza um box apenas para guardar sua mercadoria. Os demais boxes vendem somente roupas.

Diferentemente do prédio da farinha, os feirantes não podem e não deixam ninguém ocupar sua calçada. A exceção é feita apenas para Dona Teté, que vende pequenos trecos, como adereços para cabelo, cintos, porta-moedas e pequenos brinquedos de plástico, como também para o filho de Dona Maria do Rosário, que vende chinelos e cintos; entretanto, esses

---

[66] Dona Arlete, em entrevista concedida à pesquisadora na Feira do Guamá. Belém, 4 dez. 2017.

[67] Dona Gilda, em entrevista concedida à pesquisadora na Feira do Guamá. Belém, 6 abr. 2016.

dois, além de possuir boxes dentro do complexo, devem ficar colados na grade do lugar, não atrapalhando o movimento na calçada. Apenas esses dois, até então, têm o direito de ocupar uma pequena parte da calçada do anexo da farinha.

De acordo com o *Anuário estatístico do município de Belém* (Belém, 2011), temos o seguinte levantamento da quantidade de equipamentos (boxes e bancas) disponibilizados aos feirantes nos mercados da Feira do Guamá. Ainda que apresentado de maneira sintética, podemos ter uma noção da quantidade daquilo que ali é vendido.

Quadro 1 – O mercado dito da carne ou o Complexo de Abastecimento do Guamá

Mercado	Hortifrúti		Industrializado		Lanche/refeição		Mercearia		Farinha	
Guamá	Equip.	Feirante	Equip.	Feirante	Equip.	Feirante	Equip.	Feirante	Equip.	Feirante
	192	105	156	74	16	11	43	26	44	24

Fonte: Belém (2011, p. 50), adaptada

Os dados *supra* são institucionalizados, ou seja, seguem o registro da prefeitura, no qual consta o local do box e o proprietário. Nem todos esses equipamentos funcionam para comercialização; como já observei, alguns funcionam como depósitos, outros ficam fechados por um motivo pessoal, como doença na família. O número de permissionários, ou seja, o número de feirantes registrados, não necessariamente corresponde ao número que efetivamente trabalha no dia a dia do mercado. Como já notei, há uma ruptura da norma, que, acredito, seja necessária para a sobrevivência de muitos ali. Portanto, são arranjos que mantêm e configuram aquela feira enquanto tal.

Um dos exemplos mais evidentes é a quantidade de equipamentos destinados à venda de caranguejo e siri: sete equipamentos e quatro feirantes. In loco, encontrei apenas um feirante ao longo desses anos e, aparentemente, apenas um só tanque, ou equipamento, destinado a essa mercadoria. O mesmo aconteceu para artigos de artesanato (aqui nos referindo apenas ao interior do Mercado da Carne), em cujo espaço encontramos apenas dois feirantes com aparentes seis boxes ou equipamentos. Digo "aparentes" porque os feirantes têm muito receio de dizer quantos boxes, de fato, possuem. O quadro a seguir apresenta o quantitativo oficial de equipamentos e feirantes na área de venda de produtos religiosos, caranguejo e camarão fresco:

Quadro 2 – Quantitativo referente à venda de produtos artesanais/umbanda/ervas, caranguejo e siri, camarão fresco

Mercado	Art./umb./ervas		Caranguejo e siri		Camarão fresco	
Guamá	Equip.	Feirante	Equip.	Feirante	Equip.	Feirante
	7	3	5	4	7	4

Fonte: Belém (2011, p. 50)

Desse modo, podemos observar que o número de equipamentos não equivale ao número de feirantes. Da mesma maneira, um equipamento pode possuir mais de um feirante ali trabalhando, seja alguém da família, seja um ou mais funcionários contratados pelo permissionário.

2.2 Inserção da pesquisadora no campo

Comecei a frequentar sistematicamente a Feira do Guamá no ano de 2011, já realizando uma pesquisa sobre os sentidos do gosto com uma perspectiva etnográfica, mas no âmbito do desenvolvimento de uma dissertação de mestrado no Programa de Pós-graduação em Artes da Universidade Federal do Pará (UFPA). No doutorado, no Programa de Pós-graduação em Antropologia da UFPA iniciado em 2015, procurei aprofundar meu conhecimento sobre a Feira do Guamá e suas práticas sociais, especificando, problematizando e aprofundando as discussões anteriores.

A inserção inicial no campo foi fundamental para a pesquisa apresentada neste trabalho, pois ela me permitiu acesso aos indivíduos e aos espaços e lugares da feira. A perspectiva antropológica, penso, era inerente à pesquisa em Artes, mas foi na experiência do doutoramento que ela, evidentemente, pôde desenvolver-se, não obstante haja uma contiguidade, também evidente, entre as duas. Dessa maneira, considero importante incluir neste trabalho uma descrição da minha inserção na Feira do Guamá, o que faço neste tópico.

No decorrer do ano de 2011 até setembro de 2012, o mercado dito de carne estava fechado para reforma; dessa maneira, os feirantes foram alocados, pela prefeitura, em barracas de madeira construídas, de forma pouco ajambrada, na calçada do mercado — tanto pela Av. José Bonifácio quanto pela calçada da Passagem Mucajás —, assim como no meio da rua da referida passagem.

Na próxima imagem apresentada, podemos notar como os feirantes se apropriaram daquele espaço, alargando as fronteiras do mercado e fazendo com que ele escapasse da estrutura construída em madeira pela prefeitura de Belém. O mercado, aparentemente inchado, se dilata, tomando o espaço do meio-fio da Av. José Bonifácio e ocupando a totalidade da Passagem Mucajás, adentrando a rua para além dos limites da calçada. A necessidade de maximizar o espaço de venda fez com que o feirante desregulamentasse os limites impostos pela prefeitura e buscasse constituir, em composição com a estrutura, o lugar que lhe fosse mais vantajoso e necessário, ou racional, segundo sua própria percepção e suas possibilidades.

Essa desregulamentação do espaço, que operou para a construção do lugar, ocorreu por meio de diversas formas, entre as quais podemos apontar a pintura feita pelo próprio feirante, que, ao utilizar as cores de sua escolha, em alguns casos — como no do Sr. Reinaldo, que utilizou uma cor mais clara e mais fria do que aquela oferecida pela prefeitura —, procurou expandir sua barraca ao projetar para a percepção visual do freguês, aquele pequeno lugar.

Apesar das limitações impostas, de um lado pela prefeitura e de outro pela própria estrutura espacial do local, a calçada do mercado, apesar de larga, não comportava a quantidade de feirantes que trabalhavam naquele mercado — uma esquina com forte trânsito de pedestre e veículos de toda sorte e o principal ponto de confluência do bairro —, assim como não suportava a estrutura necessária ao feirante, já que havia a necessidade de espaço minimamente adequado à venda, visto ser aquele *"o ganha-pão e a estrutura de toda a família para trabalhar"*, como observa Dona Fabrícia[68]. Era imperativo, também, a existência de espaço para a circulação do freguês, que igualmente precisava e dependia da feira; no entanto, ele, como transeunte, acabava sendo levado a ocupar as vias destinadas ao tráfego de carros ou disputando exíguos espaços com outros fregueses e frequentadores da feira.

Os "boxes" (ou barracas, ou bancas), ou melhor, os espaços improvisados ocupados pelos feirantes, se desdobravam para o exterior, ocupando física e visualmente o espaço concedido aos carros, aos fregueses, aos

---

[68] Dona Fabrícia, em entrevista concedida à pesquisadora na Feira do Guamá. Belém, 14 jan. 2017.

passantes... Frutas e legumes são expostos de acordo com as necessidades das circunstâncias. Caixas, caixotes, suportes de madeira, de papelão, de ferro, basquetas em plástico, guarda-sóis improvisados, carros de mão ou burros sem rabo servem de bancas e barracas para a venda da mercadoria.

A imagem seguinte possibilita uma compreensão sobre a construção desse "estar junto", descrito anteriormente, que pretendo evidenciar.

Figura 31 – Vista da Feira do Guamá, quando o Mercado de Carne estava passando por revitalização e os feirantes foram deslocados para a rua

Fonte: Reis (2012)

Vista do Complexo de Abastecimento do Guamá — o Mercado da Carne —, pela Av. José Bonifácio em direção a São Brás. Em direção ao guarda-sol azul e bege — lado esquerdo da imagem —, fica a entrada da Passagem Mucajás; dessa maneira, a feira conforma, ali, um ângulo reto, um anexo de calçada, mal-ajambrada, com aparência de tapumes que revestem algo não acabado. Observamos que, durante esses quase dois anos, a entrada da Passagem Mucajás ficou completamente interditada a veículos automotores, sendo possível somente a entrada de pedestre e de bicicletas que se aventuravam nesses espaços exíguos em disputas.

Adentrando este mercado pela Av. José Bonifácio, pela área concedida aos açougueiros, entramos em um corredor composto por barracas enfileiradas e dispostas em paralelo umas em relação às outras, feitas em madeira, pintadas em sua maioria com as cores (verde e laranja) ofertadas pela prefeitura — que também realizou o serviço de pintura —, colocadas em uma passagem onde esses feirantes ocupam posições paralelas ao longo do corredor. O espaço é úmido e tem pouca ventilação e luminosidade. Há uma disseminação do odor de carne naquele ambiente apertado e de aparência quase insalubre. Os feirantes sabem disso e, ao falarem sobre o local, utilizam palavras e expressões verbais, expressões corporais e faciais que nos evidenciam que eles, feirantes, conhecem e percebem as condições negativas do lugar.

A imagem a seguir faz referência ao espaço destinado aos açougueiros. Ao colocarmos aqui esta imagem, pretendemos levar o leitor a perceber o ambiente sobre o qual falo. Mesmo sob um sol e uma luminosidade forte de dez horas de uma manhã ensolarada do mês de agosto, podemos observar a necessidade da luz elétrica para a iluminação do ambiente. Também podemos perceber as instalações em madeira, com o telhado em telhas amianto e sem janelas, sem uma circulação adequada de ventilação — o que aumenta consideravelmente a elevação térmica e a umidade do ambiente.

Figura 32 – Boxes dos açougueiros localizados na calçada do Mercado de Carne

Fonte: arquivo pessoal da autora (ago. 2011)

Figura 33 – Corredor onde ficam localizados os boxes dos açougueiros no período de revitalização do Mercado de Carne

Fonte: arquivo pessoal da autora (ago. 2011)

Uma pequena ênfase aqui será dada ao imbricamento das cores nesse espaço. Como compreendemos que a cor é um dos elementos que conformam o espaço, estruturando-o, entendemos que as cores correspondem a certas estruturas espaciais e que "o valor exato de cada cor dependerá do conjunto em que é vista" (Ostrower, 1983, p. 234-235). Ou seja, dependerá do contexto em que está inserida, dos elementos que corroboram a construção daquela paisagem ou daquele ambiente, no caso, o box, o conjunto de boxes, àquele lugar, a feira. Acrescentamos a isso a própria experiência visual do feirante de uma região equatorial e de alta luminosidade, ou seja, evidenciamos peculiaridades que interferem na percepção, que interferirá, portanto, na utilização e apropriação do espaço e de seus elementos, como a cor. Sol forte, luminosidade forte, calor, quentura levam-nos a priorizar a utilização de cores quentes, pois as frias não chamariam a atenção necessária para a venda, em um local com tais características.

Figura 34 – Corredor dos açougueiros quando a feira não está em funcionamento

Fonte: Almeida (s/d)

No entanto, só a análise baseada na cor não seria suficiente para definirmos a composição de um lugar, de um ambiente — um box, um corredor ali. Para isso, é necessário um conjunto de elementos, entre os quais podemos apontar o frequentador da feira, o freguês, os objetos necessários à instalação e à manutenção do box, a exposição e venda da mercadoria, enfim, as necessidades de cada partícipe daquela forma-feira. São esses elementos, em conjunto e em interação, que conformam o que Simmel (2006) compreende como forma social ou sociação; e é nesse sentido que procuramos pensar a Feira do Guamá.

As cores básicas e primárias, como vermelho, azul e amarelo, são evidenciadas na utilização precária de guarda-sóis, nas cores dos boxes, nas letras e nos desenhos presentes nos boxes, apesar de predominarem sobre aquelas oferecidas pela prefeitura — laranja e verde —, cores estas que acabaram por se impor no espaço concedido aos açougueiros. No entanto, os boxes que mais chamavam atenção eram aqueles que rompiam com a norma estabelecida pela prefeitura. Ao utilizar uma cor diferenciada na pintura de seu box ou em seus nomes, ou seja, naquilo que o distinguisse dos outros feirantes, o feirante criava espaços visuais que rompiam com a ordenação institucionalizada pela prefeitura. Importante observar que, nesse primeiro momento e durante esse período em que o mercado estava na rua, apesar de os boxes terem se transformado em barracas, com estruturas em madeira, apresentando-se como um apêndice do mercado em reforma, os feirantes continuavam a chamar esses seus espaços de boxes.

Procurei, brevemente, apresentar o espaço do mercado dito da carne, que, sem limites físicos definidos, estava inserido e misturado no complexo da Feira do Guamá[69], tal qual o encontrei em 2011, e que, portanto, também faz parte das minhas impressões, as quais não poderiam deixar de estar registradas neste trabalho. Isso porque eu não teria como apagar deste novo trabalho as impressões, interpretações e interferências causadas em mim, na posição de pesquisadora. Desse modo, convém salientar que este trabalho se constrói como um desdobramento do anterior, uma interpretação que não se finda, que se reinterpreta e reinventa, que busca novos ângulos de vivências e experiências. Apenas mudamos o ângulo e o enfoque, promovidos pelo ir e vir à feira durante os anos de 2014 a 2022.

Importante observar que somente o Mercado da Carne passou por uma revitalização durante esse período. O Mercado da Farinha já tinha passado anteriormente, e o de produtos industrializados ficara sem a revitalização; apenas as grades em ferro tinham, agora, uma nova pintura, havia uma iluminação um pouco melhor do que a iluminação anterior, ainda que inadequada e deficiente, segundo os feirantes dali — consideravam ainda que sempre precisavam barganhar uma lâmpada nova de algum vereador, segundo Dona Luzia, para manter uma iluminação mínima no ambiente.

2.3 A revitalização do Mercado de Carne e o novo padrão na sua composição espacial

Descrever o mercado do Guamá depois da reforma do Mercado de Carne entre 2014 e 2022 é, aparentemente, mais fácil: a forma geométrica dada à divisão do novo espaço interno; a divisão do mercado em áreas, de acordo com as mercadorias vendidas; as formas dos boxes e suas disposições entre si, alinhadas e regulamentadas pelo poder público; uma divisão do espaço retilínea e geométrica que procurava facilitar

---

[69]   O que chamo de complexo da Feira do Guamá é composto pelo mercado dito da Carne, pelo da Farinha e pelo Complexo de Industrializados, abarcando ainda todo o comércio existente em seu entorno, ao longo da Av. José Bonifácio, da Av. Barão de Igarapé-Miri e da Passagem Mucajás.

o trânsito e a visualização dos espaços e boxes de maneira equitativa. Essa regulamentação e institucionalização do espaço reordenou o aparente caos anterior, fosse daquela feira provisória que encontramos em 2011, fosse daquele mercado em funcionamento antes da revitalização, *"com barracas quebradas, de madeira, cheias de buracos"*[70]. Dessa maneira, o sistema de distribuição do espaço e a tentativa de sua racionalização e funcionalidade dos novos equipamentos — antes chamados de bancas e boxes — entregues aos feirantes e à comunidade usuária do mercado contribuíram para a construção de novas dinâmicas nas interações sociais.

Esse novo espaço foi concebido para funcionar "onde o corpo está reduzido a uma soma de necessidades arbitrariamente definidas [...] desenraizada de toda existencialidade, sem história, sem qualidades, simples volume" (Le Breton, 2016a, p. 131-132). Mas, se no início é isso que temos, por outro lado, o homem não é um ser passivo; assim, ao adentrar aquele novo espaço, ele vai, na sua relação com o ambiente, transformá-lo em um lugar, valendo-se daquelas modelações culturais (Le Breton, 2016a) presentes nas interações entre um indivíduo e o outro, entre o indivíduo e o mundo. Desse modo, o feirante constrói seu lugar, ali na feira, ao adentrá-la e vivenciá-la cotidiana e ordinariamente, modelando-a e modelando-se continuamente, e nesse modelar ele colabora e corrobora o gerar de novas formas sociais.

Reproduzo a seguir uma imagem, feita após a reforma de 2011, da planta baixa do novo Mercado de Carne, produzida originalmente à mão por Seu Mário. Essa imagem está afixada na parede do escritório da administração do mercado, bem ao lado da mesa do administrador, e tem uma funcionalidade quotidiana na gestão do espaço.

---

[70] Gilson, em entrevista concedida à pesquisadora na Feira do Guamá. Belém, 12 set. 2015.

Figura 35 – Planta baixa do espaço do mercado novo de carne feita à mão e afixada na sala da administração do Complexo de Abastecimento do Guamá

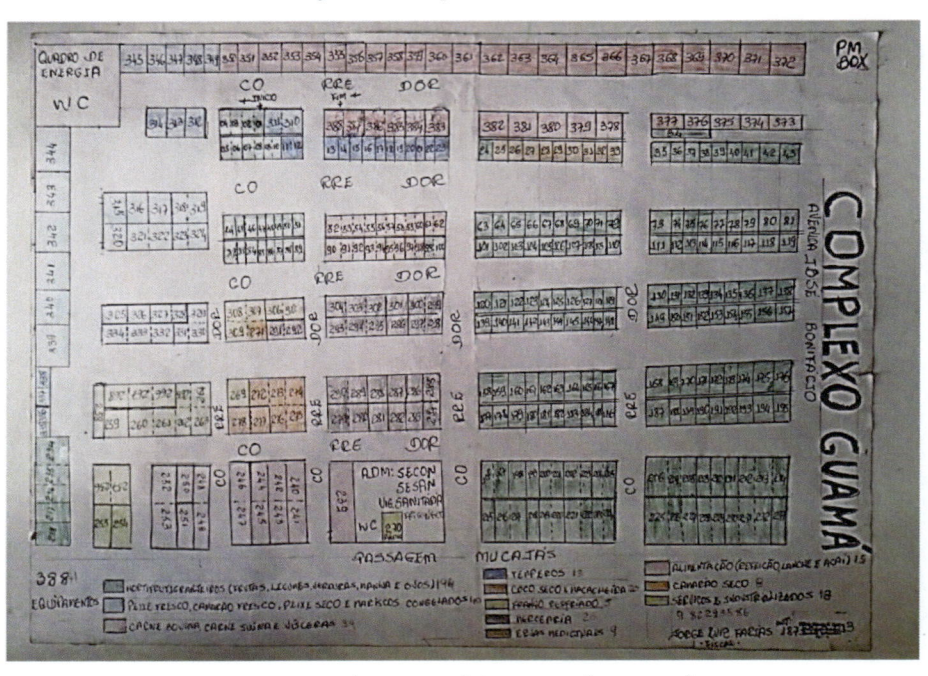

Fonte: arquivo pessoal da autora (out. 2015)

Como podemos observar nessa imagem, a reforma deu ao espaço uma racionalidade geométrica, digamos apolínea[71], baseada nas formas retas e claras de divisão do espaço à procura de uma operacionalização eficiente. Dessa maneira, seguindo o padrão da divisão do espaço, podemos observar que os boxes — chamados pela administração, a partir de então, de "equipamentos" —, tal como a estruturação do novo espaço, foram padronizados de acordo com as mercadorias a serem comercializadas pelos feirantes. Assim foram, também, padronizadas as alocações de cada feirante, padronizado o espaço que ocupariam de acordo com a mercadoria a ser comercializada. Essa padronização foi estendida ao material utilizado na fabricação dos boxes, que está associada aos suportes de exposição e armazenamento dos produtos a serem vendidos, segundo as suas peculiaridades. Isso será comentado ao longo deste capítulo, quando adentramos cada área da feira.

---

[71] Apolínea no sentido oposto à referência de seu antônimo, o dionisíaco; ou seja, apolíneo em tudo aquilo que procura referir e evocar racionalidade, harmonia, beleza, fundamentadas em uma cultura clássica que, segundo Julian Bell (2008, p. 58), é um estilo ou estética "que possui autoridade cultural no mundo inteiro".

Quando chegamos à Feira do Guamá, vindo do bairro de São Brás pela Av. José Bonifácio, o primeiro mercado a ser alcançado é o Mercado da Carne ou Complexo de Abastecimento do Guamá. Ao adentrarmos nesse primeiro mercado, logo no início do primeiro corredor, à direita, colado à parede, podemos observar o pequeno espaço reservado para o oratório de São José, padroeiro dos feirantes da Feira do Guamá. Esse primeiro corredor é ocupado majoritariamente pelos açougueiros, subdividido em área das vísceras e área da carne — essa subdivisão não é tão evidente, visto que alguns feirantes que vendem carne ocupam o espaço das vísceras, e vice-versa. Digo majoritariamente porque, ao fim desse corredor, no quinto e último bloco de boxes, os boxes são ocupados por peixeiros, tanto de um lado como do outro — conforme se observa na imagem anterior, os boxes 345 a 349, localizados à direita de quem entra, são destinados aos peixes resfriados e congelados (geralmente ali são vendidos cortes de peixes em filés e já pesados com antecedência à solicitação do freguês, padrão similar ao do peixe congelado vendido em supermercado); do lado esquerdo, do box 312 ao 314, estão os boxes de venda de peixe fresco. Ainda na imagem referida, podemos observar os boxes pintados em vermelho, que se referem aos espaços destinados aos açougueiros.

O segundo corredor é composto, no seu primeiro bloco, de boxes de frutas, verduras, ervas e plantas medicinais, em ambos os lados; mas encontramos uma única feirante que vende tempero, especificamente pimenta do reino, colorau, cominho e alho, além de uns tabletes industrializados de tempero. No segundo bloco de boxes, estes são voltados para a venda de ervas medicinais e hortifrútis; dos boxes destinados a hortifrútis, apenas um funciona com esse objetivo, e os demais funcionam como depósitos. No terceiro bloco de boxes desse corredor, estes são voltados para a venda de temperos, do lado direito, e de coco seco, goma (para tapioca), macaxeira e farinha de tapioca, do lado esquerdo. No quarto bloco, encontramos alinhados boxes de temperos e boxes de hortifrútis. No quinto e último bloco de boxes, temos aqueles destinados à venda de peixe fresco, assim como nos boxes de fundo.

No terceiro corredor, temos os dois primeiros conjuntos de boxes dedicados à venda de frutas, verduras e legumes. O terceiro bloco é usado para a venda de coco e goma de tapioca; nele podemos encontrar também quem venda, com a goma e a tapioca, polpa de fruta, como o cupuaçu, o murici e o bacuri, ainda que essa venda se faça de maneira esporádica e varie de acordo com a estação. Também nesse conjunto de boxes, podemos encontrar dois deles voltados para a venda de hortaliças — cheiro-verde, cebolinha, couve, chicória, salsa. Observamos que, no início desse bloco, logo ao lado direito de quem entra, há dois quadradinhos marcados em verde — são os boxes do irmão de Guiomar, Gilson, e os demais mantêm o padrão do conjunto, vendem coco seco e goma. Em frente a esses boxes, no mesmo corredor e conjunto, estão as mercearias, e duas delas fechadas funcionam como depósitos. Avançando, no quarto conjunto de boxes, ainda no mesmo corredor, tem-se, de um lado, aqueles que vendem hortaliças; ali nos sentimos mais próximos do peixe, pois até o tempero vendido naquele local parece ser direcionado para preparação dele, limpeza e cozimento. Encontramos em mais abundância a alfavaca, a chicória, a cebola, o limão e tudo aquilo que pode ser usado para o cozimento do peixe e a tirada do pitiú dele. Alguns passos adiante, entramos na área do peixe fresco. Em frente a esses boxes, temos a venda de frango e linguiças resfriadas. No quinto e último conjunto de boxes, encontramo-nos entre os peixeiros novamente.

O quarto corredor e o quinto são destinados, em seus dois primeiros blocos, aos hortifrútis; o terceiro bloco, às mercearias, com seus equipamentos feitos em alvenaria, onde se vendem produtos enlatados e/ou que passam por algum tipo de industrialização, como macarrão a granel, feijão, arroz, enlatados etc.; já o quarto e o quinto blocos são destinados à venda de mariscos, com forte presença do camarão, camarão seco e peixe seco e fresco. Ao fundo, entre o quarto corredor e o quinto, podemos encontrar o único vendedor de caranguejo.

O sexto corredor, se assim podemos chamar, é aquele que dá para a calçada da Passagem Mucajás. Os dois primeiros blocos de equipamentos ou boxes vendem basicamente hortifrútis. Alguns desses feirantes, para não perderem espaço para aqueles que esporadicamente vendem, ilegalmente, na calçada do mercado, pois não possuem box no mercado, estendem seus boxes até a calçada do mercado, utilizando caixotes e pequenos compensados de madeira, e assim aumentam seus boxes, alcançando, muitas vezes, a calçada, no intuito de ocupar o espaço e incrementar suas vendas. Essa é uma prática contestada pelos feirantes do interior do mercado, que se dizem prejudicados por esses vendedores que procuram alcançar os fregueses pela calçada da feira. A crítica é feita tanto ao vendedor esporádico, que se apropria da calçada do mercado e não paga as taxas devidas à prefeitura nem outras, como luz e limpeza da feira; quanto ao feirante daquele local que estende seu box à calçada, beneficiando-se de um espaço ao qual os demais feirantes internos da feira não têm acesso.

2.3.1 As áreas que conformam o Complexo de Abastecimento do Guamá (o que chamamos de Mercado de Carne)

Área dos hortifrutigranjeiros

A área verde indicada na Figura 35 corresponde à localização dos boxes destinados à comercialização de hortifrutigranjeiros. São 186 boxes que ocupavam do segundo ao sexto corredor, até o segundo corredor na perpendicular, ou seja, paralelo à Av. José Bonifácio, acabando ao iniciar a área do peixe, chegando a ocupar quase a metade da totalidade daquele mercado e a quase totalidade da parte da frente e principal do mercado, aquela que dá para a Av. José Bonifácio. Esses boxes se estendem ao longo do interior da feira, ao longo e no sentido da Passagem Mucajás. Esses espaços não são distribuídos de maneira equitativa entre os feirantes: como observei, entre eles, alguns possuem apenas um box, como Dona Carmem e sua vizinha, Dona Maria; outros chegam a possuir até seis boxes, como Guiomar e a família; outros ainda possuem dois equipamentos, como Seu Mauro e sua esposa; já Dona Rai possui oito boxes. A diversidade é grande. Está bem entendido que somente até três boxes — ou equipamentos, como são denominados pela prefeitura — podem estar no nome de um só feirante; quando um feirante possui mais de três boxes, é porque os demais estão no nome de um parente que, geralmente, trabalha com ele, ou não, como no caso de Ildemar, pois seu box está no nome da avó, que há mais de 10 anos já está aposentada e não trabalha mais na feira.

Esses boxes possuem 95 cm de frente por 107 cm de profundidade — tamanho da profundidade da bancada. Eles possuem uma base de concreto com 90 cm de altura e a parte superior feita com um gradeado de ferro fino entrelaçado formando quadrados de 5 cm x 5 cm, com 1,53 m; essa grade forma uma malha que permite afixar e expor as mercadorias ali oferecidas. São equipamentos que possuem um balcão de alvenaria, feito com a técnica do "cimento queimado", e as grades são pintadas de cinza, acompanhando, assim, a coloração do balcão.

A estrutura de ferro fecha completamente o box, permitindo que ele seja trancado pelo feirante permissionário nas horas em que não há serviço. A fachada frontal desse gradil, a que dá para o corredor onde passam os fregueses — e não para as laterais —, é aberta nas horas de venda para cima, formando uma cobertura de grade muito utilizada para pendurar mercadorias. Dessa maneira, ao levantar a grade, ela se dobra e se fixa ao alto, formando uma espécie de coberta sobre parte do corredor que perpassa acima dos feirantes e fregueses, contribuindo, assim, para a criação de mais um espaço expositivo destinado à mercadoria.

Os boxes que ficam nas pontas ou laterais abrem, na lateral, somente para cima, sem se dobrar e provocar a cobertura mencionada anteriormente. O corredor de boxes é contínuo, e a única possibilidade de neles adentrar é por uma de suas extremidades. Assim, o feirante que possui um box no interior do bloco de boxes deve entrar por uma das laterais de abertura dos conjuntos dos boxes que formam o corredor, passando pelo interior do box de seus vizinhos até chegar ao seu. Essa conformação acaba causando pouca mobilidade entre o feirante e o freguês e entre o feirante e a própria feira. Por isso, alguns feirantes se mantêm do lado de "fora" de seus boxes, no corredor de circulação, espaço regularmente concedido ao freguês, para ter uma mobilidade maior, interagir e se movimentar com mais fluência naquele espaço. Os feirantes que possuem boxes nas extremidades ficam mais soltos, pois a entrada fica livre para eles, sem impedimentos e sem provocar constrangimentos.

De acordo com na Figura 35, o Mercado de Carne possui 154 boxes destinados a hortifrútis, muitos dos quais estão fechados ou porque não convém ao dono abri-los, já que ele está envolvido em outra atividade fora da feira, como é o caso do irmão de Seu Henrique, que trabalha na feira somente quando está desempregado; ou porque o box funciona como depósito do feirante que o ocupa; ou porque é uma estratégia para impedir que outros feirantes adentrem a feira e passem a fazer concorrência, pois manter um box fechado garante, algumas vezes, menor concorrência. Esse é o caso de Rubens, vendedor de produtos medicinais, que afirma: *"É melhor eu deixar ele fechado aí* [referindo-se ao boxe em frente ao seu do qual ele é permissionário] *do que ter alguém vendendo a mesma coisa que eu aqui!"*[72]. Rubens e o irmão utilizam cinco boxes para a venda e possuem

---

[72]   Rubens, em entrevista concedida à pesquisadora na Feira do Guamá. Belém, 12 fev. 2017.

mais três, que mantêm fechados, em frente a esses cinco, evitando, assim, concorrência; mas, para justificar o fechamento, dizem que os utilizam como depósitos. No interior desses boxes, há caixotes de madeira vazios, jornais e sacos, que dão a eles a aparência de que estão cheios.

Área da carne

Entrando no mercado pela Av. José Bonifácio e pegando o primeiro corredor à direita, adentramos o prédio pela área ou corredor das carnes vermelhas. Esse corredor é dedicado somente à carne vermelha; ele é comprido e se estende por quatro blocos, ocupando cerca de 80% deste, pois seus últimos boxes são voltados à venda de peixes resfriados e peixes já limpos e em cortes do lado direito, e de peixe fresco, no lado esquerdo. Desse espaço do peixe, falamos mais à frente.

Nesse local dedicado às carnes vermelhas e aos açougueiros, a cor que predomina é o vermelho da carne, seguido pelo branco das instalações, em especial das paredes interiores dos boxes, que são revestidas de azulejos brancos.

Os boxes de carne são em alvenaria, revestidos em azulejos brancos até 1,5 metro da altura do solo. As paredes laterais acompanham a altura das lajotas. O azulejo branco e de superfície lisa facilita a limpeza das paredes, ao mesmo tempo que evoca a limpeza. Ao fundo da maioria dos boxes, presa à parede e estendida na horizontal, fica uma barra com os "Ss" ou ganchos que sustentam as carnes. À frente dos boxes há, em sua maioria, refrigeradores que mantêm a carne resfriada. Essas características descritas correspondem ao período posterior à entrega do mercado já revitalizado, em 2012, com equipamentos de uso diário dos açougueiros — como os refrigeradores, o tipo de balcão de corte de carne —, impostos pela Prefeitura de Belém aos açougueiros feirantes do Guamá.

Importante ressaltar que, antes dessa última revitalização, a refrigeração não era exigida pela administração da prefeitura. Assim, àquela época, muitos açougueiros não possuíam refrigeradores ou freezers para a conservação da carne e utilizavam isopores para sua manutenção. Após a exigência, alguns feirantes não conseguiram comprar o refrigerador adequado e, desse modo, não puderam voltar a vender seus produtos na feira — dois, segundo relatos dos açougueiros, não o conseguiram —, no entanto a maioria conseguiu garantir sua permanência ali.

Mesmo com a exigência de as carnes serem mantidas em refrigeração, muitos ainda as deixavam pendurada atrás de seus balcões fora da refrigeração, expostas naqueles "Ss" comentados anteriormente, a uma altura de, aproximadamente, 2 m. Esses boxes são, especialmente, os que ficam do lado direito da entrada da feira; ou seja, boxes que ficam encostados à parede do mercado, parede alta, facilitando a exposição da carne. Os que ficam do lado oposto do corredor têm as paredes da altura das lajotas, ou seja, em torno de 1,5 m, seja das laterais, seja do fundo do box; devido a essa altura, não é possível expor a carne da mesma maneira que os boxes localizados do lado direito de quem entra.

Normalmente, a frente do box é ocupada pelo refrigerador de carne em quase toda a sua extensão, ficando apenas uma pequena abertura para a entrada e saída do açougueiro. Essa parte que funciona como entrada e saída também funciona como balcão, algumas vezes, para o corte da carne — mas muito raramente —, outras vezes, como espaço de diálogo e negociação, como no caso do box do Sr. Walter, que destina uma menor parte do espaço para uma pequena mesa ou suporte para corte, que também serve de passagem ao ser levantado, ainda que sirva, principalmente, de suporte para que as trocas ali se realizem.

A composição desse corredor dedicado aos açougueiros é de um só bloco de boxes enfileirados, do lado direito sem aberturas. Há abertura do lado esquerdo, por onde é possível passar para as demais áreas da feira. Ao meio, esse corredor faz ligação com a área dos condimentos; e, ao fim, com a área do frango e do peixe. A interação aqui fica um pouco mais difícil se compararmos com a disposição e a construção dos boxes dos peixeiros, pois aqui as paredes chegam a 1,6 m de altura; acrescentem-se a isso os refrigeradores para a manutenção da carne, que ficam instalados na frente dos boxes. Alguns desses refrigeradores, como o do Seu Reinaldo, têm cerca de 2 m de altura. Essa disposição limita a interação e a comunicação entre o interior e o exterior do boxe.

Como já foi observado, os refrigeradores, a partir do novo mercado, passaram a atuar também como vitrines de carne. A maioria dos refrigeradores tem divisórias compostas por espaços destinados às carnes que ficam penduradas; em outro espaço, às carnes que devem ficar deitadas; outro, ainda, é destinado àquelas que são colocadas em bandejas, como as picadas ou moídas. Esses refrigeradores acabam por organizar visualmente a apresentação da carne, ou seja, além de atuar como ambiente de conservação da carne, servem como vitrines de apresentação dela.

Área do frango

A área do frango possui apenas cinco equipamentos, localizados no fim dos hortifrútis, entre o quarto e o quinto corredor. Esses boxes foram feitos no mesmo padrão daqueles destinados à venda de peixes: em alvenaria, com paredes baixas e revestidos de azulejos brancos. No entanto, possuem características diferenciadas: são mais largos, não possuem o mesmo tipo de refrigeração dos boxes da carne, mas freezers horizontais baixos, com cerca de 90 cm a 100 cm de altura. O frango fica exposto em cima do balcão revestido em alumínio ou em baquetas de alumínio, o que acaba por descongelar os que estavam congelados; ainda que a venda seja do frango congelado não abatido na hora, muitas vezes, a carne de frango já está descongelada — os frangos que são abatidos na hora ou os de granja são vendidos fora do Mercado de Carne, em pequenos comércios localizados em frente a esse mercado, na Passagem Mucajás. Nesses boxes, também são vendidas salsichas, calabresas, confeccionadas ou não de carne de frango.

Área do peixe

Nos boxes da área destinada aos peixeiros, as paredes são mais baixas, se comparadas com as dos demais boxes desse mercado. Essa característica acaba facilitando a interação entre os feirantes dessa área, o que podemos notar pela sonoridade elevada provocada pelos estes. Assim, de qualquer ponto da área dos peixeiros, pode-se interagir com o outro, pela altura do olhar, ainda que esse outro esteja mais ao longe, pois os muros dos boxes mal alcançam 1,5 m de altura. Talvez essa característica seja um dos fatores que contribuam para uma maior interação e reverberação da comunicação entre eles. É interessante notar, na disposição desses boxes de peixes, a maneira como estão distribuídos na feira, formando pequenos corredores nas verticais e horizontais, em um plano de jogo da velha, fácil de ser percebido e permeado pelo frequentador da feira. A área forma um quadrilátero quase perfeito, com corredores curtos, se comparada com as áreas da carne e dos hortifrútis.

Os boxes dos peixeiros foram feitos no mesmo padrão dos boxes de carne e de frango: revestidos de azulejos brancos até a altura das paredes laterais e de fundo, que nessa área têm a mesa de exposição e venda na altura de 90 cm, aproximadamente; com parapeitos revestidos de granito cinza, com balcão à frente para a exposição dos peixes em bandejas de plásticos e/ou de alumínio. No interior do boxe dos peixeiros, tem uma mesa para o corte e a limpeza do peixe, um suporte alto em que é colocada a balança, um grande isopor ou freezer, uma pequena pia em inox com torneira, três tomadas, uma em cada parede — duas nas laterais e uma na parede de fundo. Ainda podemos encontrar os instrumentos de trabalho que incrementam o box, como dois conjuntos de sacos diferentes em cor e tamanho e um punhado de jornal, facas e facões, machadinhas, cutelos, bandejas, pedra de amolação de facas, martelos, pequenos barretes que ajudam no corte da cabeça do peixe, e pequenos pertences pessoais, como sacolas, bonés, peças do vestuário do feirante, comumente uma camisa etc.

Logo após a entrada desses instrumentos — novos freezers, novas mesas de corte, novas facas, novas bandejas — no novo mercado, os peixeiros ainda utilizavam muitos dos equipamentos e instrumentos antigos. Por exemplo, a mesa de corte de Pingo e a de Seu Max eram ainda aquelas pertencentes ao antigo mercado, feitas em tora de madeira, antiga, as quais, segundo a prefeitura, por questões de higiene, deveriam ser trocadas.

Figura 36 – Mesa de corte e tratamento do peixe

Fonte: arquivo pessoal da autora (set. 2012)

Após alguns meses, essas mesas de corte em madeira — como a da imagem *supra* — foram substituídas por mesas com superfície de alumínio, mais práticas, mais amplas e de aparência mais higiênicas, segundo Pingo e os demais feirantes, para corte e tratamento do peixe, seguindo a orientação da prefeitura. Assim, os peixeiros entendiam a necessidade da mudança e concordavam com ela; poucos relutavam, mas, ainda assim, acabavam adequando-se às novas imposições da prefeitura.

Esse mesmo padrão seguia para os boxes dos que vendiam frangos (conforme observei, apenas três feirantes, que ficavam em frente a alguns boxes de peixe, vendiam frango), peixe salgado (apenas um feirante), caranguejo (há somente um feirante no Guamá que vende caranguejo); o equipamento destinado à venda do caranguejo era no formato de tanque (pequena piscina), no qual os animais podem ficar vivos e isolados, estando, assim, o feirante e o frequentador da feira protegidos de suas pinças e, portanto, manuseando-os com mais liberdade e facilidade. O tanque era apropriado, também, porque impedia a fuga do animal ainda vivo, pois assim era preciso vendê-lo. Também é feito em alvenaria e revestido de azulejos brancos, mantendo o padrão da área dos peixes, onde fica localizado.

Essa área tem uma disposição de boxes mais compactos, ou seja, menos longa e mais quadrada — se comparada com a área reservada aos açougueiros —, composta de quatro corredores perpendiculares à Av. José Bonifácio, os quais acompanham, na paralela, a Passagem Mucajás, e de dois horizontais, no sentido da Av. José Bonifácio. Eles ocupam quase a totalidade dos fundos do mercado, dividindo o espaço com a alimentação, com o relojoeiro (um box), o amolador (um box) e a venda de plástico e descartável (aquele da Dona Lulu, com quatro boxes), isso do lado que dá para a Passagem Mucajás, do lado oposto, colocado à parede, entre os banheiros e os açougueiros.

Área do camarão e camarão seco

A maior parte dos boxes que vendem camarão seco fica em frente aos boxes de alimentação. A feira possui sete boxes destinados a essa venda. Mas, durante o percurso desta pesquisa, dos sete boxes, um estava fechado, e os outros seis eram divididos entre três feirantes. Segundo a feirante Dona Jussara, o camarão mais procurado, e o que mais sai, é o seco que vem do Maranhão, o camarão salgado.

Quanto ao camarão fresco, este é vendido por Dona Maíra, que possui um box na área dos peixeiros. Dona Maíra, além de Pingo, que vende peixe, é a segunda mulher naquele ambiente masculino. É risonha, simpática e possui o mesmo temperamento, voltado para o humor — talvez por hábito ou contágio —, dos demais peixeiros de seu entorno. Dona Maíra trabalha ali há mais de 25 anos e, quando me responde, mal me olha, mas faz questão de responder alto e olhando um pouco acima de minha cabeça, com sorriso largo no rosto, parecendo querer fazer notar suas maneiras brejeiras, de quem está chamando minha atenção. Esse comportamento de Dona Maíra lembra-me o de Seu Mateus, considerado por muitos a pessoa mais engraçada "do pedaço" — na área dos peixes. Volto a lembrar a reciprocidade (Mauss, 1991) e intuo que aí também ela está presente. Noto que Dona Maíra, ao ter o comportamento similar aos de seus pares, no caso os peixeiros, procura dialogar com eles e retribuir a simpatia que ela própria sente; mas, sobretudo, procura manter e cultivar a interação utilizando os elementos que caracterizam aquele microambiente, ou ainda aquela sociabilidade que reverbera na área dos peixeiros. A reciprocidade, a troca, nesse caso, ocorre em forma de brincadeira, de jocosidade que pode causar o prazer — algumas vezes, o desprazer, o gozo, a empatia, a troca. Há um jogo nessas relações, um jogo de dar-receber-retribuir em forma de brincadeiras, jocosidades, vontades, gracejos, expressos em palavras, em sons, em expressões verbais e não verbais; um jogo de dar-receber-retribuir afetos e desafetos, por meio da vivência que ali reverbera. E reverbera também em pequenas maledicências, alguns xingamentos, deboches, isto é, as reciprocidades também ocorrem nos seus aspectos assimétricos (Castro; Castro, 2016).

A disposição e a altura dos boxes dos peixeiros permitem uma interação dinâmica e sem quebra visual e sonora entre os peixeiros, pois eles não precisam sair de seus boxes para visualizar toda a área destinada a eles; basta fazerem uma volta de 360º — para os que têm seus boxes localizados no meio da área — para se aperceberem de tudo o que passa na área; e, para os que ficam nas encostas das paredes, essa percepção é ainda melhor. Poucos boxes possuem algum pequeno impedimento, no entanto, em relação aos demais boxes da feira, os desse espaço são, em termos de possibilidades interativas, aqueles que permitem uma participação maior do feirante e do frequentador da feira no processo de interação, seja visual, seja auditiva.

Área do coco, da goma e da mandioca

A área do coco, da goma e da mandioca é o prolongamento do terceiro e do quarto corredores dos hortifrútis. Ela é destinada aos feirantes que vendem coco, macaxeira ralada e goma para confecção da tapioquinha[73] e do tacacá — seus principais produtos vendidos —, mas é onde encontramos também a venda de polpa de cupuaçu, milho verde para mingau, farinha de arroz, canela em pó, vitamilho (flocos de milho) para cuscuz[74]. O bloco de boxes onde se concentram esses vendedores mede 11,8 m de comprimento por 1 m de largura. No entanto, ambos os corredores desse bloco de boxes são partilhados com outros tipos de produtos. O terceiro corredor é partilhado com os feirantes que vendem condimentos semi-industrializados e industrializados; e o quarto corredor, com os boxes-mercearias, que vendem chouriço, toucinho, macarrão, feijão e manufaturados alimentícios em geral.

De acordo com a Figura 35, apresentada anteriormente, podemos identificar 20 equipamentos que compõem a área; todavia, esses boxes são divididos, não equitativamente, entre quatro feirantes, segundo o Sr. Mário. A divisão in loco não nos evidencia esses 20 boxes! Além disso, essa nossa percepção é distorcida pelo fato de encontrarmos somente quatro feirantes que dividem a totalidade dos boxes destinados à venda desse tipo de mercadoria. Seu Mário dispõe de dois boxes; Dona Matilda, de três; Dona Suely, de seis, e Dona Inácia, de três. Mas a conta não bate com a planta, nem para mim, nem para Seu Mário, nem de acordo com a planta apresentada na Figura 35. Ora, contabilizo 14; não bate com a planta baixa fornecida pela administração. Mas podemos apenas sintetizar a informação conforme o que me é repassado pelos próprios feirantes, como fiz anteriormente.

Esses boxes mantêm o padrão dos boxes de tempero e de hortifrútis: são feitos em alvenaria na parte de baixo, em sua base, e gradeado para cima desde o balcão. No entanto, possuem algumas pequenas diferenças, como a altura da base, um pouco mais baixa que a dos hortifrútis, medindo 0,80 m. A abertura deles varia de acordo com o tamanho da totalidade dos

---

[73] Tapioquinha: tem o formato de panqueca, arredondada e fina, com espessura entre 1 e 5 mm, a depender de quem a faça. É feita da goma retirada da mandioca; a priori, pode-se considerar a goma um resíduo do tucupi, ou, ainda, o tucupi, o resíduo da goma; a variar da intenção de quem retira e com que objetivo.

[74] Essas informações sobre os produtos vendidos nessa área, além de terem sido observadas por mim, foram-me confirmadas pelo Sr. Mário, feirante do local, em 23 de maio de 2017.

boxes que o feirante possui, que pode ir de 1,2 m a 2 m. Outra diferença que encontrei está apenas nos balcões de Seu Mário e de Dona Suely, sendo ambos os balcões revestidos em alumínio. Segundo Seu Mário, o alumínio facilita a limpeza e o balcão *"parece mais limpo, diferente do escuro e encardido que fica com o tempo. Aqui é só passar um pano"*[75].

Na parte interna, há duas pias com torneiras à disposição desses feirantes, uma fica em uma ponta, entre o box de Seu Mário e de Dona Suely; a outra fica no box de Dona Matilda e serve ao box dela e ao de Dona Kátia. Isso é importante, porque eles trabalham com coco e, para a venda de sua carne, já madura, precisa-se de um local apropriado para escoamento da água do coco, que não é vendida e raramente é consumida pelos feirantes — Seu Mário costumeiramente doa a água de coco a uma freguesa que passa quase diariamente para pegá-la, pois ela faz academia e prefere beber água de coco. Essas pias evitam que a água do coco seja jogada ao chão e, consequentemente, que o box e o local de seu entorno fiquem molhados ou úmidos, *"gerando meleira"*[76]. Esses feirantes também precisavam lavar com frequência seus utensílios de corte, como o facão que usam para quebrar e cortar o coco e para cortar e descascar a macaxeira; precisam lavar a máquina que rala o coco ou a mandioca; lavar o crivo; lavar constantemente as mãos que trabalhavam com o coar da goma, com o ralar da macaxeira e do coco, ou seja, cuidar de uma série de instrumentos de trabalho que, para manter a higiene de um produto perecível, como o coco, precisam ser constantemente higienizados.

A passagem de entrada e saída desses boxes — ou bancas — foi concebida da mesma maneira que os hortifrútis. O feirante que tem seu box localizado no interior do corredor deve passar pelo interior do box de outro feirante até chegar ao seu. Além da pia com torneira, podemos encontrar no interior desses boxes uma máquina que rala o coco e/ou mandioca — em geral, essas máquinas ficam em um canto interno da banca, na beira interna, proporcionando o espaço adequado para que um recipiente receba a mercadoria ralada —; uma grande peneira ou crivo, quadrado, por onde coam a goma que será vendida já coada para se fazer a tapioquinha, uma balança, bacias de alumínio para a colocação da goma que será coada ou já coada, bandejas de plásticos com a mesma função, sacos plásticos para a venda dos produtos, além de outros pequenos

---

[75] Seu Márcio, em entrevista concedida à pesquisadora na Feira do Guamá. Belém, 24 mar. 2016.

[76] *Idem.*

objetos pessoais, como touca de cabeça — quase todos os feirantes dessa área usam touca, no entanto, às vezes, podemos encontrar um ou outro que tenha esquecido de colocá-la —, sacolas, bolsas e outros. Na parte de baixo e de dentro desses balcões, assim como nos boxes dos hortifrútis, há armários para que o feirante guarde suas mercadorias durante o período em que não estejam expostas ou em que ele não esteja trabalhando, protegendo-as assim. A pintura externa do balcão é branca, diferente da pintura dos hortifrútis e da mercearia, assim como da área que vende condimentos, como observamos conforme expomos as áreas da feira.

O gradeado da parte superior desses boxes permanece cinza, como em todos os boxes das demais áreas da feira que utilizam o gradeado ou as portas sanfonadas em ferro. Esses boxes da área do coco — como aponta a placa de identificação — estão na mesma disposição dos boxes de hortifrútis e em corredores contínuos. Nesse bloco de boxes, a exceção é feita para o box de Gilson, que vende verduras nos boxes que estão, segundo ele próprio e a irmã, no nome da avó junto à prefeitura.

Para quem entra pela Av. José Bonifácio, o local reservado a essa área fica na perpendicular, acompanhando o segundo corredor de hortifrúti, e tem seus limites entre os boxes de hortifrútis e os de peixe, e em frente aos boxes destinados aos temperos, de um lado, e, de outro lado, dividem o corredor com a área destinada à mercearia.

Área da mercearia

Outra área da feira é aquela concedida às mercearias, como é chamada a área que vende produtos industrializados, como enlatados e outros, que vão de arroz a cigarros, laticínios, detergentes, desinfetante, salsichas, alho, vassouras, mortadelas, leite em pó, café, óleo, vinagre, papel higiênico, sabonete, uma panóplia de coisas, funcionando como um mercadinho. As mercearias formam blocos de alvenaria, como mostra a imagem a seguir.

A estrutura de pequenas caixas cobertas com tetos em formato piramidal, com uma pequena abertura gradeada em seu topo, permite que, quando fechadas, não fiquem abafadas, segundo Dona Célia. Esses equipamentos são, devido a isso, completamente isolados uns dos outros, o que impede a circulação de ventilação e pessoas entre eles em seu interior – como acontece nos boxes voltados à venda de condimentos, mercadoria que muitos também vendem nas mercearias, ou entre os boxes de hortifrútis. A seguir, podemos observar uma imagem de uma parte desses blocos de concreto destinados às mercearias, em azul; e à venda de camarão seco, em amarelo.

Figura 37 – Imagem dos equipamentos fechados em alvenaria que abrigam as mercearias e os boxes de camarão seco

Fonte: arquivo pessoal da autora (10 dez. 2016)

Podemos notar uma divisão no teto gradeado, o que indica a divisão de uma mercearia, pois cada uma delas é voltada apenas para um corredor. O teto piramidal indica o espaço de duas mercearias voltadas a corredores opostos. Elas seguem o padrão dos boxes destinados ao camarão seco e aos descartáveis. Diferentemente do corredor de hortaliças, de hortifrútis, de peixe e de carne, esses boxes são fechados até o teto com uma pequena abertura no topo para circulação de ar. Esse topo ainda é gradeado para evitar a entrada de ratos, segundo Dona Graça.

Cada uma das mercearias possui uma entrada específica independente das demais. A entrada e a saída das mercearias ocorrem da mesma forma que nos boxes de peixes. De acordo com a planta apresentada no início deste capítulo, existem 26 mercearias dentro do mercado do Guamá. Seu interior é geralmente revestido de prateleiras onde ficam à mostra os produtos a serem vendidos. Na parte da frente, aquela que separa o feirante do freguês, há um balcão de 1 m de altura. O tamanho-padrão do equipamento mercearia é de 1,82 m de largura de frente; 0,82 m de altura da bancada; 1,2 m de altura da abertura; 1,29 m de profundidade interna; 1,67 m de profundidade alcançada até o balcão (área externa). Dessa maneira, dois equipamentos já entregues, preparados aos feirantes que possuem os dois equipamentos

— sem a separação entre dois boxes —, medem de largura 3,77 m, ou seja, medem de frente, a parte mais importante para o feirante, pois é a parte que fica aberta aos frequentadores da feira, possibilitando que o feirante exponha sua mercadoria em um espaço maior e mais atrativo para o freguês.

Naquele dia, naquela segunda-feira, observo que muitas mercearias estavam fechadas. Ao conversar com Dário, filho de Dona Sueli, da goma, ele me informa que algumas mercearias estavam fechadas porque ou não abrem dia de segunda-feira, ou então funcionam como depósito. Conforme já observei, muitos equipamentos funcionam como depósito, primeiro para garantir uma concorrência mais distante, como já me assinalou Guiomar, pois na área era só ela; segundo, que dá certo conforto para o feirante, que tem como guardar sua mercadoria em um depósito.

Converso com Dona Léa e Dona Carmem, vizinhas do lado e da frente de Fátima, respectivamente. Elas me explicam que os boxes, antes da revitalização, eram feitos de tela, *"e a tela era grande, passava rato e tudo"*[77]. Dona Carmem sente calor ali, por isso utiliza o ventilador o tempo todo em que está no box, tal como fazem igualmente Dona Léa e Fátima; todos que trabalham ali na mercearia possuem seu ventilador, aparelho necessário para que o feirante suporte o calor e o abafado da falta de circulação de vento no interior do equipamento.

Agradeço as informações e sigo para a contagem das mercearias. Como muitas estão fechadas, não consigo definir quantas há, pois a divisão entre elas não é precisa; assim, não consigo saber exatamente quantas mercearias há na feira, uma vez que, mesmo depois de entregues, como já observei, há certa rotatividade e mobilidade entre os feirantes e entre eles e os equipamentos. Decido guiar-me pela Figura 35 e contabilizo 26, mas não me convenço, pois nem todo feirante que tem os boxes destinados à mercearia realmente a utiliza como tal. Procuro subir até a administração para contar pela cobertura de cada uma delas; em vão, pois muitos feirantes possuem os dois lados, e um só telhado pode pertencer a duas mercearias. Quem sabe em outra oportunidade.

Área da alimentação

O setor destinado à alimentação, ou seja, às refeições preparadas para consumo imediato, fica atrás da administração, em relação à Av. José Bonifácio, principal rua do bairro do Guamá, e ao lado da administração,

---

[77] Dona Carmem, em entrevista concedida à pesquisadora na Feira do Guamá. Belém, 29 maio 2017.

se a percebo pela Passagem Mucajás. A administração da feira fica nos altos em relação à alimentação, pois esta fica no mesmo nível térreo onde se desenvolve a feira. Essa área fica entre a administração e os boxes do relojoeiro e do amolador de lâminas; os boxes destinados à venda de camarão seco e à de plásticos e descartáveis, do lado direito, e a Passagem Mucajás, do lado esquerdo. Essa área é composta por sete boxes de alimentação — ainda que, institucionalmente, possamos ver, na Figura 35, que existem 14 boxes — situação recorrente em outros espaços da feira. Nesse caso, cada feirante ocupa, pelo menos, dois boxes, tendo assim duas aberturas para o corredor, exceção feita aos boxes das pontas, que, devido ao posicionamento, têm um balcão que chega a ser mais que o dobro dos demais boxes. Esses equipamentos são feitos em alvenaria e revestidos de lajotas brancas, seus balcões em cimento queimado funcionam como mesas de refeições, os quais são cercados de bancos destinados ao conforto dos fregueses. Quando esses boxes se encontram fechados, os bancos ficam amarrados uns aos outros com uma corrente com cadeado; outros ficam na parte interna do box.

Figura 38 – Área da alimentação

Fonte: arquivo pessoal da autora (7 nov. 2015)

Apesar de a Prefeitura de Belém ter colocado uma placa de "Lanche" para identificar a área, os feirantes, quando se referem a esse local, o chamam de "área da alimentação".

Área das ervas

De acordo com a planta baixa apresentada, a feira deveria ter nove boxes voltados para a comercialização de ervas. São os boxes de número 25 a 33, conforme figura a seguir. De fato, na hora de nossa contagem, conseguimos contar sete de um lado e dois de outro. Apesar de o número aparentemente bater com o da Figura 35, sabemos que não podemos confiar nas divisórias, pois elas, de acordo com a necessidade do feirante, diante do número de boxes que ele possui e da mercadoria a ser vendida, a configuração pode ser alterada para melhor servi-lo. Dessa maneira, intuímos que os dois feirantes que vendem esse tipo de produto possuem nove boxes, e não sete, de um lado e mais dois boxes em frente a esses nove, no mesmo corredor. Outra questão interessante é que esse feirante chama seu equipamento de "Banca do Remédio Natural", uma percepção diferenciada dos demais, que ou chamam seus boxes de boxe, propriamente, ou de equipamento. O nome "banca", entre eles, evoca um período pretérito, aquela feira antiga e velha, com suas bancas ainda em madeira e mal-ajambradas, segundo Seu Gino.

Figura 39 – Recorte da Figura 3, planta baixa de parte da área de hortifrútis, ervas e peixe

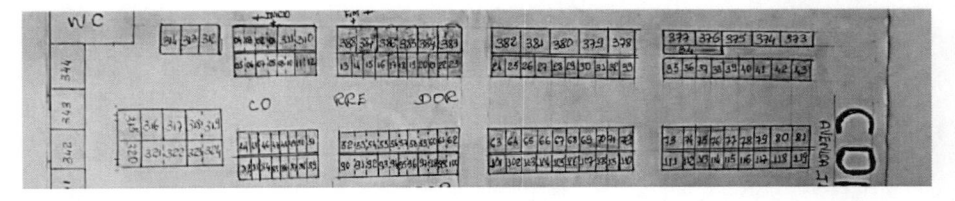

Fonte: recorte da imagem exposta na parede da administração da feira, ao lado da mesa do administrador. Arquivo pessoal da autora (out. 2015)

Esses equipamentos ficam localizados entre aqueles que vendem frutas, de seu lado esquerdo, e os que vendem condimentos, do lado direito. Os açougueiros são seus vizinhos de fundo. Podemos observar mais de perto parte da planta e verificar que o tamanho dos boxes varia de acordo com a mercadoria a ser vendida. No caso, os equipamentos voltados para a comercialização da carne são maiores do que o equipamento para a comercialização de ervas. Um tem como especialidade unguentos, pomadas e óleos; o outro, ervas medicinais.

Figura 40 – Área das ervas

Fonte: arquivo pessoal da autora (7 nov. 2015)

Figura 41 – Banca do Remédio Natural

Fonte: arquivo pessoal da autora (7 nov. 2015)

Em frente a esses boxes, pudemos observar boxes fechados que servem para depósitos. Novamente aqui nessa área, encontramos a manutenção de boxes que são utilizados como depósitos localizados, ou ao lado ou atrás do box em atividade, pertencente ao mesmo feirante. Pude deduzir que se trata de uma pequena artimanha para garantir que não haja uma concorrência colada ao referido box e, por outro lado, uma artimanha também para garantir certa distância de um feirante pelo qual não se tenha simpatia. Isso acontece, por exemplo, entre os boxes de Guiomar e de Lúcia, ambas vendedoras de frutas, que mal se olham, não se cumprimentam, ainda que a família de Lúcia possua seis boxes e, além de frutas, venda legumes. A relação entre elas pode ser inferida por meio das disposições de caixotes colocados entre os dois conjuntos de boxes, impedindo a completa comunicação na parte interna de seus boxes entre essas feirantes.

Importante lembrar que esse conjunto de blocos de boxes tem como proprietários somente Guiomar e Lúcia, mas os boxes estão registrados, em ambos os casos, em nome de parentes. Assim, cada uma delas entra em seus boxes pelas extremidades respectivas. Guiomar, ao longo desses quatro anos de pesquisas, passou de dois para cinco boxes. Lúcia, que também trabalha com a família, tem mantido os seis. Sim, lembremos que apenas três equipamentos desse mercado podem estar no nome de um só feirante/permissionário; dessa maneira, o arranjo é feito colocando o equipamento no nome de um familiar.

Da mesma maneira age Marcius, que mantém em funcionamento seus dois boxes de ervas, e o box em frente a esses dois também lhe pertence, mas ele o utiliza como "depósito". Ao observar o box, muito empoeirado, pude verificar que ele raramente, e muito raramente, é aberto para o que quer que seja. Marcius mantém uns caixotes em seu interior, com mais algumas tralhas em madeira que mal podemos identificar, somente para justificar seu pertencimento, visto ser melhor ter um box como "depósito" em suas imediações do que um box lhe fazendo concorrência, visto aqueles serem apenas dedicados ao setor da erva.

Área dos temperos

Procuro contar o total dos feirantes e dos equipamentos da área destinada aos temperos. Daquele pedaço, desde o box de Seu Macarrão — a parte oficial, onde está a inscrição na placa da prefeitura, acima da nossa cabeça —, terceiro bloco do segundo corredor, consigo contar 10 boxes, o que não bate com a planta baixa apresentada na Figura 35, pois ela me apresenta 11 boxes e mais dois no bloco seguinte do mesmo corredor, pertencentes à Dona Rosa ou à filha dela, o que dá no mesmo. E não estou considerando outra feirante — a maioria dessa área é mulher — que trabalha em boxes dispersos na feira, como Olindina, que trabalha logo no começo do segundo corredor. Minhas impressões visuais me levaram a crer que, em cada lado daquele terceiro bloco de boxes, do segundo corredor, havia 10 boxes, mas, pela planta baixa, vejo que são 11; fazendo as contas, os números de cada lado do corredor são diferentes. Em vão, eu e Seu Maurício da goma — mesmo ele, que trabalha ali há anos — não acertamos o número de boxes. Decido ficar com o da planta baixa, 11.

Já estamos no fim do horário da feira, já são quase 12h, hora do almoço, e hoje estamos em uma segunda-feira. Quase todos os boxes estão fechados, apenas os das extremidades e o de Seu Batista abriram hoje. Se não consigo obter essa informação contando, nem por meio de Seu Batista, mais difícil fica saber o número exato de feirantes. Por exemplo, Dona Rosa possui um box ainda naquele bloco, mas mantém abertos outros dois boxes, que, segundo ela, pertencem à sua filha, que, por ora, está trabalhando em uma loja O Boticário com carteira assinada, *"mas, quando fica desempregada, vem pra cá trabalhar, né?!"*[78]. Noto que, mesmo nos temperos, uma venda aqui e ali, de R$ 1, faz muita diferença. Dessa maneira, Dona Rosa trabalha com três boxes não consecutivos, dois deles separados do primeiro por um corredor.

Figura 42 – Área dos temperos

Fonte: arquivo pessoal da autora (7 nov. 2015)

---

[78] Dona Rosa, em entrevista concedida à pesquisadora na Feira do Guamá. Belém, 7 nov. 2015.

Quando observo que ali é a parte "oficial" dos temperos — para a prefeitura, temperos são o colorau, a pimenta do reino, o alho, mas isso não impede que o tempero industrializado seja vendido —, é porque assim pensou a administração. Assim como encontramos o box de Dalva, que vende tempero no meio dos hortifrútis, por exemplo, também há os equipamentos voltados à venda de tempero que vendem mercadorias de mercearia, como enlatados; grãos, como feijão e arroz; macarrão e outras pequenas mercadorias semi-industrializadas ou industrializadas.

Área do caranguejo

Na área do caranguejo, só encontramos um único feirante e, aparentemente, um único equipamento, destinado a Seu Barbosa, o Rei do Caranguejo. Depois, pela Figura 35, já apresentada, descubro que são dois equipamentos. Ninguém fala claramente quantos equipamentos possui; preciso sempre chegar bem perto, estabelecer uma relação de confiança, de proximidade, para que o feirante, com o tempo, diga quantos equipamentos tem. Seu box fica localizado no fim esquerdo da área dos peixes, entre os boxes de Seu Marcelinho, peixeiro, e o de Dona Sinara, que vende, basicamente, cheiro-verde, salsa, chicória, pimenta e limão, ou seja, temperos básicos para a limpeza e o cozimento de peixes, mariscos e caranguejo.

Figura 43 – Tanque com caranguejos

Fonte: arquivo pessoal da autora (7 nov. 2015)

O equipamento de Seu Barbosa feito na forma de um tanque, retangular, em alvenaria revestido em lajota branca, acompanhando os boxes de peixes. Nele, os caranguejos ficam vivos e soltos. A mercadoria de Seu Barbosa só tem valor de venda se estiver viva, pois caranguejo é um alimento sensível, de fácil perecimento. Assim o tanque para a contenção do animal vivo e em boa saúde é fundamental para evitar a morte prematura do animal, e que o feirante tenha prejuízo. Com mais de 20 anos de feira e de venda de caranguejo, Seu Barbosa tem domínio na técnica para pegá-lo e amarrá-lo sem se deixar machucar, um medo de muitos que por ali passam e, principalmente, de seus fregueses, que, ao comprarem caranguejo pedem a Seu Barbosa para estalar suas pernas, deixando-os quase mortos, a fim de assegurarem de que não vão *"perder o bicho na viagem de volta"*[79] para casa ou deixarem-se machucar por suas patas.

Área de serviços e industrializados

A área de serviços e industrializados é composta por 16 boxes, conforme a planta baixa, mas somente nove estão em funcionamento, ocupados por três feirantes — Dona Lulu, que vende descartáveis, ocupa 4 desses boxes; Seu Lima, que conserta e vende relógios, ocupa dois boxes, e Seu Silva, que amola tesouras e alicates além de vender mercadorias importadas, possui um box. O box do Sr. Silva está quase sempre repleto de mulheres que esperam por algum serviço de amolação, em sua maioria, de alicates de unha. Sempre podemos observar que, à frente do box, geralmente, estão sentadas mulheres de todas as idades em um banquinho que o feirante disponibiliza para suas freguesas enquanto esperam que ele conserte ou amole algum objeto. O mesmo não acontece com o box que conserta relógios. Esses dois boxes ficam localizados ao fundo, do lado esquerdo da feira, de quem entra pela Av. José Bonifácio, e de frente para a Passagem Mucajás, são os boxes 253, do amolador, e 254, do relojoeiro.

O outro box em funcionamento trabalha com pequenos produtos industrializados, na sua maioria importados da China, como relógios, bonecos de decoração que fazem algum tipo de barulho ou movimento, cabos, baterias. Seu forte são os relógios e a manutenção deles, como troca de baterias, pequenos consertos, substituição de pulseiras etc.

---

[79] Seu Nildo, em entrevista em 25 maio de 2017.

A administração

Há um bloco de alvenaria de dois andares, construído entre o quinto e sexto corredor. Nesse bloco ficam a administração da feira — à frente da qual estava até 2022 o Sr. Vando, na parte de cima, que representa os interesses da Secretaria de Economia e da Secretaria de Saneamento, ambas da Prefeitura Municipal de Belém — e uma sala que, desde 2016, passou a ser ocupada pela rádio da feira. Na parte de baixo, além da área reservada à escada, temos um banheiro na abertura para o quinto corredor. Ainda nesse pequeno bloco de alvenaria, encontra-se o batedor e vendedor de açaí, cujo equipamento é voltado para o setor de alimentação.

2.3.2 O Complexo da Farinha, ou Mercado da Farinha

O Mercado da Farinha, ou Complexo da Farinha, como é também chamado por muitos feirantes, é o prédio mais antigo do complexo. No início, segundo Seu Rafa, era um mercado de peixe, que acabara por abrigar todo tipo de mercadoria. Foi na gestão do prefeito Augusto Resende[80] que:

> [...] desapropriou aquele espaço [apontando para o que chamamos hoje de Mercado de Carne ou Complexo de Abastecimento do Guamá] e passou todos os feirantes pra lá e não coube a farinha dentro. Então o que que ele faz? Então ele deixa a farinha fora! Na rua! Esse mercado passa então a ficar fechado. Antro de venda de droga, prostituição infantil, assalto, roubos, então... O que que era nosso primeiro desafio? É fazer com que o governo faça a reforma, tira nós do meio da rua e coloque nós pra cá! Então foi uma vitória pra nós! Sair do meio da rua e vir pra cá! Pra você ter uma ideia, esse estrado que você está sentando, ele é de angelim pedra [Seu Rafa faz referência aos bancos que são institucionalmente as bancas dos feirantes e que sustentam as sacas de farinha para que estas não fiquem no chão]. E tá completando agora dia 30 de agosto, 18 anos![81]

Durante pouco mais de um ano — Seu Rafa não soube precisar o tempo —, "nossa feira, ela funcionava aqui nessa rua... na piçarra [e aponta em direção à rua, Av. José Bonifácio com a Av. Barão e Passagem Mucajás, no cruzamento]. Quando dava poeira no verão, poeira na farinha; quando

---

80 Foi vice-prefeito de Belém de abril a agosto de 1983; em 1988, assumiu a prefeitura quando o então prefeito renunciou para disputar o governo. Rezende ficou no cargo de prefeito até 1 de janeiro de 1993.

81 Seu Rafa, em entrevista concedida à pesquisadora na Feira do Guamá. Belém, 19 jan. 2017.

dava inverno, lama!"[82], Seu Rafa me faz uma síntese das conquistas da comissão que tratou da questão junto à prefeitura[83]. Impossível falar do prédio da farinha, da feira da farinha e das relações ali existentes sem falar com Seu Rafa e do Seu Rafa. Suas histórias estão entrelaçadas.

Hoje o Complexo da Farinha possui, segundo Seu Rafa[84], 43 equipamentos destinados à farinha —comumente chamados de bancas entre os feirantes dali —, sob a responsabilidade de 28 permissionários; uma casa lotérica; uma lanchonete, que é ocupada pela esposa de Seu Rafa, Dona Jana; e, segundo minha contagem feita com a feirante Dona Arlete, 51 boxes para os industrializados, onde é vendida uma variedade de produtos, de roupas a pequenos equipamentos eletrônicos, brinquedos etc.

Figura 44 – Área da farinha

Fonte: arquivo pessoal da autora (16 jan. 2017)

---

[82] *Idem.*

[83] Segundo Seu Rafa, a comissão foi criada nessa época, diante da necessidade: *"eu tenho 35 anos como feirante do Guamá. Em um determinado momento, devido às nossas necessidades, a gente sentiu que era preciso organizar os trabalhadores; em que pese o mercado tem todo dia, em todos os momentos, a concorrência que é natural, de uma feira, do comércio; algumas pessoas entenderam que a gente precisava buscar organizar os trabalhadores. E somente a gente organizado a gente conseguia atender, a gente ia conseguir que as nossas reivindicações, que as nossas demandas, elas fossem atendidas. Então, no Guamá, no caso, nós fundamos uma comissão. Essa comissão, ela é formada por dois representantes de cada setor: tem os da carne, tem os do peixe, tem os do frango, tem os da farinha, tem os do horti... de cada coisa que você pensar que vende na feira, duas pessoas vieram fazer parte dessa comissão. Então se formou um grupo de quinze a vinte pessoas, representativas, porque todos os setores estão envolvido, pra poder buscar defender o interesse dos trabalhadores. O que que a gente faz? Primeiro a gente fez um levantamento das necessidades do mercado. Quais são nossos pontos fortes? Quais são nossos pontos fracos? A gente identificando quais são os fortes e os fracos, aí nós fizemos um planejamento. O que que nós queremos realmente? Quais são as prior... Tudo é prioridade, mas quais são as prioridade das prioridades? Então eu começo aqui a minha vida sindical como representante"* [toca o telefone de Seu Rafa, digo para ele ficar à vontade para atender... ele fala alguns minutos ao telefone] (Seu Rafa, em entrevista concedida à pesquisadora na Feira do Guamá. Belém, 19 jan. 2017).

[84] Seu Rafa, em entrevista concedida à pesquisadora na Feira do Guamá. Belém, 1 mar. 2018.

Figura 45 – Área da farinha no dia e na hora da lavagem da feira

Fonte: arquivo pessoal da autora (19 jan. 2017)

2.3.3 O Complexo de Industrializados

A área subjacente ao Mercado da Farinha é uma área destinada a feirantes que vendem roupas, ou seja, área que faz parte do Complexo de Industrializados e que fica "*ali pra trás*"[85] do Mercado da Farinha. Ele começa no interior do Mercado da Farinha e se estende para o anexo ao lado, aquela área que foi apenas coberta pela prefeitura e que, também, foi esquecida por ela. Como a prefeitura nada fez por aquele espaço, sua administração se exime de cobrar a taxa aplicada aos demais feirantes, àqueles localizados no Mercado de Carne e no Mercado da Farinha. Segundo Dona Fátima, o complexo, que vai da parte onde estão os boxes de sua irmã, já no anexo, até a parede do lado oposto, é representado por duas vendedoras: Dona Matilde e ela, Dona Fátima, como vice.

Outrora, aquela era uma área não coberta, um terreno cimentado, aberto. A partir de uma negociação junto à prefeitura, a área foi coberta e fechada. Como foi coberta com telhas Brasilit, e algumas dessas telhas são transparentes para a passagem da luz do sol, visto que não foi feito nenhum sistema de iluminação depois de essa área ter sido fechada, os feirantes reclamam demais do calor. Dona Alda chegou a fechar com papelão uma das telhas transparentes para poder impedir que a luminosidade batesse na direção de seu box, pois "*esquentava demais meu local de trabalho*"[86]. De resto, o ambiente é escuro; o que existe são fiações feitas pelos próprios feirantes para que a feira possa estar iluminada. Para tentar diminuir

[85] Madalena, em entrevista concedida à pesquisadora na Feira do Guamá. Belém, 10 jan. 2016.

[86] Dona Alda, em entrevista concedida à pesquisadora na Feira do Guamá. Belém, 1 mar. 2018.

o calor, alguns ventiladores foram colocados pelos feirantes. Pudemos contar naquele espaço 76 boxes, isso considerando boxes que funcionam para expor mercadorias, outros como provadores de roupas, seis como depósitos e um que permanentemente estava fechado, mas que há algum tempo funcionava como uma pequena rádio local.

É evidente, para os feirantes, a precariedade desse local — onde Dona Alda, Dona Gilda e outras feirantes têm boxes — em relação aos demais espaços da feira, ainda que ele seja aparentemente mais limpo, até porque ali não se trabalha com comida; no entanto, como observaram essas mesmas feirantes, o local parece mais abandonado, se comparado com o local em que está localizado o box de Madalena. O piso é mais baixo, fica no nível do calçamento da rua, o que não ocorre com o Mercado da Farinha, onde é necessário subir um batente para adentrá-lo.

Nesse local, a concentração é apenas de feirantes que vendem roupas e acessórios, poucos boxes estão fechados. Dentre os raros que ficam fechados ou servem como depósito, detectamos cinco assim utilizados: um de Dona Silvana, que vende pechincha; outro de Dona Noêmia, que vende brinquedos em sua barraca, na calçada da Av. Barão de Igarapé-Miri; dois de um feirante do Mercado de Carne, que os utiliza como depósito para suas mercadorias que precisam ficar congeladas; e um que ainda não pude identificar, nem mesmo com a ajuda das feirantes próximas.

Há uma concentração de mulheres trabalhando com roupas na feira. Encontro apenas dois homens que trabalhavam com vestuário, um no espaço em que fica localizado o box de Madalena, Seu João, que vende roupa masculina (camisas para mototaxistas, camisas de times de futebol e shorts em tactel ou tecido semelhante), e Seu Paulo, esposo de Dona Fabrícia, no prédio de produtos industrializados, propriamente.

O piso é em cimento, e nos corredores há canaletas cobertas por uma grade, da época quando essa parte do mercado era descoberta, ainda chovia dentro e as canaletas serviam ao escoamento de água. Toda feirante tem seu provador para que a freguesa possa experimentar sua roupa. O da vizinha de Dona Gilda está lajotado, tem um ventilador pequeno, voltado para a freguesa que está experimentando a roupa, e uma pequena mesa que serve de suporte para colocar sacola ou bolsa, ou mesmo a roupa. Esse é o único espaço revestido dessa área, é o conforto dado à roupa nova e à freguesa, evocando o bom trato e a limpeza do local.

Figura 46 – Prédio da Farinha, onde se localiza a área reservada aos industrializados

Fonte: arquivo pessoal da autora (18 jan. 2017)

O espaço tem o teto relativamente baixo e é coberto com telhas de tipo Brasilit, sendo algumas delas transparentes. Esse tipo de estrutura — teto baixo, mais as telhas em amianto, sendo algumas delas transparentes — deixa o espaço extremamente quente para os feirantes do local; assim, todo feirante tem seu ventilador, seja em benefício de si, seja em benefício do freguês, quando este experimenta alguma de suas roupas em seus boxes-provadores. Na imagem a seguir, observa-se a disposição do ventilador e das telhas transparentes.

Figura 47 – Área dos industrializados, anexo ao prédio da farinha

Fonte: arquivo pessoal da autora (18 jan. 2017)

Esse anexo é composto por cerca de 73 boxes, mas minha contagem não é precisa. Pergunto aos feirantes do local sobre o número de boxes, e nenhum deles sabe me precisar. Dos 73 boxes, seis funcionam como depósito: um de Dona Silvana, que vende pechincha; outro é um depósito de Dona Suely, que vende brinquedos em uma banca fora do prédio, na calçada do prédio da farinha; outro funciona como o depósito de Dona Carolina, de 82 anos, que vende em uma banca na calçada desse prédio, colada à parede, na mesma direção de seu box; outro box é de Mariinha e do filho, que vende cintos e sapatos fora do mercado, na calçada; e o último box não tem propriamente o box em ferro como os demais, é todo envolto em madeira; desse último, não obtive informação precisa, soube apenas que funcionava anteriormente como uma rádio do local.

2.4 Desregulamentações espaciais: adaptações e amoldamentos

A divisão de espaços que descrevi anteriormente corresponde àquela que encontramos nas placas indicadoras do mercado, nas forjadas pelos concretos, cimentos, ferros, tudo o que delimita fisicamente cada espaço, cada lugar: são divisões que corroboram para cercear ou expandir as maneiras de interagir; mas, por outro lado, as recriam; assim, esses elementos também funcionam como dispositivos que contribuem para a construção das interações e da forma social feira.

As placas que indicam lugares nos quais podemos identificar os produtos vendidos são aquelas que ficam suspensas, acima dos boxes e na direção dos corredores, penduradas nas estruturas do telhado do mercado. Mas, como já observei, encontramos pequenas mobilidades por parte dos feirantes, que o fazem para se ajustar melhor naquele espaço e para ampliar seu poder de venda, ou seja, de interação, como feirantes. É o que acontece com Tereza, que vende temperos em seu box destinado à venda desse tipo de mercadoria, portanto localizado na área dos temperos, mas que também procura vender algumas mercadorias como macarrão, arroz, feijão; dessa maneira, ela pode incrementar sua venda ofertando uma gama maior de produtos e, assim o fazendo, dribla um acordo tácito entre os feirantes.

Quanto maior é a quantidade e qualidade de elementos ofertados, maior é a capacidade de interação que aqueles elementos ofertados possuem! Tereza não é a única a procurar essa forma de incrementar suas possibilidades de venda, as quais aumentam, consequentemente, suas possibilidades interativas e, assim, incrementam suas possibilidades de comercializar e de satisfazer seus fregueses. A troca é mútua e constante.

Figura 48 – Feirante em seu box de temperos

Fonte: arquivo pessoal da autora (25 jan. 2017)

Como já observado, percebemos que há uma sutil desregulamentação dos espaços instituídos. Outro exemplo que podemos evocar aqui: ao lado do boxe de caranguejo, há dois boxes que vendem limão, cheiro-verde, chicória e qualquer outra folhagem mais miúda que sirva de tempero para peixes e frutos do mar. Ora, ali não é o espaço adequado para isso, já que é um local dedicado ao caranguejo, ao peixe e aos frutos do mar. Mas ali, naquele lugar, Dona Sônia tem a possibilidade de ofertar suas mercadorias a quem consome as mercadorias vizinhas, peixe e mariscos. Dessa maneira, Dona Sônia dá o suporte ao freguês quando ele vai comprar o peixe e o caranguejo para comer, levando também, pela proximidade, o limão para tirar o pitiú do peixe e os temperos necessários ao seu cozimento. Mas é necessário atentar ao fato de que Dona Sônia não foi parar naquele box porque ela quis, como ela mesma observou: *"Eu fui mandada pra cá. Claro, no início eu estranhei, perdi muito, mas depois me acostumei e os antigos fregueses me acharam e voltei a vender. Agora tô bem, tô acostumada"*[87]. Desse modo, podemos observar que a administração desregulamentou o próprio planejamento, visto que aquilo que foi pensado não se ajustou às necessidades de cada feirante e do público consumidor.

Outro exemplo que gostaria de evocar é a adaptação do feirante às formalidades impostas pela administração. Esse é o caso de Fátima, que, no mercado anterior, vendia lanches, mas, depois da revitalização, perdeu seu lugar antigo, sendo-lhe ofertada pela administração uma mercearia. Para melhorar a ventilação no interior do box, Fátima colocou um ventilador em cima do balcão, virado para dentro; assim, a sensação do calor diminui. Como já observei, os feirantes dessa parte da feira, quase em sua totalidade, possuem ventilador. Esse objeto significa um pouco de conforto para o feirante que desenvolve um trabalho árduo em ambientes pequenos e quentes[88]. Impossível deixar de notar o ventilador que ocupa cerca de um quarto do balcão de Fátima, funcionando e voltado para ela. Essa situação das mercadorias é diferente dos demais equipamentos da feira, como os de hortifrútis, que são gradeados vazados, onde há certa circulação de vento; dos peixeiros e de alimentação, que têm seus muros divisórios baixos, e os dos açougueiros, que, apesar de as laterais de suas divisórias, em alvenarias, não serem tão baixas, possuem abertura frontal e superior, o que facilita a circulação de ar. As mercearias são como caixas em alvenarias compactas que, cheias de mercadoria, deixam um espaço exíguo para que o feirante possa locomover-se e tenha espaço de circulação. Evidente notar que esse equipamento cumpre muito bem sua função, pois, segundo Dona Fátima e Dona Graça, *"são bem melhores que os anteriores"*[89]. Nesse contexto, o uso do ventilador serve para dar conforto a quem trabalha ali.

Antes de vender descartáveis, Dona Fátima passou um ano e meio sem saber o que vender; e permaneceu com o seu espaço fechado. De acordo com ela, na sua nova localização na feira, ela não poderia, por conta das normas do lugar, vender os lanches que outrora vendia. Assim, seguindo o conselho de sua filha mais nova, que, segundo ela é muito esperta e virada, passou a vender descartáveis, *"porque era somente a Dona Lulu que vendia ali"*[90]. De fato, um único box vendia todo tipo de descartável na feira,

---

[87] Dona Sônia, em entrevista concedida à pesquisadora na Feira do Guamá. Belém, 8 fev. 2017.

[88] Note-se que o calor e a sensação de calor, provocados pela umidade da região, não são só característicos da região equatoriana que habitamos, mas também sentidos na pele por quem vive na feira.

[89] Dona Graça, em entrevista concedida à pesquisadora na Feira do Guamá. Belém, 25 jan. 2017.

[90] Dona Fátima, em entrevista concedida à pesquisadora na Feira do Guamá. Belém, 14 jan. 2017.

era o box de Dona Lulu. Assim, o marido de Fátima, que é açougueiro na Feira do Guamá e trabalha ali naquele mesmo mercado, deu o dinheiro necessário para que ela iniciasse seu negócio. Desse modo, com a ajuda da filha mais velha, Dona Fátima voltou a trabalhar na feira em 2014.

Fátima possui um equipamento, onde pudemos observar a disposição em prateleira de suas mercadorias, como sacos, copos, talheres plásticos, chips para celulares, suas máquinas de crédito para celular, seus pertences, o lanche da sobrinha e mais uma miscelânea de pequenos objetos pessoais e de suporte para a realização de sua venda, como um grampeador, fitas gomadas, fitas durex, material publicitário de empresas de celular, imagens de gatinhos, cachorrinhos e crianças retiradas de revistas, calendário (folhinha), algodão, acetona, tesourinha, um aparelho de som. Um ventilador fica, quando o box está aberto, em cima do balcão, virado para seu interior. Já comentei sobre isso no capítulo anterior. Apesar de o espaço ser conciso, ele dá suporte para que a sobrinha de Fátima, Joyce, venda seus pequenos lanches pela feira. Joyce é estudante de Enfermagem, tem Fundo de Financiamento ao Estudante do Ensino Superior (Fies) e, para pagar seus estudos e ter dinheiro para seu ônibus, assim como para o que for necessário, vende pequenos lanches na feira, é ambulante. Vende pedaços de pudins, pedaços de tortas doces, salgadinhos, docinhos, mousses, enfim, ela vende o que for possível colocar em copinhos de plásticos com tampa. Caso o alimento prescinda de colher ou garfo, vai uma colherzinha ou um garfinho descartável colado com fita durex na tampa que fecha o copo.

Além disso, ainda encontramos, nas imediações dos mercados, os vendedores de CDs e DVDs, ambulantes que frequentam os mercados vendendo seus produtos; vendedores ambulantes de alimentação, seja com suas pequenas vasilhas em plástico, seja com seus aquários[91]; vendedores ambulantes de produtos de higiene, como xampus, sabonetes, cremes para o cabelo e para a pele, escovas de dentes etc.; as lojas comerciais nas adjacências dos mercados etc.; vendedores de pechincha nas calçadas; vendedores e fornecedores externos da feira, por exemplo, os que vendem gelo, e aquelas casas que são transformadas em pequenos negócios, como salão de beleza, serviços de fotocópias e o que mais puder ser vendido e comercializado. Segundo Seu Rafa e Dona Gilda, aquela região é das mais caras, e, por isso, alugar um espaço e abrir um negócio ali não seria para

---

[91] Aquário é o nome que se dá para aqueles pequenos mostruários em vidro que são colocados geralmente na frente de bicicletas cargueiras, com salgados a serem vendidos.

qualquer um. Ambos me indicam quanto é dinâmica e rentável a Feira do Guamá: *"Então nós estamos dentro do metro quadrado mais caro, mais valorizado comercialmente, falando de imobiliária, do bairro do Guamá. Que é o sonho de qualquer empreendimento, é estar aqui!"*[92]. Um metro quadrado disputado sutilmente quando o feirante estende seu box para o corredor do mercado; quando consegue um espaço na calçada, legitimado pelo box no interior do Mercado da Farinha.

[92] Seu Rafa, em entrevista concedida à pesquisadora na Feira do Guamá. Belém, 19 jan. 2017.

ELEMENTOS TEÓRICOS E METODOLÓGICOS PARA UMA COMPREENSÃO DO GOSTO NA FEIRA[93]

3.1 Em busca da carne do mundo

Como e por que fazer uma etnografia para compreender o gosto? E de que gosto estamos falando? Vamos direto ao ponto, a este último ponto: o gosto sobre o qual falamos não é o gosto substantivo ou qualitativo, ou seja, não é o gosto como uma substância aderente a alguma coisa, nem o gosto como a qualidade intrínseca de alguma coisa, nem uma propriedade do objeto, nem um privilégio do sujeito. Falamos do gosto como verbo: como a ação social, intersubjetiva, de partilhar uma disposição sensível.

Pensar o gosto dessa maneira permite-nos colocá-lo não como instância última de uma dada relação social, mas como processo. Isso significa que as pessoas não estão próximas, em um dado contexto, porque possuem um gosto em comum, mas, ao contrário, é porque, no ato de partilhar um gosto, num dado contexto, se tornam próximas. Dessa maneira, acreditamos que o gosto está naquilo que, socialmente e como predisposição, é partilhado num dado ambiente: o gostar em comum, o gostar com, o gostar junto, a "estética predominante" que contribui para a coesão social.

É desse gosto que estamos falando. Tal proposição nos leva às duas primeiras questões: como e por que fazer uma etnografia do gosto? O "por-quê" decorre diretamente do que acabamos de explicar: pensamos que o gosto contribui para a sociação (Simmel, 2006), porque é um elemento que produz a coesão social e, como tal, um fenômeno social importante, que merece ser estudado. Nesse sentido, parece-nos evidente que a etnografia constitui uma abordagem preferencial para entender o gosto, pois ela nos permite compreendê-lo como verbo, ação social.

---

[93] Partes das reflexões deste capítulo foram desenvolvidas ao longo de minha etnografia na feira e durante o mestrado e o doutorado. Essas reflexões estão presentes em Castro (2013, 2017) e Castro e Castro (2016, 2017a, 2017b).

Já a questão do "como" fazer uma etnografia do gosto merece uma reflexão maior, mesmo porque é ela que conduz as demais. Em primeiro lugar, quero dizer que não buscamos fazer uma antropologia dos sentidos, mas, sim, uma antropologia do gosto. E, para alcançá-la, procuramos apoio numa antropologia dos sentidos, numa etnografia sensorial (Pink, 2012) e numa abordagem fenomenológico-arqueológica.

As duas perspectivas, considerando nossa interpretação, são coincidentes. Quando falamos em abordagem arqueológico-fenomenológica, referimo-nos à nossa disposição de procurar evidenciar as camadas de sentidos do gosto na vida cotidiana da feira. Essa disposição, pensamos, está presente tanto na arqueologia, de maneira denotativa, como na fenomenologia, de maneira conotativa. Tematizamos, assim, a fenomenologia e suas camadas de sentidos e a arqueologia e suas camadas empíricas. Ambas fazem escavações, e, nesse sentido, elaboramos a analogia apresentada.

Assim, procuramos escavar, desconstruir e desvelar, tanto quanto possível, os substratos dessas camadas que conformam o gosto presente na feira. Desse modo, talvez consigamos interpretar os sintomas daquilo que se concretiza na feira, daquilo que se dá a ver, ouvir, sentir com o corpo e que se concretiza em formas. Procuramos observar como as camadas e os vestígios encontrados, com base em nossas percepções sensoriais, conformam uma escritura que nos delineia uma forma de estar juntos, uma forma social evidenciada por meio dos sentidos, das sensações e das percepções, ou, ainda, das práticas que evocam um gosto.

Essa disposição é próxima à ideia de uma etnografia sensorial (Pink, 2012), ideia essa que se tornou fundamental para esta pesquisa. A concepção de uma etnografia sensorial surge no contexto do debate sobre a reflexividade no campo, especificamente sobre a natureza reflexiva da etnografia. Essa ideia está presente em Rabinow (2012), no momento em que ele discute o sentido da ideia de "interpretação", com suas nuances e transparências. Também em Favret-Saada (2012), quando discute a "não neutralidade" da antropologia. E em Csordas (2012), nas suas reflexões sobre os temas da empatia e da intuição, bem como sobre a "transmutação das sensibilidades". Ainda está presente em Crapanzano (2012), por meio do seu debate sobre o "encontro" com a alteridade e sobre as "doze generalizações" da antropologia; em James Clifford (1983), na sua discussão sobre o caminho que o antropólogo faz entre a experiência e a interpretação.

Todos esses autores, em alguma medida, discutem a respeito da dinâmica intersubjetiva presente no campo etnográfico, observando que ela produz alguns fenômenos centrais na natureza da reflexão antropológica, fenômenos como empatia, intuição, emoções, encontro e polifonia. Sugerem todos eles, também em alguma medida, que é necessário prestar mais atenção para os efeitos da sensorialidade e da percepção no processo etnográfico.

Efetivamente, trata-se, na verdade, da chegada à reflexão antropológica de um debate já importante no pensamento de Simmel (2006), Weber (2009) e na fenomenologia. Em relação a esta última, há um debate presente na sua geral disposição interpretativa, mas, particularmente, na fenomenologia "sensível" de Merleau-Ponty.

A questão da sensibilidade é fundamental na obra de Merleau-Ponty. Ela se coloca no fundamento mesmo da sua reflexão, sob sua proposição geral de construir uma nova ontologia (*nouvelle ontologie*), ou melhor, uma nova possibilidade de alcançar e abordar o mundo da vida (*Lebenswelt*) — conceito que, em fenomenologia, significa o mundo não metafísico: o mundo propriamente dito, no qual a vida humana ocorre. Merleau-Ponty pretende explorar o que seria o mundo humano, ou melhor, como o mundo é tomado pelos indivíduos, antes de toda operação reflexiva, a qual lança o homem em direção à metafísica. Efetivamente, assim, ele pretende explorar como o mundo é sentido.

Nas palavras de Silva (2012, p. 1), Merleau-Ponty pretende "desbravar uma experiência selvagem do sensível, do mundo em estado bruto e arcaico antes da reflexão". Esse percurso em direção a uma nova ontologia seria estruturalmente sensível, porque é perpassado por um investimento ontologicamente corporal e intercorporal.

Merleau-Ponty explora o logos do mundo sensível, que equivale a uma pragmática do mundo: o mundo conhecido por meio da sensorialidade do corpo. Porém, superando a perspectiva psicológica clássica, que pensa os sentidos como mediadores entre a consciência e o mundo natural, Merleau-Ponty procura perceber o encontro do indivíduo com esse mundo natural como um movimento de transcendência marcado pelo encontro, pelo contato. Por meio do seu corpo, o homem experimenta o mundo, mas o faz de forma paradoxal, porque esse experimentar o mundo dá-se como um duplo movimento: não apenas o de encontrar e sentir o mundo por meio dos sentidos, mas também de projetar esse encontro mediante figurações intencionais. Esse paradoxo decorre do fato de que o corpo que encontra o mundo, por intermédio dos sentidos, tem uma atitude reflexiva diante do próprio fato de encontrar o mundo:

> O enigma é que meu corpo é, simultaneamente, vidente e visível. Ele, que olha todas as coisas, também pode se olhar e reconhecer naquilo que vê o "outro lado" de sua potência vidente. Ele se vê vendo, toca se tocando, é visível e sensível para si mesmo. Ele é um si não por transparência como o pensamento que só pode pensar assimilando o pensado, constituindo-o, transformando-o em pensamento. Mas é um si por confusão, narcisismo, inerência daquele que vê naquilo que vê, daquele que toca naquilo que toca, do senciente ao sentido (Merleau-Ponty, 1985, p. 18-19, tradução nossa).

Como se sabe, a base da fenomenologia é a compreensão de que todo encontro com o mundo da vida — com o mundo da existência cotidiana — é um ato intencional. Intencionalidade seria o fundamento de todo fenômeno. Isso quer dizer que, quando encontramos, sentimos algo do mundo e fazemos isso com uma mente já carregada de expectativas, que faz com que cada coisa encontrada no mundo não seja algo "puro" de significações, mas, sim, como um prolongamento de si mesmo. Como diz Merleau-Ponty (1985, p. 18-19, tradução nossa), "para o ser que está no mundo as coisas, constituem um anexo ou um prolongamento dele mesmo, estão incrustadas em sua carne, fazendo parte de sua definição plena, já que o mundo é feito do mesmo forro que o corpo".

A extensão entre corpo e mundo constitui a intencionalidade do ato de sentir o mundo. Essa ideia se traduz plenamente na famosa frase "a carne do corpo nos faz compreender a carne do mundo", de Merleau--Ponty; bem como na sua — menos famosa — frase escrita alguns anos mais tarde, que reproduz o sentido inverso: "carne do mundo, que se pode, enfim, compreender o corpo próprio". Trata-se da "síntese de transição" de que fala o filósofo, por meio da qual, pelo contato sensorial de seu corpo com o mundo, "o 'sujeito que toca' passa ao nível do tocado" (Merleau-Ponty, 1994, p. 280).

O mundo da vida, o *Lebenswelt* — ou, ainda, o mundo da facticidade do estar no mundo —, conforma-se por intersensorialidade, ou por coesão estética, cabendo especificar que, para Merleau-Ponty, estética, ou *aisthesis*, significa essa intersensorialidade presente na relação intencional de estar e usar o mundo, até mesmo por meio da produção de analogias em relação à sensorialidade das pessoas ao nosso redor: a *aisthesis* é, também, um sentir com outros, um estar no mundo comum.

A expressão "carne do mundo" representa tal intersensorialidade, pois sentimos o mundo por meio do "tecido comum de que somos feitos". Relacionada a essa "textura aderente" que inclui as outras pessoas, a cujas experiências aderimos intencionalmente, "existe uma universalidade primeira da sensação. O universal não é o conceito, mas essa percepção em carne e osso, fundamento da minha relação com os outros" (Merleau--Ponty, 1994, p. 112).

Assim, um aspecto central do pensamento de Merleau-Ponty é sua compreensão da intersubjetividade na construção da experiência sensível.

Outros autores tratam da experiência social sensível por meio de uma abordagem fenomenológica, como é o caso de Bourriaud (2009) e de Maffesoli (2000a). Bourriaud (2009, p. 135) utiliza Althusser para explicar o que seria uma "estética relacional": "aquela que se inscreve numa tradição materialista [...] 'materialismo do encontro fortuito'". O encontro fortuito está dentro de uma perspectiva de forma sincrônica. A forma é sincrônica, pois que nasce no momento do encontro, ainda que os elementos que a conformam sejam diacrônicos e, a partir de seu nascimento, ela gere laços, os quais somente são possíveis porque os elementos que possibilitam essa ligação são, de acordo com Marx, tran-sindividuais: "a essência da humanidade é puramente transindividual, formada pelos laços que unem os indivíduos em formas sociais sempre históricas" (Bourriaud, 2009, p. 25). A aglutinação que faz surgir uma forma depende do contexto histórico, que varia de acordo com o tempo e o espaço, ou seja, é fortuito, mas inserido em contextos sociais históricos, uma forma sincrônica advinda de formas sociais diacrônicas, ou melhor, de conteúdos que nos pareçam díspares e contraditórios.

Pensar em círculos é o que propõe Maffesoli (1995, 2000a) para que possamos melhor compreender essa socialidade que se prolifera e gera formas. Recorremos a Maffesoli para pensar a socialidade como círculos que se formam e se encontram uns com outros formando intercessões múltiplas; as socialidades também são múltiplas: nesse ambiente que Maffesoli (2000a, p. 137) chama de *"nébulese affectuelle"*, onde ocorre *"le va-et-vient masse-tribu"*. É na interação que as socialidades se geram e se potencializam, ou seja, é nas sociações de qualquer espécie que é possível ocorrer a reciprocidade, pois é na sociação que ocorre a troca.

Procuramos, em nossa pesquisa, ver a feira para além da sua materialidade e dos processos sociais gerais e estruturais nela presentes. Procuramos compreender a feira como essa comunidade de sentidos, na sua dimensão intersubjetiva. E procuramos, fundamentalmente, pensar a experiência do gosto comum, do gosto na vida cotidiana dessa feira, buscando perceber como ele constitui uma forma social, ou seja, uma estrutura invisível que permite que as pessoas, por meio dele, estejam juntas.

A feira enquanto forma social, como uma unidade estrutural que conforma um mundo, geradora e fruto de encontros fortuitos, que nasce como uma forma potencial de gerar diversas outras formas em seu interior, possui uma estética relacional, uma estética que se forma da materialização desse encontro, dessas relações que a fomentam, que a geram, mas que também se reverberam, que morrem, nascem e renascem em seu seio (Castro, 2013); uma estética também maffesoliana, na qual a ênfase está na emoção, no sentimento e, portanto, numa estética do estar junto, um sentimento partilhado que conforma formas (Castro, M., 2013, 2017).

Podemos retornar a Bourriaud (2009, p. 134) para observar que ele também afirma que a estética é um arranjo maleável capaz de funcionar em vários níveis e em todos os planos da experiência humana. Essa estética maleável que conforma uma forma, a feira, só assim o pode, enquanto forma, ser entendida, devido ao sentimento de *religare* (ligação) — termo que Maffesoli (2000a, p. 141) usa para também falar da estética enquanto um sentir junto — presente em seus elementos constituintes, os indivíduos e as relações que eles estabelecem entre si e entre os demais elementos materiais e imateriais que compõem a feira.

3.2 A antropologia dos sentidos e a etnografia sensorial[94]

Neste tópico, procuro estabelecer as diferenças entre a antropologia dos sentidos e a etnografia sensorial. Busco, também, apresentar algumas perspectivas paralelas e as fontes contemporâneas dessa perspectiva, notadamente a antropologia interpretativa de Geertz (1989), a dos autores ligados ao "Seminário de Santa Fé" (1984) e, ainda, a "antropologia modal", de François Laplantine (2017).

---

[94] Parte deste tópico foi retrabalhado no artigo de Castro (2021a).

Necessário explicitar de onde partimos e aonde queremos chegar quando falamos em etnografia sensorial. Nossa discussão, a esse respeito, está ancorada na contribuição de Ingold (2000, 2008a, 2011, 2012) e de Pink (2006, 2008, 2009, 2012), por meio da síntese que esses autores fazem do debate a respeito da natureza reflexiva da etnografia, que referimos.

Nesse processo, procuramos estabelecer a diferença entre etnografia sensorial e antropologia dos sentidos, sem deixar de considerar que as duas perspectivas possuem uma herança comum, fornecida pelo pensamento de Simmel e de Weber, e que ambas, embora de maneira diferente, dialogam com a fenomenologia, particularmente com Merleau-Ponty.

Ambas, sobretudo, partem da compreensão de que os sentidos se tornaram um objeto por inteiro, e legítimo, do interesse antropológico. Pink (2010) observa que o foco nos sentidos tornou-se um tema-chave na antropologia contemporânea. Ela sugere, igualmente, que esse foco pode ser entendido de duas maneiras: nos termos de uma antropologia dos sentidos e nos termos de uma etnografia sensorial. Uma antropologia dos sentidos equivaleria a uma investigação de base empírica sobre os sentidos. Já uma etnografia sensorial implicaria um aporte, à disciplina, da contribuição dada pelas teorias da percepção sensorial.

A perspectiva de uma antropologia dos sentidos começou a se consolidar em 1988, por meio da fundação do *Centre for Sensory Studies*, vinculado à Universidade de Concordia, em Montreal, Canadá. O centro foi criado por iniciativa do sociólogo Anthony Synnott e do antropólogo David Howes, que nesse ano receberam financiamento do *Social Sciences and Humanities Research Council of Canada* (SSHRC) para desenvolver um projeto de pesquisa intitulado *The varieties of sensory experience*. Nos anos seguintes, o *Centre for Sensory Studies* expandiu rapidamente, agregando vários outros pesquisadores, notadamente a historiadora Constance Classen, que se destacou por seu trabalho no campo da história cultural dos sentidos. Essa expansão acabou gerando um programa de colaboração interdisciplinar entre pesquisadores da Universidade de Concordia, o *Concordia Sensorial Research Team* (Consert). Esse grupo recebeu importante financiamento da indústria de perfumes, no começo dos anos 1990, para desenvolver o estudo sobre os sentidos culturais do olfato e dos odores, o qual deu origem ao livro *Aroma: The cultural history of smell* (Classen; Howes; Synnott, 1994) e levou à organização do seminário *Uncommon Senses: An*

International Conference on the Senses in Art and Culture, realizado em abril de 2000, o qual reuniu cerca de 300 pesquisadores que, de alguma forma, começaram a se filiar à perspectiva da antropologia dos sentidos.

Um segundo seminário internacional, realizado em fevereiro de 2005 e intitulado *Sensory Collections and Display*, expandiu e consolidou essa rede de cooperação. Agregaram-se à perspectiva do *Centre for Sensory Studies*, pesquisadores de diversas áreas, como Bianca Grohmann, da comunicação, e Chris Salter, da área do design.

Sem buscar uma relação exaustiva, refiro alguns dos trabalhos que foram desenvolvidos com base na experiência do *Centre for Sensory Studies* e da antropologia dos sentidos. Num plano estritamente ligado à etnografia, citamos os trabalhos de Amato (2001), sobre odores; de Degen (2012), sobre sensibilidades urbanas; de Geurts (2002), sobre sentidos corporais numa comunidade africana; de Hahn (2007), sobre danças japonesas; de Henshaw (2013), sobre odores no espaço urbano; de Rhys-Taylor (2010), sobre sensibilidades de diferentes classes sociais no leste de Londres; de Spencer (2012), sobre sensibilidades em artes marciais, e de Jackson (2004), sobre sensualidade num clube de encontros sexuais. Já num plano da reflexão teórico-metodológica da antropologia dos sentidos, poderíamos citar os trabalhos de Bull *et al.* (2006); Hinton, Howes e Kirmayer (2008); Hsu (2008); Rivlin e Gravelle (1985); Roeder (1994) e Jay (2012).

Com eles, é interessante observar, também, os trabalhos desenvolvidos pelos três pesquisadores mais associados à elaboração dos modelos da antropologia dos sentidos: Howes (1991, 2003, 2005, 2006, 2008, 2009, 2012); Classen (1990, 1993, 1997, 1998, 2001, 2005, 2012); Synnott (1993); Classen, Howes e Synnott (1994); e Howes e Classen (1991, 2013a).

David Howes tem sido o principal articulador da antropologia das sensibilidades. De acordo com sua visão, essa perspectiva procuraria compreender "como a modelagem da experiência sensorial varia de uma cultura para outra, de acordo com o significado e a ênfase atribuídos a cada uma das modalidades de percepção" (Howes, 1991, p. 3, tradução nossa)[95].

Efetivamente, Howes propôs um programa de comparação das variações entre as hierarquias das experiências sensíveis em diferentes culturas (Howes; Classen, 1991, p. 257). Trata-se de, por meio da compa-

---

[95] Como no original: "how the patterning of sense experience varies from one culture to the next in accordance with the meaning and emphasis attached to each of the modalities of perception".

ração empírica das formas de sensibilidade das diferentes culturas, estabelecer um sistema analítico de base comparativa, seguindo os padrões da antropologia mais tradicional.

A despeito da proposição instigante e inovadora de investigar o papel dos sentidos e das sensibilidades nas sociedades humanas, a antropologia dos sentidos estava comprometida com uma perspectiva comparativista, que foi crescentemente rejeitada, tendo em vistas as críticas impostas a esse modelo pelas perspectivas interpretativas e reflexivas da disciplina (Clifford; Marcus, 1986; Geertz, 1989).

A abordagem de Howes foi bastante criticada por Tim Ingold (2000), que, evocando a necessidade de uma maior reflexividade antropológica como esteira para o futuro da disciplina, sugeriu uma refocagem mais sensorial para a antropologia dos sentidos; explicitamente, uma aproximação à fenomenologia da percepção e da experiência (Merleau-Ponty) e à psicologia ecológica (Gibson).

Pink procura sintetizar a crítica de Ingold à perspectiva de Howes da seguinte maneira:

> O trabalho de Ingold sugeriu que a separação das modalidades sensoriais, como Howes propôs, as situa em uma "cultura" desencarnada e é incompatível com uma antropologia que entende aprender e conhecer como situada na incorporação da prática e do movimento (Pink, 2010, p. 332, tradução nossa)[96].

Ocorreu importante debate entre Sara Pink e David Howes (2010) na revista *Social Anthropology*, em 2010[97]. Nele, Pink procurou estabelecer as diferenças entre os dois campos — antropologia dos sentidos e etnografia sensorial — com base em três elementos, teoria à qual Howes responde enfaticamente. O primeiro elemento seria o de que a antropologia dos sentidos compreende-se como uma subdisciplina exclusivamente empírica da antropologia. Howes refuta essa ideia e diz que ela está presente, talvez, no trabalho de Constance Classen, *Foundations for an anthropology of the senses*, mas que não caracterizaria a perspectiva geral da antropologia dos sentidos. O segundo elemento seria o de que os antropólogos que seguem essa perspec-

---

[96] "Ingold's work suggested that separating out sensory modalities as Howes proposed situates them in disembodied 'culture' and is incompatible with an anthropology that understands learning and knowing as situated in embodied practice and movement".

[97] A íntegra do debate está disponível em: https://monoskop.org/images/5/54/Pink_Sarah_2010_The_Future_of_Sensory_Anthropology_The_Anthropology_of_the_Senses.pdf

tiva teriam negligenciado o diálogo interdisciplinar. Howes também refuta essa afirmação, evocando exemplos, até mesmo em seu próprio trabalho, que ilustram o contrário. O terceiro elemento, enfim, sugere que a antropologia dos sentidos tende a separar as modalidades sensoriais. A resposta de Howes foi a de que, ainda que essa separação possa ser útil algumas vezes, a tendência mais recente da antropologia dos sentidos tem sido a de explorar a relação entre os diferentes sentidos. Howes indaga, afinal, se há realmente uma diferença entre antropologia dos sentidos e etnografia sensorial.

Em nosso ponto de vista, há, efetivamente, uma imensa proximidade entre os dois grupos, e as refutações de Howes parecem-nos bem ponderadas, mas há, pelo menos, uma questão sem resposta no seu debate com Pink: a perspectiva comparativista.

Pensamos que a crítica de Pink (2010) não está realmente clara. Ela não chega ao fundo do problema, que diz respeito à compreensão representacional presente na teoria do conhecimento desenvolvida por Howes, com a consequente desvalorização, como elemento de análise, da própria matéria-prima dos sentidos: a percepção.

Chegaremos a esse ponto logo mais. Antes, façamos uma síntese do percurso da etnografia sensorial. A perspectiva surgiu no começo dos anos 2000, da leitura feita por antropólogos como Ingold (2000, 2008a, 2011, 2012), Pink (2006, 2008, 2010), 2012), Csordas (2012), Geurts (2002) e Field (2012), acerca do debate a respeito da natureza reflexiva da etnografia, que referimos, entre Howes e Pink. Partindo de Clifford (1983, 2003), Rabinow (1991, 2007, 2012), Rabinow e Sullivan (1987) e Crapanzano (2012), Ingold e Pink, como referidos, procuram destacar a importância da sensorialidade para a construção dos sentidos. Pink define a etnografia sensorial da seguinte maneira:

> A etnografia sensorial é, o que penso, o repensar da etnografia em termos de sentidos. Portanto, isso não significa o estudo etnográfico dos sentidos, embora isso possa fazer parte de um projeto de etnografia sensorial. Mas a etnografia sensorial é uma metodologia. É uma abordagem para fazer etnografia que leva em conta a experiência sensorial, a percepção sensorial e as categorias sensoriais que usamos quando falamos sobre nossas experiências e nossa vida cotidiana (Pink, 2015, tradução nossa)[98].

---

[98] Como no original: "Sensory ethnography is, what I think, the rethinking of ethnography in terms of senses. So that doesn't mean the ethnographic study of the senses, although that could form part of a sensory ethnography project. But sensory ethnography is a methodology. It's an approach to doing ethnography that takes account of sensory experience, sensory perception, and sensory categories that we use when we talk about our experiences and our everyday life".

A autoinserção, numa perspectiva transdisciplinar, a dinâmica interpretativa e fenomenológica e o apreço pelos suportes midiáticos e pela comunicação, notadamente os meios audiovisuais[99], fazem da etnografia sensorial uma proposição metodológica instigante.

Essa perspectiva estaria, a princípio, sempre de acordo com Pink, mais próxima da disposição reflexiva da antropologia contemporânea que de uma antropologia dos sentidos. Como Pink observa, "uma antropologia sensorial implica uma antropologia 'repensada'" (Pink, 2010, p. 331, tradução nossa)[100]. Ela estaria mais disposta a rejeitar os tradicionais padrões da comparação entre culturas (cross-cultural comparison) e a dissociar a relação entre cultura e lugar. Outra característica seria a sua disposição interdisciplinar, evidenciada pelo contemporâneo interesse da geografia e de certa sociologia, no debate sobre o papel da sensorialidade na construção do sentido de lugar. Essa aproximação também se daria em relação à comunicação e às artes.

Sem discordar de Pink, acrescentaríamos que outro diferencial da etnografia sensorial, em relação à antropologia dos sentidos, estaria numa compreensão mais acurada do pensamento de Merleau-Ponty e, objetivamente, numa compreensão que seguiria o viés de uma fenomenologia hermenêutica, tal como a elaborada por Martin Heidegger, profundamente crítica do referencial fundador da própria fenomenologia, o da fenomenologia pura e transcendental, elaborado por Edmund Husserl.

Efetivamente, sem deixar de reconhecer a importância da antropologia dos sentidos para a valorização, para a entrada na ordem do dia da pesquisa antropológica, se não mesmo das ciências sociais como um todo, dos sentidos, das sensações e do gosto comum, penso que a etnografia sensorial acrescenta uma perspectiva crítica — se não também autocrítica — a esses estudos, que entendo como fundamental para a construção de uma abordagem antropológica mais reflexiva, relativista e crítica.

Ingold (2000) procura fazer uma triangulação, como ele mesmo diz (Ingold, 2011), entre Merleau-Ponty (1945), Hans Jonas (1966) e James Gibson (1966, 1979). O núcleo da crítica que Ingold faz à antro-

---

[99] A respeito do diálogo entre a etnografia sensorial e os meios digitais e audiovisuais, ver Castaing-Taylor (1994), Grimshaw (2001), Laplantine (2017), MacDougall (2005) e Pink (2006, 2009).

[100] Como no original: "a sensory anthropology implies a 're-thought' anthropology".

pologia dos sentidos de Howes (1990, 1991) está no fato de que ela estaria estruturada numa teoria representacional do conhecimento (Ingold, 2011). Efetivamente, os primeiros trabalhos de Howes (1990, 1991, 2003) estão dominados pela ideia de que o sentido não é senão um registro corporal que emite mensagens para a mente de alguém: "A antropologia de Howes está tão fundada que é aparente da maneira como ele reifica 'os sentidos' como registros corporais que transmitem mensagens para a mente do observador" (Ingold, 2011, p. 315, tradução nossa)[101].

Com efeito, trata-se da crítica clássica que Merleau-Ponty (1945) elabora, com sua fenomenologia, à teoria do conhecimento advinda do pensamento de Descartes — *penso, logo existo* —, que racionaliza do ato de conhecer como o alcance de uma verdade dada e necessariamente objetiva e natural, por meio de uma operação de raciocínio, ou seja, o mundo é mediado pela mente, e toda forma de conhecimento decorre dessa mediação e, num segundo plano, do fundador da fenomenologia, Edmund Husserl.

O papel dos sentidos, por esse raciocínio cartesiano, torna-se de segundo plano, senão inferior e *perigoso*: os sentidos, em todo pensamento que deriva de Descartes, seriam *enganadores*; seriam instrumentos de conhecimento do mundo, mas precários e, por vezes, enganosos e fúteis. Sem a mediação de uma operação de raciocínio, não são confiáveis. A percepção, entendida como processo cognoscente, e vista dessa maneira, se constituiria como uma operação representacional, por meio da qual o sujeito produz o conhecimento de algo, alguma coisa, alguém, a cultura... De acordo com Ingold, a antropologia dos sentidos caminharia nessa mesma direção:

> Howes mantém como sacrossanto o princípio de que, como antropólogos, devemos atender e respeitar os entendimentos indígenas da percepção. "O caminho deve sempre ser deixado aberto", diz ele, "para paradigmas indígenas de percepção" romper "modelos antropológicos ou filosóficos ou neurológicos de percepção" (Howes; Pink, 2010, p. 340). Concordo. O modelo antropológico de percepção de Howes, no entanto, faz precisamente o contrário. Ao insistir que cada paradigma indígena é em si um "produto

---

[101] "Howes's anthropology is so founded is apparent from the way he reifies 'the senses' as bodily registers that convey messages to the mind of the perceiver".

da cultura", efetivamente neutraliza qualquer desafio que possa apresentar à sua própria abordagem (Ingold, 2011, p. 315, tradução nossa)[102].

A chave da questão está no conceito de percepção. No entendimento de Ingold (2011), acreditamos, o pensamento cartesiano, ainda que já muito modificado, chega à antropologia dos sentidos, compreendendo percepção como operação intelectual de natureza lógica. Por outro lado, o modelo no qual se inscreve o pensamento de Merleau-Ponty (1945), Hans Jonas (1966), James Gibson (1979), Tim Ingold (2011) e Sara Pink (2010) — para referir apenas os autores que citamos nesta ponderação, que constituem o mesmo modelo crítico que produziu, no pensamento antropológico, a demanda reflexiva e interpretativa proposta por Geertz (1989, 2003) e renovada por Clifford e Marcus (1986), para a reflexividade e interpretação, em antropologia, dos autores associados ao chamado Seminário de Santa Fé — procura romper a lógica binária (sujeito/objeto) colocada pela perspectiva representacional do conhecimento e valorizar a percepção, bem como os processos sensoriais e toda forma de experiência, como processos e formas legítimas e integrais do ato de conhecer. Bem ilustra essa percepção a ideia de Merleau-Ponty (1964) de que o conhecimento não está na mente, mas, sim, no encontro do sujeito, por meio do seu corpo, com a "carne" (*chair*) do mundo.

Resta observar que, seja ou não por efeito desse debate, que teve lugar entre 2010 e 2011, percebemos uma transformação importante na obra de Howes (2013) mais recente, o que parece assinalar novas possibilidades de abordagem antropológica com base no diálogo entre a antropologia dos sentidos e a etnografia sensorial.

Descrito o percurso de disputas semânticas e referenciais presentes na relação entre sentidos e antropologia, retornemos aos autores e aos elementos que comporiam a etnografia sensorial, dando-lhe seu substrato metodológico e suas perspectivas teóricas.

Alguns autores contemporâneos são evocados como estruturantes do campo referencial da etnografia sensorial. Destacamos dois deles: Michel de Certeau, fundamental para a discussão sobre a mobilidade

---

[102] Como no original: "Howes holds as sacrosanct the principle that as anthropologists, we should attend to and respect indigenous understandings of perception. 'The way should always be left open', he says, 'for indigenous paradigms of perception to "break through" anthropological or philosophical or neurological models of perception' (HOWES AND PINK 2010: 340). I agree. Howes's anthropological model of perception, however, does precisely the opposite. By insisting that every indigenous paradigm is itself a 'product of culture', he effectively neutralises any challenge it might present to his own approach".

como fundamento metodológico, desenvolvida por vários autores da etnografia sensorial; e François Laplantine, autor contemporâneo que mantém importante diálogo com a etnografia sensorial e desenvolve uma perspectiva bastante próxima a ela, a qual denomina "antropologia modal".

Em relação a Michel de Certeau (1994), deve ser dito que sua obra reflete em diversos aspectos da etnografia sensorial. Entendemos que seu pensamento, pautado pela fenomenologia, evoca uma valorização da experiência vivencial e da vida cotidiana como fundamento da abordagem da vida social e, assim, como instrumento metodológico. Relendo os textos referenciais da etnografia sensorial, percebemos uma constante valorização da experiência vivencial e a compreensão de que o estar no mundo da vida cotidiana constitui-se uma mediação dos sentidos, mas não localizamos, até o momento, uma discussão sólida a respeito dos fundamentos fenomenológicos, inerentes a essa perspectiva, como substância da própria proposição de uma etnografia sensorial. Talvez porque isso equivaleria, possivelmente, a um movimento de sair do campo da antropologia para ir em direção ao campo da filosofia.

Porém, ao contrário, observamos discussões avançadas em torno de certos aspectos da analítica do estar no mundo no cotidiano, em Certeau (1974, v. 1, 1994), particularmente em torno da ideia de mobilidade. Ao discutir a vida cotidiana, Certeau destaca a importância do caminhar como uma prática que produz o lugar. Para ele, o caminhar na cidade é "um processo de apropriação do sistema topográfico por parte do pedestre" (Certeau, 1974, v. 1, p. 97-98, tradução nossa)[103]. Nessa prática, evidencia-se o fundamento sensorial promovido pelo simples estar no mundo, pelo simples da vida cotidiana.

O pensamento de Michel de Certeau ecoa, também, na obra do filósofo Edward Casey (1996 *apud* Pink, 2008), especificamente na sua discussão sobre o lugar onde se dá a pesquisa de campo e a construção desse lugar como experiência, para o etnógrafo. Para Casey (1996), o lugar não é, simplesmente, uma dimensão análoga ao espaço. Influenciado por Merleau-Ponty (1945), ele entende que o lugar é equivalente ao "estar no mundo" da fenomenologia, ou seja, à percepção vivencial do mundo tal como ele se torna possível, para alguém, em determinada circunstância e em dado contexto.

---

[103] Como no original: "a process of appropriation of the topographical system on the part of the pedestrian".

Em nossa compreensão, o lugar não antecede o espaço, e o espaço não determina o lugar. Se existe o espaço da Feira do Guamá, também existem os múltiplos lugares, individuais e socialmente constituídos, produzidos na vivência da feira.

Casey (1996) sugere que o lugar pode ser percebido como evento, ou como processo. Especificamente, o autor entende que se deve levar em consideração que o lugar está em permanente transformação. Com base nele, Pink (2008, p. 3, tradução nossa) afirma que "a relação entre a construção do lugar e a caminhada urbana já está claramente estabelecida na literatura de ciências sociais"[104]. Essa autora procura perceber como as rotas urbanas são construídas, em termos de percepção, pelos indivíduos que as utilizam cotidianamente. Com essa disposição, ela pensa em termos de simultaneidade e paralelidade de percepção na compreensão das formas de produção dos sentidos de "lugar".

A ideia também está presente em Adler e Rodman (2003) e em Lee e Ingold (2006). Aqueles desenvolvem a ideia de multilocalidade, que implicaria perceber a multiplicidade dos pontos de vista, que contribui para a construção social do "lugar" (Adler; Rodman, 2003, p. 212). Lee e Ingold, por sua vez, destacam a necessidade de que os antropólogos passem a perceber o fenômeno da mobilidade e, por meio dele, as rotas tomadas pelos indivíduos: "andar por aí é fundamental para a prática cotidiana da vida social" (Lee; Ingold, 2006, p. 67, tradução nossa)[105]. Esses autores também sugerem que essa disposição é particularmente importante "para muito trabalho de campo antropológico" (Lee; Ingold, 2006, p. 67, tradução nossa)[106]. Além disso, observam que o ato geral e fundamental do ser humano da locomoção precisa ser levado em conta na pesquisa de campo, e que é fundamental que o antropólogo compreenda as rotas e as mobilidades dos indivíduos:

> O aspecto locomotor da caminhada permite a compreensão de locais criados por rotas. Um lugar percorrido é feito pela interação sempre em mudança entre a pessoa e o meio ambiente, na qual o movimento, feito com o corpo por inteiro, é importante não apenas como um ato de visão desde um ponto fixo. Ao caminhar, estamos em movimento, vendo

---

[104] Como no original: "the relationship between the making of place and urban walking is already clearly established in the social science literature".

[105] Como no original: "walking around is fundamental to the everyday practice of social life".

[106] Como no original: "to much anthropological fieldwork".

e sentindo uma rota à nossa frente e criando um caminho ao redor e depois de nós. Muitas vezes, podemos explorar um novo lugar de forma mais proveitosa caminhando a longo e em volta dele. Para o antropólogo, torna-se útil compreender as rotas e as mobilidades dos outros (Lee; Ingold, 2006, p. 68, tradução nossa)[107].

Efetivamente, a experiência de um campo etnográfico *"on foot"* sugere a valorização da percepção e da experiência sensorial. O "caminhar etnográfico" sugerido é, na verdade, uma prática verbal, tátil, auditiva, olfativa, visual — multissensorial, enfim. É como a respeito da proposição da etnografia *"on foot"*, de Lee e Ingold (2006), comenta Sara Pink (2008, p. 3, tradução nossa):

> [...] é claro que essas experiências e práticas não são simplesmente visuais; em vez disso, as suas visualidades estão inseridas em experiências e contextos multissensoriais e estão inextricavelmente ligadas ao uso de formas verbais, táteis e outras formas de comunicação.[108]

Essa perspectiva foi particularmente importante em meu trabalho, porque, desde o projeto de pesquisa com o qual entrei no doutorado do PPGA, eu já anunciava minha predisposição metodológica em realizar um campo na Feira do Guamá, por meio do ato de "fazer a feira", ou seja, andar, caminhar, ouvir, sentir, valorizando a percepção das sensações olfativas, visuais, sonoras, táteis permitidas pelo universo de uma feira. Exatamente como o não antropólogo, a pessoa que vai à feira para "fazer a feira", faz: buscando o melhor produto por meio dessa disposição, ou disponibilidade, sensorial.

Já em relação ao trabalho de Laplantine, cabe dizer, a princípio, que ele constitui uma fonte importante para os antropólogos norte-americanos que seguem a perspectiva da etnografia sensorial e que, embora com o nome de "antropologia modal", acaba propondo e realizando uma etnografia similar àquela.

---

[107] Como no original: "locomotive (or getting around) aspect of walking allows for an understanding of places being created by routes. A place walked through is made by the shifting interaction of person and environment, in which the movement of the whole body is important rather than just as act of vision outwards from a fixed point. In walking we are on the move, seeing and feeling a route ahead of us and creating a path around and after us. We can often explore a new place most fruitfully by walking through and around it. For the anthropologist, this in turn leads to the realization that we have to understand the routes and mobilities of others".

[108] Como no original: "of course these experiences and practices are not simply visual, rather the visuality of them is embedded in multisensorial experiences and contexts and is inextricably tied to the use of verbal, tactile and other forms of communication".

Com um trabalho de campo realizado entre o Brasil e o Japão, Laplantine procura explorar "tonalidades e intensidades rítmicas" da vida social, ou melhor, das diferentes maneiras de viver. Sua perspectiva central, em *Le social et le sensible: introduction à une anthropologie modale* (Laplantine, 2017), é que sensação e socialidade são dimensões da vida humana que precisam ser pensadas juntas.

Efetivamente, o que Laplantine chama de antropologia modal é uma oposição à antropologia estrutural, com o consequente abandono das perspectivas categoriais e classificatórias e com uma valorização do sensível e da experiência no mundo da vida cotidiana:

> Uma antropologia modal, que é, portanto, uma antropologia de modos, modificações e modulações, implica um modo de conhecimento (suscetível) capaz de dar conta da natureza dúctil e flexível da experiência sensorial.

> Pode ser qualificado como modal tudo o que foi rejeitado pela ordem dos logos (platônico, cristão, cartesiano) e culmina na lógica denotativa, lógica unívoca, uniforme, unilateral, monológica, monocultural, monolinguística, cuja principal preocupação é de definir, de colocar, por exemplo, legendas sob as imagens e de nos submeter a esta injunção: "escute", "olhe" (Laplantine, 2017, p. 187, tradução nossa)[109].

Rivière, a respeito da obra de Laplantine (2017), assim a descreve:

> [...] mudança significativa de temperatura, vulnerabilidade da pessoa sensível, sensibilidade a sons, odores, gostos e percepções, ele se interessa ao vivido (*erleben*) entre opacidade e transparência, presença e ausência (como na saudade) em vez da vida (*leben*) no sentido biológico. Nada estável, tudo flui (Rivière, 2006, p. 1, tradução nossa)[110].

---

[109] Como no original: "Une anthropologie modale, qui est donc une anthropologie des modes, des modifications et des modulations, implique un mode de connaissance susceptible de render en compte du caractère ductible et flexible de l'expérience sensible. Peut être qualifié de modal tout ce qui a été rejeté par l'ordre du logos (platonicien, chrétien, cartésien) et culmine dans la logique dénotative, logique univoque, uniforme, unilatérale, monologique, monoculturelle, monolinguistique dont le souci majeur est de définir, de mettre par exemple des légendes sous les images et de nous soumettre à cette injonction : 'écoute', 'regarde'".

[110] Como no original: "changement sensible de température, vulnérabilité de la personne sensible, sensibilité aux sons, odeurs, goûts et perceptions, il s'intéresse au vécu (*erleben*) entre opacité et transparence, présence et absence (comme dans la *saudade*) plutôt qu'à la vie (*leben*) au sens biologique. Rien de stable, tout s'écoule".

Para caracterizar a proposta do antropólogo francês como um ensaio filosófico que tem por objetivo demandar à antropologia que não omita, de sua perspectiva, a fluidez do sensível:

> A antropologia modal proposta por François Laplantine é um ensaio de caráter mais filosófico para sugerir não omitir, na apreensão inteligível do social, a fluidez do sensível, o emocional e corpóreo vivido dos indivíduos, as vibrações do movimento, as modificações em ato, incluindo as gêneses, maturações e declínios (Rivière, 2006, p. 1, tradução nossa)[III].

Com efeito, defensor dessa antropologia *mais sensível*, Laplantine (2017, p. 81-93) propõe a necessidade de pensar, em termos antropológicos, em uma "política do sensível", base para uma reorientação da nossa compreensão e maneira de entender a realidade.

À luz de Michel de Certeau e de François Laplantine, acreditamos que podemos sistematizar alguns dos elementos que compõem o núcleo teórico da etnografia sensorial. Anteriormente, relacionamos alguns desses elementos: a perspectiva transdisciplinar, a dinâmica interpretativa e fenomenológica, o apreço pelos suportes midiáticos e pela comunicação, notadamente os meios audiovisuais, são elementos centralmente presentes na etnografia sensorial — embora não ausentes da antropologia dos sentidos — e que a caracterizam.

Ernest Karel, antropólogo e artista sonoro, coordenador do *Sensory Ethnography Lab* (SEL) da Universidade de Harvard, com essa mesma perspectiva, diz o seguinte, a respeito da etnografia sensorial:

> A prática de fazer um trabalho de não ficção que sob os nomes antropologia da mídia ou etnografia sensorial baseia-se no entendimento de que o significado humano não emerge apenas da linguagem; ele se envolve com as maneiras pelas quais nossa experiência sensorial é pré ou não linguística e faz parte do nosso ser corporal no mundo. Ela tira proveito do fato de que a nossa consciência cognitiva — consciente, bem como inconsciente — consiste em múltiplos fios de significação, tecidos de fragmentos mutáveis de imagens, sensações e memória maleável. Trabalhos de

---

III Como no original: "L'anthropologie modale proposée par François Laplantine est un essai à caractère plutôt philosophique pour suggérer de ne pas omettre, dans l'appréhension intelligible du social, la fluidité du sensible, le vécu émotif et corporel des individus, les vibrations du mouvant, les modifications en acte y compris les genèses, maturations et déclins".

mídia sensorial são capazes de ecoar, refletir ou incorporar esses tipos de múltiplos fios simultâneos de significação (Karel, 2013, p. 1, tradução nossa)[112].

Por meio dessa posição, é possível perceber que um dos princípios da etnografia sensorial seria o de que a compreensão da linguagem é apenas um dos instrumentos de construção do sentido, pois, com ela, há toda uma plêiade de experiências sensórias pré ou não linguísticas que orienta o processo de percepção do mundo.

3.3 Aportes teóricos para uma percepção da feira enquanto forma

Essa nova postura de pensar, de aproximação ou de construção do objeto, como já falei, está ratificada com insistência no pensamento de Pink (2012) e Clifford (1991a; 1991b), este, por exemplo, quando observa que a prática etnográfica é essa "coisa artesanal, coisa ligada à prática da escritura" (Clifford, 1991a, p. 32, tradução nossa)[113], configurada como:

> [...] as seis maneiras seguintes: (1) pelo contexto (descrição dos significados sociais); (2) pela retórica (uso e desuso de convenções expressivas); (3) pela desinstitucionalização (contra tradições específicas, das disciplinas que acostumam o destinatário da mensagem); (4) pela generalização (uma vez que um etnógrafo, em geral, é fácil de descobrir entre um romancista ou entre simples viajantes); (5) pela politização (toda autoridade, todo autoritarismo cultural, que procura o discurso unidimensional, deve ser contestado); (6) pelo historicismo (é necessário conhecer a História para conseguir a cessação de lugares comuns) (Clifford, 1991a, p. 32-33, tradução nossa)[114].

---

[112] Como no original "The practice of making nonfiction work which goes under the names media anthropology or sensory ethnography is based on the understanding that human meaning does not emerge only from language; it engages with the ways in which our sensory experience is pre-or non-linguistic, and part of our bodily being in the world. It takes advantage of the fact that our cognitive awareness – conscious as well as unconscious – consists of multiple strands of signification, woven of shifting fragments of imagery, sensation and malleable memory. Works of sensory media are capable of echoing or reflecting or embodying these kinds of multiple simultaneous strands of signification".

[113] Como no original: "cosa artesanal, cosa apegada a la práctica de la escritura".

[114] Como no original, "... las seis maneras siguientes: (1) por el contexto (descripción de los significados sociales); (2) por la retórica (uso y desuso de las convencionalidades expresivas); (3) por la desinstitucionalización (en contra de las tradiciones específicas, de las disciplinas que acostumbran al receptor del mensaje); (4) por la generalización (pues un etnógrafo, por lo general, resulta fácil de descobrir entre un novelista o entre unos simples viajeros); (5) por la politización (toda autoridad, todo autoritarismo cultural, que pretenda la unidimensión del discurso, debe ser contestado); (6) por el historicismo (es necesario conocer la Historia para lograr el cese de los lugares comunes)".

Essa prática que procura fazer uma descrição exaustiva, levando em conta o maior número de elementos que envolvem os sujeitos observados, sob uma postura pós-moderna, ou seja, uma postura pós-moderna como aquela colocada por Stephen Tyler:

> Precisamente porque a etnografia pós-moderna privilegia o "discurso" sobre o "texto", apresenta o diálogo em oposição ao monólogo; e coloca uma ênfase maior na cooperação natural com o sujeito em estudo, situação que contrasta bastante com aquela em que o observador, o pesquisador, equipado com a ideologia, se toma como um observador científico transcendente (Tyler, 1991, p. 188, tradução nossa)[115].

Assim, a importância é colocada em uma atitude que possibilite a construção de uma pesquisa pactuada entre o pesquisador e o pesquisado, possibilidade que o método dialogal ou a polifonia — inerente ao processo cultural de qualquer sociedade — tome forma na pesquisa, "que uma forma emerge por si mesma impregnando o trabalho do etnógrafo e também a maneira de narrar do nativo com o que dialoga o pesquisador"[116] (Tyler, 1991, p. 190, tradução nossa).

Podemos compreender essa prática, ou melhor, essa postura, como uma cultura de pensar, como uma maneira de refletir sobre o objeto estudado — conforme os locais/referências nos quais o observador/pesquisador se encontra, que "indaga o lugar do pensamento no seu momento histórico" (Waizbort, 2000, p. 44) —, o lugar ideológico, político, cultural, entre outros tantos possíveis a serem mapeados, do pesquisador e do objeto. Portanto, uma cultura de pensar que não leva em consideração somente o objeto da pesquisa, mas também, tão importante quanto o objeto pesquisado, o pesquisador e o processo estabelecido entre ambos; uma cultura de pensar que não procura a verdade absoluta dos seres e das coisas, mas busca, na interação, a compreensão da vida, a compreensão do sentido das coisas, das relações, aquilo que dá coesão e unicidade às interações, sejam essas coisas,

---

[115] Como no original "Precisamente porque la etnografía postmoderna prima el 'discurso' sobre el "texto", presenta el diálogo como oposición al monólogo; y pone un énfasis mayor en la cooperación natural con el sujeto sometido a estudio, situación que contrasta grandemente con esa en la que el observador, el investigador, pertrechado de ideología, se toma por transcendente observador científico".

[116] Como no original: "que la forma emerja por sí misma impregnando el trabajo del etnógrafo y también la manera de narrar del nativo con el que dialoga el investigador".

esses sentidos, os mais díspares, sejam os mais distantes, para, assim, compreender as relações sociais.

Por essa perspectiva, a feira seria percebida em seu processo de construção diária de formas, por meio do qual o conhecimento não pode ser separado do seu resultado, ou seja, de seu conteúdo. Dessa maneira, partilhamos também do entendimento de Geertz:

> Por outro lado, em outro sentido, mais difícil ainda a articular, todas elas participam do lugar onde se encontram e da época onde elas florescem. E isso é tão verdadeiro do bazar marroquino como de qualquer outro. Como instituição social e, mais ainda, como um tipo econômico, ele compartilha semelhanças cruciais com o chinês, o haitiano, o indonésio, o iorubá, o indiano, o guatemalteco, o mexicano ou o egípcio — para nos atermos aos casos mais bem descritos. Mas, como expressão cultural, ele tem um caráter que lhe é próprio (Geertz, 2003, p. 79-80, tradução nossa)[117].

Desse modo também compreendemos a Feira do Guamá, com semelhanças a outras feiras e/ou mercados (ou ainda *souks* ou bazares), semelhanças essas que podemos perceber ao encontrarmos uma outra feira. Como exemplo dessas similitudes, observamos o encontro da oferta e da demanda de maneira utilitária (Geertz, 2003), o corpo a corpo para a realização dessa relação, mas com particularidades culturais entre si, ou seja, aquelas formas sociais construídas em seu seio, que transformam um mero consumidor em indivíduo com conexões pessoais e culturais específicas àquela forma.

Mas nos voltemos novamente a Simmel (2006); todos os elementos têm uma interligação, e nada pode ser observado separadamente. Observar determinado objeto seria observar, também, todo o seu entorno, todos os elementos que para ali são gestados e ali se conformam, para ali afluem ou dali confluem; e mesmo aquele que pareça o mais distante e o mais ínfimo pode, particularmente, alterar a conclusão e o andamento do processo de construção, seja da forma social, seja do conhecimento.

---

[117] Como no original: "Par ailleurs, en un autre sens, plus difficile encore à articuler, eles participent toutes du lieu où elles se trouvent et de l'époque où elles déploient. Et cela est aussi vrai du bazar marocain que de n'importe quel autre. Comme institution sociale, et, plus encore, comme type économique, il partage des ressemblances cruciales avec le chinois, l'haïtien, l'indonésien, le yoruba, l'indien, le guatémaltèque, le mexicain ou l'égyptien – pour s'en tenir à quelques-uns des cas les mieux décrits. Mais comme expression culturelle, il a un caractère qui lui est propre".

Outro fato importante para essa percepção simmeliana diz respeito à capacidade do pesquisador em se deixar estimular pelo objeto e se tornar capaz de se destituir, da melhor maneira possível, de qualquer visão preconcebida tanto do objeto quanto de seu entorno e de sua função — ou seja, de fazer uma *epoché*, uma redução do objeto a ele mesmo, à maneira como, em outro contexto filosófico, propõe a fenomenologia. Em síntese, significa ter a sensibilidade de perceber que o processo é uma forma de conteúdo e que ele faz parte da construção do objeto. Dessa maneira, não se deve tomar o resultado da pesquisa sem pensar no processo, evocando para ele um lugar de suporte do conteúdo. Dentro de uma percepção simmeliana, o processo ganha evidência e é tão importante quanto o objeto estudado na construção do conhecimento, pois o processo também é um conhecimento.

Essa maneira de pensar o objeto, ou seja, essa mesma postura do pesquisador diante do seu objeto de pesquisa, também está presente no pensamento de Sahlins (1997a), quando ele faz uma crítica ao conceito moderno e a certo pensamento pessimista pós-moderno de cultura, valendo-se das análises críticas dos trabalhos de Lederman, sobre os Mendi; de Hau'ofa, sobre os tonganeses e de Turner, sobre os Kayapó. Sahlins propõe uma abordagem da cultura estudada com base nessa postura pós-moderna que supera as grandes narrativas, sejam modernas, sejam pós-modernas, mas que sejam sensíveis às vozes dos estudados e que evidenciem o processo da pesquisa.

Quando projetamos esse referencial sobre o conjunto objeto-contexto forma-feira — a coesão social dos mercadores da Feira do Guamá, em Belém, em torno de valorações estéticas evidenciadas ou materializadas na cultura material presente na feira —, procuramos compreender a interação entre os frequentadores da feira e deles com seu entorno contextual, incluindo fregueses e fornecedores, como o fenômeno social fundamental observado, o fenômeno produtor das formas sobre as quais se estruturam os diversos conteúdos. Nesse sentido, o conteúdo *valoração estética* se produz por meio de formas sociais: a vivência comum, a troca de percepções, a interação quotidiana, o mero estar junto.

Observar os processos de interação presentes na feira seria refletir sobre a relação de todos os elementos que a compõem, que a envolvem, que a tocam de alguma forma, mesmo o mais ínfimo dos elementos, pois, como observa Waizbort, a propósito do pensamento de Simmel, "A 'forma' do procedimento vale tanto ou mais do que o 'conteúdo' a que se chega" (Waizbort, 2000, p. 21); ou seja, a forma do procedimento determina o resultado obtido. Somente com uma descrição exaustiva e densa, aquela já evocada no texto de Tyler (1991) e no de Geertz (1989) — que também acredito propor uma abordagem formista —, é que poderemos aproximar-nos do objeto em toda a sua complexidade, observando, para tanto, que precisamos considerar o conteúdo como o resultado parcial da pesquisa, destacando as escolhas que o pesquisador fez para compreender o seu objeto e considerando, ainda, que a dinâmica de destacar conteúdos dentre outros tantos possíveis está relacionada com sua forma de proceder, com suas escolhas e seus valores.

Podemos dizer que, em Simmel, forma social e socialidade[118] podem ser equivalentes, pois toda socialidade possui uma forma de se estar no mundo; essa forma estaria conjugada à determinada estética, ou seja, a uma forma de sentir junto, que ocorre em todos os campos da vida ininterruptamente, em contínuo processo de criação, sedimentação, desconstrução e reconstrução; formas que geram formas e conteúdos, que se retroalimentam continuamente.

Portanto, com base nas considerações apresentadas anteriormente, fazer uma interpretação das interações vivenciadas na Feira do Guamá, sob o paradigma pós-estruturalista, entendido como uma percepção processual das interações que lá ocorrem, evidenciando o lugar de quem fala e o lugar daquele de quem se fala, é fazer uma etnografia comprometida, colaborativa e participativa, que submerja na densidade da experiência de pesquisa. Observando e interpretando as relações que se tocam, que se encontram, estabelecidas em pontilhismos, como em uma pintura impressionista, em que cada ponto, cada universo pontual corrobora a construção de uma forma, o quadro (Maffesoli, 2006b), ocorrendo de formas múltiplas e concomitantes, podemos compreender as valorações estéticas ali encontradas. Essas relações ocorrem nos momentos das trocas, sobretudo das trocas simbólicas privilegiadas pelo *estar junto* — do riso, da fala, das posturas corporais, das expressões, entre outras tantas possíveis de serem abordadas —, e, acredito, são mais intensas do que as relações econômicas estabelecidas, ocorridas num a priori, no local.

---

[118] Socialidade, aquela que ocorre sistematicamente em uma sociedade, atingindo-a de maneira coletiva e coercitiva sobre o indivíduo, pautando indivíduo e sociedade, construída no quotidiano, no viver a vida, na sua experienciação (Simmel, 2006).

Dessa maneira, em nosso entendimento, a forma-feira, para além de ser essa formação cristalizada que se forma ou se opera na cabeça do pesquisador, também se conforma na cabeça de quem a isso lê; ela é uma forma social que lá está, conformada na cabeça de quem a vivencia, de quem vivencia o mundo da vida. Ela é também o que Godelier (2010a, 2010b) chama de *idéel,* que se concretiza no *matériel,* ou seja, ela está, ao mesmo tempo, idealizada no imaginário e se materializa, se concretiza, em forma. Esse vaivém entre o *idéel* e o *matériel,* que evoca Godelier (2010b), para falar do pensamento e da sua conformação em matéria, em concretude, é o que faz da feira uma forma viva.

Godelier (2010b, p. 168, tradução nossa) trabalha com duas hipóteses no seu livro *L'idéel et le matériel*: a primeira é a de que são "as ideias que movem o mundo, pois elas moldam as realidades sociais", elas estão na origem da concretude dessas sociedades; a segunda hipótese que acompanha a primeira observa que uma "sociedade não se reduz às ideias que seus sujeitos fazem dela", pois existe fora do pensamento, incrustado na materialidade, ou realidade, o peso da história, ou seja, o peso dos acontecimentos e das interpretações. Assim, quando seguimos o pensamento de Simmel (2006), observamos que Godelier (2010b)[119] ressalta que já existe uma forma social na qual o sujeito e o pensamento se moldam, e nessa interação ocorre também um novo amoldamento da forma. Há aí uma construção dialética na conformação da forma. Nessa perspectiva, poderíamos evocar a dialética como um conteúdo da forma.

Explico melhor: o homem, quando nasce, herda formas de estar junto na sociedade com a qual ele interage; e, ao interagir, integra-se. No entanto, a sua presença não é passiva no momento em que ele interage com esse mundo, ou seja, com as formas sociais que o entornam; ele já contribui para a alteração delas, e esse movimento é um fluxo contínuo e ininterrupto (Schutz, 2012).

Para o que nos interessa aqui, podemos observar, no pensamento de Godelier (2010a, 2010b), que ideia e materialidade se misturam e se imbricam, e é justamente isto que nos interessa: esse imbricamento, essa interação de conteúdos que conforma uma forma social. Certo, Godelier não fala de forma social, não aborda Simmel, mas encontro, no pensamento

---

[119] Godelier não utiliza o pensamento de Simmel na sua construção teórica, assim como não utiliza o termo nem o conceito de "forma social", presente em Simmel; no entanto, vemos em ambos a mesma construção de pensamento sobre o homem e o social.

de Godelier (2010a, 2010b), o germe da compreensão sobre a construção do social com base na compreensão de forma social. Tomamos partido do pensamento simmeliano de que a sociedade é uma abstração, pois, com Simmel, compreendemos que o que existe são as interações que conformam as formas sociais. Assim, procuramos escapar dos conceitos preestabelecidos e das amarras conceituais que, em nossa interpretação, impedem de ver e de deixar aflorar o objeto. Outra importante observação: Simmel não utiliza o termo "interação", mas partilhamos do entendimento de Quéré (1988) de que a origem do termo "interação" já está presente em Simmel, e é justamente essa compreensão de interação que tomamos neste trabalho[120].

Essa maneira de pensar e ver o objeto presente em Godelier fica mais clara quando esse autor afirma que a sociedade é um "sistema de relações entre os homens" (Godelier, 2010a, p. 171, tradução nossa)[121]. Isso significa que, apesar de Godelier (2010a) utilizar outro paradigma para desenvolver sua pesquisa sobre o social, encontramos similitudes nas percepções de ambos, que, mesmo sem o saberem, acreditamos, partilham do mesmo entendimento do que seria uma sociedade para Godelier (2010a) e do que seria uma forma social para Simmel (2006):

> [...] qualquer relação social, qualquer que seja, inclui uma parte *idéel*, uma parte de pensamento, de representações; essas representações não são apenas a forma que reveste essa relação para a consciência, mas fazem parte de seu conteúdo. É importante não confundir *idéelle* com ideal ou imaginário: todas as representações não se fazem presentes na consciência, como em um estalo, realidades que nascem antes deles, fora deles e sem eles. Longe de ser

---

[120] Como no original: "Pour Simmel, les notions de 'socialisation' et de 'forme de socialisation' appartiennent au concept d'action réciproque. Simmel ne parle pas encore d'interaction. Mais son concept d'action réciproque en est l'équivalent, car il signifie un 'se déterminer réciproquement'; c'est dans leurs relationset dans leurs rencontres que les individus trouvent les éléments en fonction desquels ils déterminent leurs actions et leurs conduites; plus exactement, celles-ci se déterminent réciproquement, s'ajustent les unes aux autres. C'est aussi dans leurs relations et leurs rencontres qu'ils acquièrent leur identité personnelle" ou "Para Simmel, os conceitos de 'socialização' e 'forma de socialização' pertencem ao conceito de ação recíproca. Simmel ainda não fala de interação. Mas seu conceito de ação recíproca o é equivalente, pois isso significa um 'se determinar reciprocamente'; é em seus relacionamentos e nos seus encontros que os indivíduos encontram elementos pelos quais eles determinam suas ações e comportamento; mais exatamente, eles se determinam recíprocamente, se ajustando uns aos outros. É também em seus relacionamentos e nos seus encontros que eles adquirem a sua identidade pessoal" (Quéré, 1988, p. 80, tradução nossa).

[121] Como no original: "système de rapports entre les hommes".

uma instância separada das relações sociais, de ser sua aparência, seu reflexo deformado-deformante na consciência social, eles são uma parte das relações sociais, logo que estas começam a se formar e elas são uma condição de sua formação. Mas se há o *idéel* em toda a realidade social, nem tudo é ideal neste real (Godelier, 2010a, p. 171-172, tradução nossa)[122].

Talvez pareça estranho utilizar Godelier para falar de forma social, mas mw pergunto: o que seriam as superestruturas, na interpretação de Godelier (2010b), senão as formas sociais em Simmel? As abordagens são diferentes, se comparadas; entretanto, ambos são ocidentais e procuram falar de suas experiências em observando sociedades, e talvez essa ocidentalidade se evidencie na construção do pensamento de ambos, assim como em suas discursividades.

Fazendo uma referência ao pensamento de Godelier (2010b) sobre os conceitos que Marx utiliza de *Überbau* e *Grundlage*[123], podemos dizer que o homem não vive nas infraestruturas da feira, mas, sim, na sua superestrutura, e que esta está povoada de sentidos que se evidenciam na cultura material e imaterial, ou, ainda, se evidenciam nas interações, nas formas de sociação ou nas superestruturas, as quais Godelier (2010b) observa de sua interpretação de Marx.

Isso considerado, indago sobre como seria abordar a feira, o gosto presente na feira, meu objeto de pesquisa, por essa perspectiva formista. Para fazê-lo, recorro também ao pensamento de Bourriaud[124], que acompanha o pensamento de Maffesoli (2005) e de Simmel (2006), para tratar a feira enquanto forma.

---

[122] Como no original: "[...] que tout rapport social, quel qu'il soit, inclut une part idéelle, une part de pensée, de représentations ; ces répresentations ne sont pas seulement la forme que revêt ce rapport pour la conscience, mais font partie de son contenu. I ne faut pas confondre idéelle avec idéale ou imaginaire : toutes les représentations ne viennent pas rendre présentes à la conscience, comme après coup, des réalités qui seraient nées avant elles, hors d'elles et sans elles. Loin d'être une instance séparée des rapports sociaux, d'être leurs apparence, leur reflet déformé-déformant dans la conscience sociale, elles sont une part des rapports sociaux dès que ceux-ci commencent à se former et elles sont une des conditions de leur formation. Mais s'il y a de l'idéel dans tout le réel social, tout n'est pas idéel dans ce réel".

[123] Segundo Godelier — pois o que nos interessa aqui é a interpretação que Godelier faz de Marx —, *Überbau* é a construção, o edifício que se eleva sobre suas fundações, o *Grundlage* (Godelier, 2010b, p. 16).

[124] No entanto, convém observar que Bourriaud critica o pensamento de Maffesoli sobre Simmel. Não convém aos fins deste trabalho entrar nessa questão; o que nos interessa aqui é a confluência e a construção do pensamento simmeliano nos dois autores.

Segundo Bourriaud (2009, p. 26), ao tratar a questão da arte e das exposições artísticas, a *forma* é uma "unidade coerente, uma estrutura (entidade autônoma de dependências internas) que apresenta as características de um mundo"; ora, um mundo não é algo simples, qualquer mundo existe com sua complexidade, e é esta que o faz mundo. Uma forma é, segundo Bourriaud, um encontro fortuito que se torna duradouro. Maffesoli (1990) coloca que a *forma* exprime a pluralidade e a intensidade de uma existência, de um mundo, e que só por meio dela a vida pode existir. Ou seja, a forma, interação pura que se dá a ver, que se concretiza justamente por ser a própria interação, é o que faz da vida a própria vida. Sem interação, não há nenhuma percepção. Nesses termos, só se percebe porque se interage.

Assim, entendemos que a *forma*, segundo Maffesoli (2005, p. 87-88), dá sentido à vida. Ela engendra a unicidade, aquilo que dá coesão às coisas — *a liga* de Bourriaud (2009) —, mesmo às coisas mais contraditórias, pois são essas coisas que conformam uma forma social, uma forma de estar junto:

> O formismo [expressão filosófica da forma], ao contrário, mantém juntos todos os contraditórios, favorecendo assim um sentido que se esgota em atos, que não se projeta, que se vive no jogo das aparências, na eflorescência das imagens, na valorização dos corpos (Maffesoli, 2005, p. 86).

A possibilidade de pensar a feira como uma *forma* não apenas abre múltiplas possibilidades de compreensão da própria feira, mas também nos possibilita colocar em evidência as múltiplas *formas* que se formam nesse interstício que, também, é a feira. "[...] sendo elas [as formas] a causa e o efeito dessa cultura dos sentimentos da qual estamos medindo o impacto" (Maffesoli, 2005, p. 86). Ela é a causa e o efeito porque é ela, a forma, aquilo que percebemos, é ela que vivenciamos e é ela que sentimos e experienciamos no quotidiano. A feira é o espaço por excelência, onde múltiplos sentidos se formam, e lá "são postos à prova e vividos à medida que vão surgindo" (Maffesoli, 2005, p. 86, 14). Somente assim, acredito, por meio da forma, podemos colocar em evidência os fenômenos do gosto, ou estéticos, ou de qualquer ordem, que caracterizam o gosto em uma sociedade na pós-modernidade.

Ora, ainda que uma feira, não importa qual ela seja, materialmente falando, não tenha surgido de um encontro fortuito — inesperado, ou provindo de uma colisão; ao contrário, nascido da necessidade expressa de um encontro, de uma troca, sua formação e os elementos que a sustentam e que, ao mesmo tempo, são sustentados por ela —, o feirante, a freguesia, suas barracas, seus boxes, ambulantes, camelôs etc. reverberam nesse espaço, provocando "encontros fortuitos", gerando sentidos sem fim, emuladores de *formas*, gestando um mundo em si, na própria feira e no seu entorno. Assim, a feira nasce do encontro, algumas vezes provocado, algumas vezes espontâneo e fortuito. É o encontro que a sustenta e a conforma e, assim conformada, tornou-se, no tempo e no espaço, duradoura. Duradoura, porque imanentiza sensações, temporaliza sensações, provocando um presenteísmo eternizado no momento (Maffesoli, 2005). Ela é duradoura somente no encontro, no toque, este, fugaz e fortuito. Os elementos que a constituem, melhor, que a conformam, agregaram-se numa *forma*. Entre eles existe uma liga que os mantém unidos, que faz com que tenham sentido entre si, mesmo os elementos mais díspares, os mais dissonantes e os mais opostos. E é a forma que possibilita um equilíbrio sinestésico entre os elementos que a conformam. É por meio dela que percebemos e sentimos o mundo que nos entorna. Esse equilíbrio advém de uma equação subjetiva dos elementos percebidos, ou melhor, sentidos ou intuídos pelos indivíduos que compõem a forma-feira.

Portanto, procuro analisar esse local, a feira, de acordo com critérios estéticos desenvolvidos tanto por Maffesoli como por Bourriaud, ao utilizarem o conceito de forma em suas pesquisas. Em Maffesoli, no que tange às socialidades, onde quer que elas ocorram; em Bourriaud, ao tratar a arte e as exposições artísticas. Segundo Bourriaud, a *forma* é uma "Unidade estrutural que imita um mundo. A prática artística consiste em criar uma forma capaz de 'durar', fazendo com que entidades heterogêneas se encontrem num plano coerente para produzir uma relação com o mundo" (Bourriaud, 2009, p. 149).

Pensando na feira enquanto forma, compreendendo-a como um local que só se conforma a partir das relações humanas, pode-se dizer que, sem essas relações, a feira não existe, e a forma que a conforma também não. Não existe feira sem interação humana, e toda interação humana gera uma forma, uma forma de estar junto. Essa forma advém de uma sociação, de determinada sociação — de sentimentos específicos e sentir-se de estar socializando (Simmel, 2006, p. 64), e não qualquer uma sociação. Portanto, essa sociação, que são formas de estar junto, também pode ser percebida a partir dos elementos estéticos que a compõem.

Esses elementos estéticos são tanto endógenos como exógenos, ou seja, alguns são trazidos para ela, e nela interagem, e outros são gerados na própria feira e com base nela. Esses elementos caracterizam um gosto, ou melhor, concretizam um gosto que se constrói, que se consolida e se transubstancializa na interação; e só em interação ele existe.

Essa forma é o resultado das relações humanas estabelecidas na feira; são efeitos e, consequentemente, causa; dela e nela emanam desejos e necessidades que se materializam, que se concretizam por meio dos elementos resultantes e conformadores das interações, como as formas de vestir, de falar, as expressões corporais, performances, a cultura material presente na feira. Assim, materialmente, podemos identificar alguns elementos que a compõem: seus boxes, camelôs, ambulantes, carros, espaços de circulações, seu tráfego, suas ruas, além, e principalmente, de suas formas de falar, de risos, de estar, de sonoridades, de adereços, de posturas de seus frequentadores — feirantes, passantes, comerciantes, freguesia, seus bêbados, loucos e frequentadores de toda ordem.

Valendo-nos de uma análise não epistêmica, mas fenomenológica, dessa forma social — ou seja, de uma análise que pretende escavar para conhecer as camadas de sentido que estão presentes na feira e que a conformam como tal —, é que podemos estabelecer as relações que ocorrem entre os elementos na feira, de maneira que um elemento não seja percebido de forma isolada, mas, sim, dentro de sua relação com os demais, compreendendo não somente o valor simbólico da cultura material que a conforma, mas percebendo nesses elementos os valores estéticos das interações que constituem a feira.

Seguindo essa compreensão de forma, podemos pensar e observar como na feira se gera e se reverbera uma forma própria de estar junto, uma socialidade própria àquele universo. A feira é o resultado de uma experiência coletiva viva, que deriva da sincronicidade de seus elementos, por mais distantes e díspares que eles possam ser. Por outro lado, isso gera um diacronismo que conforma aquela forma como tal, mas, e que, ao mesmo tempo, a mantém em seu dinamismo. Ela só é aquilo que é, e só possui aquela forma, devido à relação estabelecida entre seus elementos e conteúdos que se revigoram e renovam no processo interativo.

Notamos que Bourriaud (2009, p. 134) observa que a estética é um arranjo maleável capaz de funcionar em vários níveis e em todos os planos da experiência humana. Essa estética maleável que conforma uma forma, no nosso caso a feira, só assim pode, enquanto forma, ser entendida. E isso devido ao sentimento de *religare* (ligação) — termo que Maffesoli (2000a) usa para também falar da estética como um sentir junto — presente em seus elementos constituintes: os indivíduos e as relações que eles estabelecem entre si e entre os demais elementos, ou, dizendo de outra forma, entre a cultura material e imaterial ali existente — os objetos de toda sorte, os sentimentos e as sensações — e os elementos materiais e imateriais que compõem a feira.

Desse modo, a feira enquanto forma é, também, uma forma-interstício (Bourriaud, 2009), ou seja, uma unidade estrutural que conforma um mundo, geradora — mas também fruto — de encontros fortuitos, que nasce como uma forma potencial, com a potencialidade de gerar diversas outras formas em seu interior. Ela possui uma estética relacional, uma estética que se forma da materialização desse encontro — essa materialização está presente na cultura material ali gerada e para lá levada e reverberada, que acaba por gerar e conformar a própria feira —, das relações que a fomentam, que a geram, mas também que lá reverberam, que nascem, morrem e renascem em seu seio; uma estética relacional que conforma formas, formas de estar junto, formas de socialidades ou formas sociais.

3.4 A feira, uma forma pré e antimoderna

A feira não se compõe como espaço moderno, pois ela não se restringe às possibilidades das relações humanas. Estas, na feira, se mantêm gerando múltiplas formas de relações humanas de gênero, classes e sentidos, possibilitando os espaços sinestésicos. Desse modo, a feira é um espaço pré-moderno, ou melhor, hoje, pós-moderno, porque na feira encontramos o paradoxo próprio da vida, vivida, experienciada, sentida; e essa vida que se concretiza, que toma forma na forma, é polissêmica por excelência. Aqui compreendemos a pós-modernidade tal como Maffesoli (2000a): como uma recuperação das dinâmicas arcaicas.

A temporalidade da feira rompe com o paradigma moderno de tempo. Sua estrutura temporal é atemporal, mantendo-se da mesma forma, assim como ela sustenta a temporalidade das relações humanas estabelecidas em seu seio.

Para a compreensão de uma sociedade, de uma comunidade ou de qualquer forma social realizada, a feira é o local privilegiado, pois nela e em torno dela reverberam as potencialidades de um estar junto que é, ao mesmo tempo, o da casa — enquanto um segundo lar — e o da rua.

Na feira, nessa intersecção entre o privado e o público, os modelos de socialidades ali presentes são perenes e fluídos simultaneamente, estabelecidos numa temporalidade do instante, no momento, e, portanto, formam-se de modo pontual. Utilizo-me desse conceito de socialidade em Simmel (1999), o qual se alarga em Maffesoli (1990, 2000a), para compreender os processos de formação do vínculo interpessoal que ocorre na feira. Essa socialidade maffesoliana se desenrola em uma relação dionisíaca — ou seja, em uma relação em que a razão pura não predomina, mas, sim, a sensação, a sinestesia, a emoção, ou melhor, outra razão que a razão cartesiana desconhece ou teima em não considerar —, que está presente nas relações humanas, por meio da qual a sensação, o universo emocional, se sobrepõe à racionalidade cartesiana e positivista. O que caracteriza essa socialidade da qual falamos seriam "essas relações táteis, por sedimentações sucessivas, não deixam de criar uma atmosfera especial; o que eu chamei de união em pontilhada"[125] (Maffesoli, 2005, p. 132, tradução nossa). É uma união que se espalha, que não segue uma só direção e que, no seu espalhar-se, conforma uma forma de estar junto. Uma metáfora cabível a essa imagem é a pintura impressionista, e mais especialmente o pontilhismo de Seurat, forma pictural conformada por minúsculas pinceladas em forma de pontos que corroboram uma imagem, ou uma forma pictural em seu todo e a distância, ou seja, na superfície dada a ser observada[126].

São relações que se tocam, que se encontram, estabelecidas em pontilhado uma com as outras, dando-se de formas múltiplas e concomitantes. Essas relações ocorrem nos momentos das trocas, sobretudo das trocas simbólicas privilegiadas pelo *estar junto* — do riso, da fala, das posturas corporais, das expressões, entre outras tantas possíveis a serem abordadas —, e, acredito, são mais intensas do que as relações econômicas estabelecidas determinam, num a priori, no local.

---

[125] Como no original: "[...] ces rapports tactiles, par sédimentations successives, ne manquent pas de créer une ambience special; ce que j'ai appelé une union en pointille".

[126] SEURAT, Georges. *Le cirque*: peinture, tableau, huile sur toile, H. 1.86; L. 1.52 m. - Dim. avec cadre: H. 2,320 ; L. 1,985 m. Paris, 1859; 1891; 2010. Entre outras realizadas pelo pintor (cf. Musée d'Orsay). Disponível em: http://www.musee-orsay.fr/fr/collections/oeuvres-commentees/recherche/commentaire_id/cirque-7090. html. Acesso em: 9 jun. 2016.

A feira se coloca como um espaço pré-moderno, porque sua essência, constituída de troca, num a priori econômico, mas fundamentalmente simbólico, está na base de sua criação. Como coloca Simon:

> Loin d'être des faits naturels, les marchés sont le fruit d'évolutions sociales et historiques complexes qui mettent aux prises des acteurs multiples, porteurs d'intérêts particuliers : en ce sens ils constituent des constructions sociales et politiques qui participent du monde artificiel (Simon, 2004 *apud* Coriat; Weinstein, 2005, p. 1).

No entanto, a troca simbólica é intrínseca à sua constituição e assim também a mantém e a sustenta, pois a feira surgiu do encontro dos homens e da necessidade de se estabelecerem relações. Importante aqui observar que o valor que conferimos ao simbólico segue o pensamento de Godelier (2010a), que coloca que o imaginário tem o primado sobre o simbólico[127]; no entanto, é o simbólico que concretiza o imaginário e possibilita que ele seja partilhado. É o simbólico que transforma o imaginário em relação social real, pois é ele que, repito, dá concretude ao imaginário. Portanto, esse resultado, da relação entre imaginário e simbólico[128], não concerne apenas ao simbólico, mas, sobretudo, à relação que se estabelece entre imaginário e simbólico na construção da relação social (Castro, 2016; Godelier 2010a, 2010b).

Seja na Antiguidade, seja no mundo medievo, ou no que entendemos como Modernidade e na Contemporaneidade, a feira permanece como encontro, como espaço de troca, a priori, troca econômica, mas, sobretudo, trocas simbólicas geradas no imaginário de quem a vivencia. As relações que a sustentam, não importa a temporalidade, aí estão presentes. Ela *é* a mesma forma desde sua origem. Uma forma que nasce da necessidade da troca; trocas, a priori materiais, como já coloquei, trocas econômicas, mas trocas fundamentalmente simbólicas.

A feira que hoje conhecemos, na sua materialidade, nas suas relações de trocas, nos processos de sociação, é o lugar que pouco ou nada se reinventou desde suas primeiras referências, guardando e mantendo as relações humanas e sociais estabelecidas em seu seio (Castro, 2013). Essa forma permanece perene, pois, se sua aparência se modifica, seu interstício permanece. A feira se configura nesse espaço onde ocorrem

---

[127] A concepção de Godelier (2010a) sobre a relação de imaginário e simbólico é clara. Segundo o próprio autor, diferentemente do pensamento de Lévi-Strauss, é o imaginário que detém a primazia sobre o simbólico (Castro, 2016).

[128] Essa relação é mais bem discutida no livro *L'idéel et le matériel* (2010), do mesmo autor.

relações humanas; ela é, de acordo com Marx, um espaço que "sugere outras possibilidades de troca além das vigentes nesse sistema" (Marx, 1845 *apud* Bourriaud, 2009, p. 23-24).

Ela é antimoderna, porque manteve e mantém, historicamente, as zonas e as maneiras de comunicação, o local duradouro, o boca a boca, o face a face, não permitindo que a modernidade a rompesse e mesmo pouco a alterasse. Vedana (2004, 2008), Gonçalves e Abdala (2013), Castro (2013), Castro e Castro (2016), Silva e Rodrigues (2014), Souza e Rodrigues (2014) e Santos e Leitão (2014) já observaram que há certa trivialidade nas formas de sociação estabelecidas nas feiras. Como dizem Gonçalves e Abdala (2013, p. 4), "esta modalidade de comércio prima sempre pela pessoalidade nas relações". Leitão (2010), a propósito do mercado do Ver--o-Peso, observa nessas formas de socialidades, que as feiras conformam redes que ajustam as assimetrias presentes nas relações.

A feira promove e sustenta o contexto social, abrindo e mantendo, ao contrário dos demais espaços presentes na modernidade, as possibilidades das relações humanas. Nela, as sociações nascem e se reverberam, abrindo em potencialidades as relações humanas.

3.5 A forma feira como geradora de formas

A feira se torna geradora de formas porque ela promove o encontro: o encontro fortuito que se transforma em duradouro. Ela também promove a liga que une os elementos partícipes desse encontro fortuito, gerando um novo estar junto, um novo universo estético, uma nova forma, relacional, pois ela só existe como fruto da relação entre dois ou mais elementos. A feira promove momentos de subjetividade ligados às experiências peculiares em seu universo, marcados por elementos originários e pertencentes à feira (Bourriaud, 2005, p. 27).

Os elementos peculiares e pertencentes à feira que participam dessa conformação são, como falei, seus boxes, os camelôs que lá se instalaram, os vendedores ambulantes, as ruas que materialmente instalam a feira, o cruzamento da Av. José Bonifácio com a Av. Barão de Igarapé-Miri, os carros e ônibus que atravessam esse contexto, conformando um tráfego particular, assim como motos, bicicletas, carroças puxadas por cavalos ou burros, pedestres, espaços de circulação entre carros, boxes, barracas, calçadas, corredores para pedestres entre barracas e demais vendedores, além, e principalmente, de formas de falar, expressões faciais e corporais, formas de risos, formas de estar, sonoridades, posturas de seus frequentadores, entre eles feirantes, passantes, comerciantes, freguesia, seus bêbados e loucos, e frequentadores de toda ordem.

Esses elementos dialogam uns com os outros, se encontram, se colidem, se tocam. É nesse local que se conforma a *forma* — pois nasce do encontro aleatório, provocando um encontro fortuito, duradouro, como apontei —, que também é interstício. Interstício, porque a feira, sendo um espaço onde as relações humanas se produzem e reproduzem, dá origem, assim, a diversas formas de estar junto; é o espaço onde são gestadas e geradas continuamente novas formas, advindas de encontros sem fim, encontros permanentes, encontros fortuitos, encontros infinitos que ocorrem simultaneamente e indefinidamente. E é aí, nessa forma-interstício, em que podemos encontrar *formas* estéticas evocadoras de reciprocidades, como a relação de freguesia: "O açougueiro, o alfaiate, o vendedor de lã e o encarregado do café estão vinculados a seus clientes regulares com termos absolutamente equivalentes e reversíveis" (Geertz, 2003, p. 181, tradução nossa)[129], ou seja, em uma relação simétrica, de igualdade, mas, muitas vezes, antagônicas e competitivas, ou, senão, evocadoras de elementos capazes de produzir reciprocidades dentro de uma perspectiva simmeliana, pois a relação feirante-freguês é uma relação que se apoia em uma forma social já presente na feira, uma forma que funciona baseada em uma relação de trocas equiparadas, portanto recíprocas (Mauss, 2003; Sabourin, 2008; Simmel, 1999, 2006).

3.5.1 Forma social e intersubjetividade

A forma pertence ao reino da impessoalidade, é a experiência intersubjetiva pura. Ela significa repetição, tipificação, estandardização, independentemente da subjetividade de cada indivíduo, mas depende da intersubjetividade construída por todos. As normas são intersubjetivamente válidas. É a forma social que insere a pessoa à intersubjetividade; socialmente, tal coisa só é possível dentro de um leque de possibilidades, e esse leque se configura, se molda ou está presente na intersubjetividade.

Nesse sentido, a ideia de sociação, abordada em Simmel, possui dois planos. O primeiro plano pode ser compreendido como o de agregação de pessoas, aquelas colocadas em relação. Esse primeiro plano é básico

---

[129] Como no original: "Le boucher, le tailleur, le vendeur de laine et le tenancier de café sont liés à leurs clientes réguliers en des termes absolument equivalente et réversibles".

e fundamental... Em outro plano está a estilização, ou seja, quando não se trata apenas da forma, mas da forma numa dinâmica de estilização...

No contexto da Feira do Guamá, quando Fátima vai até Seu Ed, seu companheiro, pegar dinheiro, e faz isso ali na feira, no seu local de trabalho, na frente de todos, Seu Rai, que está próximo de Seu Ed, participa da cena. Para o desconcerto de Seu Ed, que sorri sem graça, Seu Rai começa a zombar em voz alta e a bater com o terçado no ferro da barraca. Imediatamente se inicia uma orquestra de vozes, no mesmo tom de "Aeeeeeehhhhhhhhhhhh", acompanhada das batidas repetidas e sincopadas dos facões e terçados no ferro das barracas, os quais formam uma orquestra composta, não mais por um "barulho", como apontei anteriormente, mas por uma confor-mação, uma forma dentro de uma forma social, comunicativa, que todos ali compreendem. Quem mesmo não sabe o porquê exato da brincadeira entra nela e imita os demais, sabendo que estão "zoando" de alguém. Risos e gargalhadas acompanham o coro, feito de vozes e batidas metálicas, e espalham-se naquele ambiente.

Quando falamos de coesão e de unicidade, não estamos afirmando que isso surge de uma homogeneização dos elementos que interagem, nem mesmo que esses elementos, ao interagirem, possam encontrar uma harmonia idílica que evoca paz ou serenidade, sem animosidades. Não. Quando falamos de coesão, além de evocarmos uma possível harmonia citada anteriormente, evocamos as incoerências que conformam uma forma de estar junto; evocamos a desarmonia, a diferença, a discrepância, os embates e as forças contraditórias, que, também, conformam a sociação da qual falamos. A unicidade é a socialidade formada pelo "igual" e pelo "diferente", conformada pela simpatia e pela antipatia, pelos embates e pelas disputas de toda ordem. É da ordem do vivido. E, na ordem do vivido, a reciprocidade é fundamental na conformação do fenômeno de sociação, visto que a sociabilidade, quando desvencilhada das realida-des da vida social e do mero processo de sociação, é uma "'forma lúdica de sociação e – *mutatis mutandis*' – algo cuja concretude determinada se comporta da mesma maneira como a obra de arte se relaciona com a realidade" (Simmel, 2006, p. 65); e, no universo do lúdico, é a interação recíproca que mantém os vínculos; é o dar e receber que mantêm a ação recíproca e o sentimento de partilhar algo. A reciprocidade é fundamental na formação de todo fenômeno de sociação.

Quéré (1988) dialoga com a noção de "ato de configuração", de Ricoeur (2011); para dialogar com Simmel (2006). O conceito de *mise-en-intrigue* (Ricoeur, 2011) — colocar em intriga —, estabelece um nexo, é um conceito inicial que remete ao núcleo comunicacional de toda narrativa, qualquer uma, é uma *mise-en-intrigue*, é o nexo que se estabelece entre as pessoas. Com base no "colocar em intriga", ele trabalha a ideia de ato de configuração. Esse pensamento estaria presente em Schutz (2012), quando observa que, ao tipificar, nós enquadramos determinada ideia em um nexo explicativo, enquadramos determinada forma de se associar a uma pessoa. A forma social, segundo Ricoeur (2011), quando ela começa a existir, pelo impulso vital do ser humano, pela intriga — intriga como ato comunicacional puro, ato de conferir um nexo entre uma coisa e outra. Ato de configuração é o que liga... intriga no sentido de fazer a ligação.

3.6 O referencial formista em Simmel, Maffesoli e Quéré

Essas interações da qual falamos foram, e ainda são, geradas a partir de um sentir junto, de experiências comuns, de sensações, de emoções de vida de toda ordem, que ganham sentido quando vividas, experienciadas e partilhadas. Procuramos encontrar e perceber esse sentir junto inserido em uma temporalidade específica — da duração de nossa pesquisa — que conforma determinada forma social e, dessa maneira, produz uma estética específica, estética essa aqui entendida, à luz do pensamento de Maffesoli (1990, 2000a), como aquela que resulta de um sentir junto, de uma vivência partilhada que se traduz em formas de estar junto, ou seja, em uma forma social.

A noção de forma social, em Simmel (2006, p. 60), surge em razão da compreensão do fenômeno de sociação, a qual corresponde ao processo geral de interação, efetiva ou potencial, entre os indivíduos; a forma social equivale ao tecido já constituído que permite essas sociações, ou seja, o surgimento de novas formas sociais. Para Simmel, a sociedade não existe em si mesma: o que existe são os resultados das ações recíprocas que conformam uma forma de estar no mundo. Ou seja, o que existe é a relação que os homens estabelecem entre si e com o mundo, é a interação, ou sociação.

Esses conceitos permeiam a obra de Simmel e constituem a base de sua interpretação dos fenômenos sociais:

> [...] a forma (que se realiza de inúmeras maneiras distintas) na qual os indivíduos, em razão de seus interesses – sensoriais, ideais, momentâneos, duradouros, conscientes, inconscientes, movidos pela causalidade ou teleologicamente determinados –, se desenvolvem conjuntamente em direção a uma unidade no seio da qual esses interesses se realizam. Esses interesses, sejam eles sensoriais, ideais, momentâneos, duradouros, conscientes, inconscientes, casuais ou teológicos, formam a base da sociedade humana (Simmel, 2006, p. 61).

Assim, a sociação está presente em toda relação social e mesmo entre aqueles sujeitos que não se conhecem ou nem mesmo possuem um contato, pois há uma pactuação, de alguma maneira, visível ou invisível, entre os sujeitos para que eles possam entender-se e partilhar as vivências no mundo.

O que Simmel define como uma sociologia formal é a análise das formas de socialização que os homens implementam, ou seja, é análise das interações, das relações sociais em termos de *Formung*, isto é, em termos de uma modelagem que resulta em, mas ao mesmo tempo provoca, operações entre os elementos sociais, "de sua morfogênese em vez de sua morfologia"[130], como diz Quéré (1988, p. 78, tradução nossa), a respeito de Simmel.

O próprio Simmel esclarece, ao explicitar o resultado da sociação, que ela:

> [...] é feita e refeita constantemente, e ela se refaz novamente entre os homens em um eterno fluxo e ebulição que liga os indivíduos, mesmo lá onde ela não alcança as formas de organização características. Os homens olham-se um para o outro, eles sentem invejas mútuas, eles se escrevem cartas e almoçam juntos; sentem simpatias e antipatias para além de todo interesse tangível; do mesmo modo o reconhecimento por um ato altruísta cria links infalíveis; [...] eles se vestem e se adornam para os outros: essas milhares de relações de pessoa para pessoa, temporárias ou duráveis, conscientes ou inconscientes, superficiais ou ricas de consequências [...] ligam constantemente uns aos outros (Simmel, 1981, p. 90).

---

[130] Como no original: "bref de leur morphogénèse plutôt que de leur morphologie".

Desse modo, é importante observarmos que a forma é constituída não somente por elementos simpáticos e pares, mas, sobretudo, pelos diferentes e pelas diferenças de composições. Uma forma não é homogênea, pois ela retrata uma experiência coletiva, uma experiência viva do estar junto, portanto ela é múltipla, complexa e, assim, heterogênea. Ela resulta de determinada sincronicidade — ainda que os elementos, os conteúdos e os movimentos que ela contém em si não sejam sincrônicos, porém ela espelha o diacronismo das relações sociais em seu dinamismo, e esse refletir ou espelhar evoca uma sincronicidade que permite que a forma tome fôrma:

> A forma simmeliana é tanto uma "configuração cristalizada", com uma lógica imanente, que precede e constrange a ação recíproca; mas, por outro lado, é o resultado de uma operação, à medida que prossegue de um processo de moldagem das interações (Quéré, 1988, p. 80, tradução nossa).

Assim, a forma pode ser pensada como uma construção social, numa lógica imanente de construção da adaptação do indivíduo a uma fôrma, que contribui para permitir e consolidar a compreensão e, assim, o vínculo social. A forma herda uma fôrma circunstancializada, mas esta é alterada continuamente por uma lógica local, por um novo fenômeno exógeno ou endógeno que ocorre em seu interior. A forma, assim como as interações, resulta dos ajustes recíprocos para organizar o percurso de uma ação. Sendo a forma social o resultado das interações, esse resultado pode ou não ser perene, mas não é fixo nem estável, e, ao mesmo tempo que ela é geradora de interações, ela é o resultado destas mesmas.

A forma, sendo o que liga, o que vincula os elementos de uma interação, é o princípio interno, e não simplesmente uma reprodução na sua realidade imanente, pois na relação se conforma novamente aquela ou uma nova forma. Na reprodução da forma social, no momento em que os elementos que conformam uma forma produzem interações, e nessa produção cada fenômeno é circunstancial, portanto novo, esse fenômeno, novo naquele novo contexto, passa a pré-moldar uma nova forma social, uma nova maneira de estar junto, uma nova forma advinda de outra forma.

A forma não é algo estático e perene, não é algo homogêneo e exaurível; por isso, podemos evocar as assimetrias que configuram e estão presentes na conformação da forma, observando que as relações humanas se engajam em um grande esforço de pactuação e de convencimento.

Entre os autores que contribuíram para a construção de nosso entendimento de forma em Simmel (2006), apontamos como os mais significativos: Maffesoli (2000a; 2000b, 2005), Quéré (1988), Vandenberghe (2005), Waizbort (2000) e Castro (2013). À luz desses autores, construímos nossa compreensão e nossa interpretação do que seria o conceito de forma social.

Compreendemos o pensamento simmeliano como aquele pensamento maleável e flexível que, na construção reflexiva e empírica do objeto, procura adaptar-se às necessidades impostas por ele, tal como coloca Waizbort: "Essa liberdade é flexibilidade, maleabilidade, plasticidade, 'ausência de preconceitos, possibilidades dos mais díspares conteúdos" (Waizbort, 2000, p. 23-24). É dessa forma que entendemos o pensamento de Simmel como um pensamento aberto ao que encontrará, sem os preconceitos ou prejulgamentos que impedem uma abordagem aberta do objeto, fazendo com que o objeto se mostre da maneira mais expressiva, expansiva e completa possível; uma abordagem que procura encontrar o objeto na sua amplitude e complexidade, deixando-nos percebê-lo, escutá-lo, senti-lo, para melhor captá-lo, cerzi-lo e evidenciá-lo.

Assim, compreendemos que o pensamento, já na construção do objeto a ser pesquisado, reflete uma postura do pesquisador, que, ao pensar o objeto, ainda que de maneira não consciente, "indaga o lugar do pensamento no seu momento histórico" (Waizbort, 2000, p. 44); ou seja, a construção do objeto informa uma cultura de pensar que deve levar em consideração não somente o objeto de pesquisa, mas também, tão importante quanto o objeto de pesquisa, o pesquisador e o processo construído por ele ao escolher, encontrar, construir e interpretar o objeto da pesquisa. Essa postura, entendida por muitos como uma postura pós--moderna[131], não procura a verdade absoluta dos seres e das coisas, mas busca, na relação, nos processos de interação, a compreensão da vida, o sentido, aquilo que dá coesão e unicidade às coisas mais díspares, às relações. Bem entendido aqui que essa unicidade também significa conflito, tensão, violência, e não apenas coisas boas e fáceis de serem vivenciadas e percebidas. Essa unicidade se conforma na complexidade dos elementos que conformam o objeto estudado.

---

[131] Uma postura de pensar pós-moderna que rompe com o pensamento dogmático moderno centrado na teoria em detrimento do objeto. Na Antropologia, tardiamente, podemos observar essa nova postura no pensamento de autores que participaram do Seminário de Santa Fé (1991), como Sthephen Tyler, James Clifford, Renato Rosaldo, Mary Pratt. Essa postura também se reflete no pensamento de Sahlins (1979), Geertz (1989), entre outros.

Do mesmo modo, não podemos tomar o resultado da pesquisa sem pensar o processo, e, assim, evocar para ele um lugar de suporte na própria pesquisa. Por essa perspectiva, o processo ganha evidência e se torna tão importante quanto o objeto estudado na construção do conhecimento, pois o processo também é uma forma de conhecimento, permitindo-nos o conhecimento de elementos que conformam uma *doxa*, uma maneira de pensar, de viver e de atuar no mundo da vida, seja ela do pesquisador, seja do objeto pesquisado, ou da própria construção do conhecimento. Em síntese, é ter a sensibilidade de perceber que o processo é, também, conhecimento; e conhecimento para a construção do objeto, assim como para a sua compreensão e interpretação.

Maffesoli parte do caminho traçado por Simmel para colocar que o que há de mais importante no conhecimento da coisa, qualquer que ela seja no campo do conhecimento, é o "contenta(r)-se em levantar problemas, fornecendo 'condições de possibilidades' para responder a eles caso a caso e não de maneira abstrata" (Maffesoli, 2005, p. 87). Ou seja, conhecer e tentar compreender o objeto de estudo ou as formas sociais sem violentar o objeto, deixando-o mostrar-se por meio da abertura interpretativa do pesquisador. Dessa maneira, a ênfase é, também em Maffesoli (1999) como acreditamos ser em Simmel (2006), colocada na relação com o outro, na relação pesquisador/objeto, para uma compreensão dinâmica da vida. Com base nessa percepção de mundo, nessa maneira de pensar, nada pode ser deixado de lado, à parte, pois tudo pode ser influenciado e influenciar a dinâmica das interações e, assim, a dinâmica da construção do conhecimento.

Observamos assim que, dentro dessa percepção simmeliana, ou formista, nada deve estar fora do processo que gerou e gera o conhecimento, nada pode ser deixado de fora da observação; todo fato, por menor que seja, é relevante para uma compreensão; contudo, repito, dentro de determinada compreensão simmeliana e maffesoliana, na qual não se chega a uma compreensão fechada, estática, limitada, acabada do objeto estudado, mas a uma compreensão temporal, espacial e contextual. Esse olhar do pesquisador, essa maneira de construir e de tomar o objeto para si, que procura ampliar sua capacidade de assimilação do objeto, permitindo que ele se mostre em toda a sua plenitude, caracteriza uma postura, digamos, democrática e sensível da parte do pesquisador que compreende que o esforço da construção do pensamento não pode deixar-se enganar pelo enquadramento à teoria, e que o próprio objeto pode e deve construir a sua.

Observar determinado fenômeno seria observar, também, todo o seu entorno e contexto, todos os elementos que para ali afluem ou dali confluem, e que mesmo aquilo que pareça o mais distante e o mais ínfimo pode, particularmente, alterar a conclusão e o andamento do processo de construção do conhecimento.

O que chamo de forma simmeliana, para deixar bem claro, possui uma lógica interna que antecede e condiciona as ações humanas que estão sempre em interação. Portanto, o gerar e o conformar dessa forma social é inerentemente interacional, tanto no processo quanto no resultado desse processo. Portanto, é inerente, também, a sua condição dinâmica.

Lembro aqui do que Peirano (1995) falava sobre a etnografia, vista por muitos como um método, mas que, para essa autora é, também, teoria. Ou melhor, uma construção teórica que permite a elaboração de conhecimento. Assim também vejo a construção da forma pelo pesquisador. Ela chega a ser quase uma abstração para uns, mas, para outros não, ela é justamente aquilo que se dá a ver, que se mostra aos olhos, aos sentidos — e ao pensamento racional cartesiano —, é a concretude das interações.

Pensar o processo seria pensar a relação de todos os elementos que compõem a feira, que a envolvem, como já observei anteriormente, que a tocam de alguma maneira, ainda que seja o mais ínfimo dos elementos, porque a forma do procedimento, o fazer interpretativo, que determina o resultado obtido, em si, já é um conteúdo. Somente com uma descrição densa (Geertz, 1989) e uma abordagem formista dos elementos pertinentes ao objeto estudado é que poderemos aproximar-nos do objeto em toda a sua complexidade.

Pelas considerações expostas anteriormente, saliento que a feira por meio de uma perspectiva formista, entendendo-a como uma forma, adotando para pensá-la uma cultura pendular entre o sujeito, eu e meu objeto — talvez fosse melhor falar em meus objetos —, a feira e o universo que a envolve, procurando encontrar nessa forma e, ao mesmo tempo nesse interstício (Bourriaud, 2009), os elementos evocadores do gosto. Para isso, é fundamental:

> [...] sempre escavar as camadas mais profundas, em uma interpretação – "Sinngebung", isto é, o processo de dar sentido – que, no entanto, nunca se cristaliza como uma verdade última e imutável, mas está sempre aberta ao movimento que é próprio da vida e do próprio processo de interpretação (Waizbort, 2000, p. 30).

Dentro da impossibilidade da síntese, acredito que a melhor maneira de interpretar esse movimento da vida ao qual Simmel se refere é, com base nessa evocação múltipla das possíveis interpretações, procurar evidenciar uma *forma* dentro de sua complexidade:

> Deixando de lado as analogias fáceis, pode-se dizer que a forma que unifica os conteúdos sensíveis opera "como taxonomia, um sistema de classificação ou um esquema conceitual" [OAKES, 1980, p. 10], preenchendo uma função epistemológica: ela [a forma] define as condições de possibilidades da experiência e da representação do mundo, as condições transcendentais sob as quais o mundo pode se tornar objeto de experiência e do conhecimento (Vandenberghe, 2005, p. 61).

Essa maneira de pensar o objeto, e de tratá-lo, entendemos que também está presente nas preocupações e reflexões sobre o texto etnográfico, colocadas no Seminário de Santa Fé (1984), por meio dos trabalhos de Clifford, em especial no artigo "Introducción: verdades parciales" e no "Sobre la alegoría etnográfica" (Clifford, 1991a, p. 25-60, 1991b, p. 151-182), assim também nos textos de Rosaldo (1991), sobre o trabalho de Evans Pritchard, a respeito dos Nuer; e de Le Roy Ladurie (1975), sobre Montaillou; e ainda no de Mary Pratt (1991) e no de Tyler (1991), quando estes fazem um paralelo entre evocação e etnografia, como o "discurso do mundo pós-moderno para o mundo que faz ciência, e essa ciência já feita desaparece pelo influxo do pós-moderno, deixando o pensamento científico como uma forma arcaizante"[132] (Tyler, 1991, p. 184, tradução nossa).

A construção de um pensamento que se expressa textualmente e que surge não de um monólogo, mas de uma expressão dialogal e polifônica, advém de uma nova postura etnográfica, oriunda de um novo pacto estabelecido entre o intérprete/pesquisador e o pesquisado ou interlocutor, para superar, assim, as "representações meramente funcionais de símbolos para substituir o aparente, o ausente, o 'diferente', conceitos tais, próprios

---

[132] Como no original: "discurso del monde postmoderno para el monde que hace ciencia, y esa ciencia ya hecha desaparece por el influjo de lo postmoderno quedando el pensamiento científico como una forma arcaizante".

da gramatologia textualizadora"[133] (Tyler, 1991, p. 193, tradução nossa) e tentar evidenciar o traço (Derrida, 1994), aquilo que, talvez, contemple não a totalidade, mas uma multiplicidade de sentidos.

3.7 Imanência e estranhamento

Nos tópicos anteriores, apresentei um conjunto de perspectivas teóricas e metodológicas que, de alguma forma, se unem para permitir este trabalho. No entanto, é preciso dizer que, sendo tributários de todas essas perspectivas, não buscamos seguir, estrita e integralmente, nenhuma delas. Cada trabalho constrói sua metodologia própria, sobretudo quando realiza uma etnografia, porque o campo, a experiência do campo, é o verdadeiro filtro que ajusta todos os nossos referenciais, tanto teóricos quanto pessoais.

Assim, é preciso dizer que, quando mencionei uma abordagem fenomenológico-arqueológica, não busquei, estritamente, um método fenomenológico; e que, igualmente, não busquei uma explanação exaustiva do pensamento de Simmel para apontar o que vimos, para explicitar o gosto como forma social — mesmo porque essa tarefa estaria certamente além de nossa competência e proposta. Além disso, não busquei fazer, estritamente, uma etnografia sensorial ou dos sentidos. Este trabalho não se enquadra em uma caixa de conceitos, mas, sim, utiliza instrumentos dessas antropologias e etnografias, assim como de outras disciplinas. Este trabalho enseja o labirinto onde "o andarilho se submete, e fica à mercê daquilo que acontece" (Ingold, 2015, p. 29).

No nosso entendimento, a trilha etnográfica é sempre um labirinto, não obstante o necessário horizonte de uma paisagem a apresentar — no caso das etnografias feitas para conformar teses, dissertações, relatórios e prestações de contas de bolsas e projetos e outras paisagens afins. Recorro a Ingold, mais uma vez, para falar dessas paisagens:

> [...] essas múltiplas "paisagens" não se referem ao mundo prática e produtivamente habitado. Elas se referem aos mundos virtuais criados pela captura das experiências incorporadas e perceptuais da habitação e pela sua devolução, em formas artificialmente purificadas, para interpretação e consumo (Ingold, 2008c, p. 2).

---

[133] Como no original: "representaciones meramente funcionales de los símbolos para sustituir lo aparente, lo ausente, lo 'diferente', conceptos, tales, propios a la gramatologia textualizadora".

Ingold está falando aqui, como podemos perceber, da adequação da pesquisa à metodologia. O excerto é de um texto de 2008, mas, em outro texto, publicado em 2015, ele é mais específico em relação a essa questão:

> Ao ser empregada, a noção de metodologia transforma meios em fins, divorciando o conhecimento-enquanto--conteúdo dos modos através dos quais se conhece, e assim impondo um fechamento que é a própria antítese da abertura para o presente que a pedagogia pobre oferece. Se uma metodologia rica nos oferece conhecimento pronto, a pedagogia pobre abre nossas mentes para a sabedoria da experiência. Uma pertence à instituição da escola, e a outra, ao tempo da *scholè*; uma ao dédalo, a outra, ao labirinto (Ingold, 2015, p. 34).

Como todas as teses doutorais, esta também vaga entre o Dédalo e o labirinto, mas ressaltamos nossa sempre presente disposição de, como disse Masschelein (2010), estar "presente no presente". Comentando esse termo, Ingold observa que:

> O preço dessa presença é a vulnerabilidade, mas a recompensa é uma compreensão, fundada na experiência imediata, daquilo que está além do conhecimento. É um entendimento a caminho da verdade. É como diz Greig do poeta: conhecendo pouco sobre o mundo, ele vê as coisas elas mesmas (Ingold, 2015, p. 34).

Aliás, a própria ação de estar no mundo imanentemente, ou seja, na vida cotidiana, na qual é possível a imersão no mundo comum dos outros indivíduos, equivale a, repentinamente, se lançar num labirinto. Como mais uma vez diz Ingold, a atenção de uma pessoa quando anda, quando está no mundo e tem uma postura imanente, equivale a de acompanhar "um mundo que não está pronto, que é sempre incipiente, que se encontra no limiar da emergência contínua" (Ingold, 2015, p. 29).

Essa "emergência contínua" lembra o que, para mim, foi a experiência etnográfica de conviver com a feira durante os sete anos em que realizei a pesquisa. Na etnografia, sempre estamos à mercê do que acontece: "À medida que o caminho acena, o andarilho se submete, e fica à mercê daquilo que acontece. Caminhar, diz Masschelein (2010a: 46), é ser comandado por aquilo que ainda não está dado, mas está a caminho de sê-lo" (Ingold, 2015, p. 29).

Espero ter estado presente no presente, embora isso, evidentemente, nem sempre tenha sido fácil... Mesmo porque a feira é, por sua própria natureza, um lugar difícil. Apesar da abundância de produtos e da sua exuberância sensorial, a feira também é um lugar de miséria: de gente com fome, de gente sem emprego, de animais abandonados, de sujeira acumulada e de odores também desagradáveis. Não estávamos ali para fazer uma etnografia daquilo que foi, como observou Laplantine:

> Classificado(s), filtrado(s), purificado(s) para que subsista apenas do limpo, do correto e do explícito. [Pois] Somente são dignas de interesse as notas perfeitamente identificadas (em detrimento dos "ruídos"), as faces fotogênicas, as cores brilhantes, como o vermelho flamboyant ou o azul marinho, em detrimento da continuidade de cores mais "indecisas" que oscilam entre o vermelho e azul, como o lilás [lilases nas suas variações] (Laplantine, 2017, p. 75, tradução nossa)[134].

Dessa maneira, insistimos em evidenciar aquilo que incomoda, que toca, que nos incomoda e toca, e que está diante de nós.

Falar da etnografia desenvolvida ao longo de minha pesquisa de campo é, sobretudo, falar de minha percepção sobre o outro, incluindo as dificuldades de percepção do outro. E não nos iludamos acreditando que esta etnografia trata, exclusivamente, do outro. Talvez a antropologia seja a vontade, o ensejo, o desejo virtual, o desejo em potência, de evidenciar o outro, mas, de fato, não sabemos até que ponto isso pode ou passa a ser possível.

Por outro lado, acreditamos que o fazer etnográfico que o pesquisador desenvolve ao longo de sua pesquisa procura, ou deve procurar, encontrar uma consciência do seu estar no mundo pautada pelo estar no mundo do outro. Assim, compreendemos que toda etnografia trata, sobretudo, daquele que a faz, daquele que a desenvolve, que a constrói, de seus valores, de sua compreensão de mundo, de suas verdades. E é em uma tentativa de alteridade que nos voltamos para o outro, para as formas de o outro se colocar no mundo. Assim, entendemos, com Peirano (1995) e Magnani (2009), que a etnografia é uma interpretação, mas uma

---

[134] Como no original: "triées, filtrées, épurées pour que ne subsiste que du propre, du correct et de l'explicite. Seuls sont dignes d'intérêt les notes parfaitement identifiées (au détriment des 'bruits'), les visages photogéniques, les couleurs franches comme le rouge flamboyant ou le bleu marine, au détriment de la continuité de couleurs plus 'indécises' oscillant entre le rouge et le bleu, comme le mauve et le grenat".

interpretação do outro, entre tantas outras possíveis, como a arte também o é (Castro, F., 2011, 2017), por exemplo.

> [...] a etnografia é uma forma especial de operar em que o pesquisador entra em contato com o universo dos pesquisados e compartilha seu horizonte, não para permanecer lá ou mesmo para atestar a lógica de sua visão de mundo, mas para, seguindo-os até onde seja possível, numa verdadeira relação de troca, comparar suas próprias teorias com as deles e assim tentar sair com um modelo novo de entendimento ou, ao menos, com uma pista nova, não prevista anteriormente (Magnani, 2009, p. 135).

Não quero e não posso ignorar minha experiência, ou melhor, minha vivência; aquela responsável por minhas escolhas de vida e na academia. Dessa forma, minha percepção do meu campo, dos elementos que o compõem, dos fatos e das coisas a serem observadas, percebidas, interpretadas e compreendidas, será afetada por mim. Mas até que ponto fui afetada pelo meu campo? Muitas vezes, quase sempre, quando mergulhava involuntariamente no inautêntico (Castro; Castro, 2017b) da cotidianidade da feira, quando comprava, quando negociava, quando conversava. Inúmeras foram as vezes em que sofri o estranhamento, noutras me sentia vazia, noutras, espantada — mas sempre envolvida, tomada por aquele ambiente, pelos fatos e pelas informações que ali ocorriam de forma aparentemente banal e ordinária — diante de uma nova informação, fosse visual, fosse auditiva, ou de qualquer ordem cognitiva, sensitiva ou outra.

Dessa maneira, o que se passa no campo, quando somos afetados:

> [...] é literalmente inimaginável, sobretudo para um etnógrafo, habituado a trabalhar com representações: quando se está em tal lugar, é-se bombardeado por intensidades específicas (chamemo-las de afetos), que geralmente não são significáveis (Favret-Saada, 2005, p. 159).

Ser afetada é uma situação da qual demoramos certo tempo para nos dar conta; ou para, por assim dizer, responder, compreender, ou melhor, percebermo-nos diante dela.

Importante observar que partilhamos do entendimento de Favret-Saada (2005, p. 158) de que "ser afetado não tem a ver com uma operação de conhecimento por empatia", seja essa empatia tomada como um partilhar dos mesmos ideais e sentimentos e das mesmas percepções de mundo, seja empatia enquanto uma comunhão de afetos. Mas ser afetado significa a capacidade, que se estabeleceu na interação no campo — e tudo o que ele traz com ele —, de "mobilizar ou modificar meu próprio estoque de imagens, sem, contudo, instruir-me sobre aquele dos meus parceiros" (Favret-Saada, 2005, p. 159). Ser afetada é cair no mundo da vida, é ser inautêntico (Castro, F., 2015, 2017), é ser completamente envolvida pelas circunstâncias do campo, é quando "não podemos narrar a experiência; no momento que narramos não podemos compreendê-la" (Favret-Saada, 2005, p. 160), precisamos de tempo para podermos assimilá-la e, quiçá, interpretá-la, pois nela e dentro dela estávamos perdidos. E nesse lá estar, submersos, criamos dispositivos que engendram a reciprocidade, o que não implica identificar-se com o nativo, mas implica, sim, trocarmos impressões e expressões. Isso é ser recíproco.

Com esse entendimento, procuramos evidenciar, nessa etnografia, nossos estranhamentos ou afetamentos ocorridos em campo, mas que a tais sentimentos transcendemos — por necessidades acadêmicas de pinçar essas experiências, essas coisas materiais e imateriais que lá se concretizaram. Apesar de a feira fazer parte da cultura do homem, ou seja, de esses espaços se fazerem presentes em qualquer cultura, em qualquer tempo, além de estarem à disposição e abertos de maneira quase banal para a sua frequentação e a sua vivência, estar na feira como pesquisador é diferente de vivenciá-la na condição de frequentador/freguês, seja um frequentador a distância, aquele que passa ao largo, nas suas idas e vindas da UFPA, seja um freguês da própria feira, pois, a cada lugar que ocupamos, nas relações que estabelecemos, tomamos a realidade de um ângulo, a sentimos de uma perspectiva, a abordamos de um ponto de vista. É da empreita de um pesquisador transformar a banalidade, colocando o corriqueiro em evidência; assim como o intérprete faz com uma música, assim como um pintor o faz com uma paisagem, como um poeta o faz, ainda, com seu texto. Diante disso, pergunto-me se, de fato, fazemos diferente o que convencionamos chamar de ciência!

O nosso estranhamento e nosso desconforto estiveram mais presentes, evidentemente, no início da pesquisa. Eles tomaram formas mais contundentes a partir de nosso envolvimento com o ambiente da feira, com as pessoas, com o olhar atento, com o ver de dentro, com o confronto entre uma estética e outra, com uma forma de ver e apreciar o mundo com um outro mundo, com outros valores, com outras perspectivas, com outras necessidades, com outras experiências e vivências.

Esse encontro, de dentro e para dentro, da feira e do pesquisador não se deu sem sofrimento: quanto mais íamos à feira, maior era nossa vontade de sair dela; com mais assiduidade íamos à feira, mais distanciamento se impunha e mais espaçadas ficavam nossas idas. Mas, para que a pesquisa se fizesse e pudéssemos superar nossos próprios preconceitos, foi necessário vestirmos uma máscara, não uma máscara falsa ou uma falsa máscara, mas uma máscara que permitisse a gentileza em um ambiente inóspito para nós, receptivo para o pesquisado; portanto, uma máscara justa, sem interesses escusos e sem sentimentos que a contradissessem. Precisávamos de uma máscara para não agredir o outro em suas vivências, a partir de uma perspectiva parcial de mundo, que era a perspectiva do pesquisador.

Convém observar que vestir uma máscara é, também, um sofrimento para quem o faz. E assim foi para nós. Vestir uma máscara não significa enganar, mentir, esconder ou trair, mas mostrar apenas o lado mais acessível, mais gentil, mais envolvente para que a empreitada da pesquisa se faça mais acessível e menos dolorosa, seja para o pesquisador, seja para o pesquisado, visto que o estranhamento causa desconforto e, muitas vezes, dores na alma.

A utilização da máscara exigiu um esforço para superar nossas diferenças em relação ao dia a dia deles, ao vocabulário, aos valores corriqueiros, ao ter o que dizer diante de nossa insistência em ali estar, em superar o desconforto de maus odores, de sonoridades intensas e perturbadoras, de visões de cenas violentas, de transgressões, enfim, do que encontraríamos certamente em qualquer lugar, mas que na feira, naquele espaço, ganha novos invólucros ou novas formas.

Importante observar que esse estranhamento não adviria de uma cultura diferente, pois tanto pesquisador como pesquisado fazem parte de uma mesma cultura, ocidental, colonial, periférica e de fronteira; moramos e vivenciamos a mesma cidade e o mesmo bairro. Esse estranhamento adviria de esquemas mentais, conceituais, valores estéticos e gostos diferentes, pautados por vivências diferenciadas ao longo de nossas construções objetivas e subjetivas. Dessa maneira, diante de nosso estranhamento, advindo de deslocamento produzido por uma predisposição "de um estado anterior de atenção viva e contínua" (Magnani, 2009, p. 136), podemos evidenciar que, mesmo que pesquisadores, possuímos o resultado de uma vivência diferente daquela do objeto estudado.

Em uma sexta-feira intensa de feira, já cansada das andanças e compras feitas e, ao mesmo tempo, sentindo certo incômodo em, talvez, incomodar um feirante, pois eu não tinha, como ainda não tenho, um espaço adequado para observar — preciso negociar pequenos espaços de inserção e de observação o tempo todo —, sentei-me em um dos poucos bancos vazios de um box de alimentação que não tinha sido aberto naquela sexta-feira.

Saio novamente em busca sabe-se lá exatamente de que, uma visão, uma paisagem, uma imagem, uma voz, algo que a feira, aquela forma social, possa me oferecer para eu encontrar o que busco. No meio daquela aparente balbúrdia, escuto: "*Bora chupá, que tá gostoso! É gostoso, é gostoso*". Ao meu lado, um senhor passa com um isopor com aparência de encardido, um branco sujo, roto... e noto que o chope[135] se faz presente também na feira, por meio do vendedor ambulante. Muitos ali passam diariamente. Aos poucos me informo sobre suas frequências. Uma vontade imensa de tomar um chope, mas não consigo abstrair-me da cor que envolve o isopor[136]. Felizmente, ele não para ali, e logo direciono minha vontade para outra coisa qualquer, aquela que venho buscar aqui. Ali eu sou o outro (Cardoso de Oliveira, 2003), sou o outro de tantos outros que conformam aquela feira; meu estranhamento se dá, naquele momento, na forma da aversão que sinto pelo isopor encardido que aquele senhor segura com tanta proximidade e propriedade, pelo isopor que carrega tantos chopes vendidos na feira! Esse estranhamento também acontece quando me dou conta de que não olho para o chão; não, não o vejo; procuro abstraí-lo. Abstraio-me também do mendigo com aparência de sujo que circula

---

[135] Suco de fruta congelado vendido em sacos plásticos medindo, geralmente, 4 x 15 cm. Esse termo tem outras variantes pelos diferentes lugares do Brasil: dim-dim, geladinho, refresco, sacolé, chup-chup etc.

[136] Importante esclarecer que não se trata de fazer, aqui, referência de valor sobre o isopor. É evidente que aquilo que não me apetece ou agrada, não importa por qual motivo, pode muito bem apetecer e satisfazer outro. Jamais pretenderia que minha opinião, ou gosto, seja mais qualificada/qualificado que a/o de outra pessoa. No entanto, acho justo registrar minhas impressões sobre a feira, porque, num plano, elas são constitutivas de minha experiência etnográfica e de meu estranhamento antropológico e porque, em outro plano, elas estão no mundo; elas registram o mundo no qual estou e considero um vetor ético fundamental, numa tese que se produz no registro de uma etnografia sensível, que assim o faça. Conferir valor não me cabe, tampouco, da mesma forma, acredito, caberia ao leitor.

diariamente pela feira e que procuro evitar sempre quando o vejo em um corredor, mudando meu caminho; estranhamento quando evito, ainda, o rapaz com aparências de excepcional, ainda que aparente ser cuidado, que circula pela feira a pedir dinheiro e que, muitas vezes, é enxotado pelos feirantes. Dessa maneira, percebi-me na fronteira, entre o estranho e o familiar, e assim fui me construindo em campo.

Ainda que eu tenha vivido muitas cenas que em mim provocaram estranhamento, ou espantos, e que, algumas vezes, me paralisaram; ainda que, muitas vezes, eu tenha ansiado por um local, um pequeno local, tranquilo, onde eu pudesse apenas olhar e ficar sem barulho[137], para que eu pudesse recompor-me, isso não era permitido ali. Em vão! Isso a feira não me permitia. Ou fazia meu campo ali, naquele momento e diariamente, ou desistiria do trabalho, coisa que não passou pela minha cabeça. No entanto, a partir do momento em que evidencio meu estranhamento a mim mesma, minha postura muda, e a empatia se sobressai, prevalecendo a qualquer estranhamento. A autossuperação é diária e contínua. Nesse momento, tomo consciência do que Cardoso de Oliveira (2003, p. 20) observa, ao colocar que:

> [...] o tempo do objeto cognoscível – que passa, se transfigura, muitas vezes desaparece – enquanto o sujeito cognoscente [eu] permanece estático [diante do meu espantamento, chego até a ficar sem ar por milésimos de segundos], mudo intocável por uma realidade que se movimenta [está viva, vive] ao seu redor.

É nesse movimento dialético, contínuo entre o eu e o mundo, entre o eu e o outro, ou entre o outro [eu] e eles que, naquele momento que me cerca, em que estou na feira, é que construo, em processo, o pesquisador hermeneuta, ou seja, aquele que constrói sua interpretação na relação que estabelece com o mundo.

---

[137] Quando utilizo a palavra "barulho", faço-o para evocar uma multiplicidade de sons que, para mim, naquele contexto, se tornam incompreensíveis e perturbam meus sentidos. Em hipótese alguma se trata de uma referência negativa ao local, pois, como se pode observar ao longo do trabalho, existem feirantes e frequentadores da feira que gostam daquele barulho, assim como existem feirantes que não gostam daquele barulho. Não estou aqui fazendo juízo de valor, apenas assinalando, com o máximo de honestidade possível, as perspectivas e as experiências que construíram meu campo. Penso mesmo que essa atitude se torna fundamental num trabalho que parte de um referencial centrado numa antropologia da sensibilidade.

OS SENTIDOS, A CULTURA MATERIAL E A CONFORMAÇÃO DO GOSTO NA FEIRA DO GUAMÁ

4.1 A concretude do gosto e a carne do mundo

Desenvolvemos, nos capítulos anteriores, a compreensão de que os sentidos e as sensações se tornam um fenômeno social quando, por meio das ações humanas em interação, se produzem como fenômenos intersubjetivos, sociais, e ganham concretude[138] ou materialidade, ou seja, quando é percebido, intuído, por meio dos sentidos humanos, quando ele se torna um elemento no processo interativo, quiçá, o resultado da própria interação.

Neste capítulo, buscamos passar da sensorialidade do ambiente para a forma social (Simmel, 2006) que essa materialidade toma quando se torna sentido social, prática social ou experiência comum, intersubjetiva (Schutz, 2012), associada à vida quotidiana. Podemos compreender essa materialidade como gosto. Como já dissemos, não o gosto de um sujeito, não o gostar de algo, não o gosto substantivo, mas o sentir em comum que caracteriza a vivência quotidiana. Trata-se do que, anteriormente, identificamos como o fenômeno de vivência num mundo repleto de sentidos e que, na fenomenologia de Merleau-Ponty (1945), conforma a "carne do mundo".

O gosto só pode ser percebido com base nas escolhas dos indivíduos que, de maneira consciente ou não, concretizam suas escolhas. No entanto, tornar concreto não se limita a uma cultura material: tornar concreto também encarna uma cultura imaterial, de gestos e de falas, de comportamento, de expressões, de performances, de sutilezas, de valores, "na medida em que revelam um processo de reflexividade

---

[138] Concretude aqui não tem relação com a materialidade da coisa ou do objeto, mas, sim, com a existência dele. Por exemplo, o amor é algo concreto, é quando a coisa ganha vida e está na interação. Essa coisa pode ter materialidade ou fisicalidade, mas pode ser algo imaterial, não físico; pode ser um desejo, um sentimento, um sentir, uma impressão.

hermenêutica sobre as maneiras como os homens interpretam, sentem, experimentam e vivem suas culturas, sobretudo quando a cultura em questão é a do próprio antropólogo" (Rocha, 2006, p. 107). Assim, estamos falando aqui de tudo o que ganha concretude no dia a dia, na quotidianidade.

Se nos propomos a abordar a quotidianidade, essa pragmática que banaliza nossas ações no dia a dia, visto que, "nas condições ordinárias da vida, uma corrente sensorial ininterrupta confere consistência e orientação às atividades do homem" (Le Breton, 2016a, p. 121) que, de tal modo, corrobora o processo de normativização dos fenômenos sociais, inserindo-os corriqueiramente no quotidiano, é porque consideramos que, no fluxo das percepções humanas, aquilo que neutralizamos — que abstraímos das nossas percepções — torna a vida acessível ao "sujeito [que] certamente está longe de ser uma consciência exaustiva dos *stimuli* que o atravessam. Se o tivesse, sua vida seria impossível" (Le Breton, 2016a, p. 121).

Exemplo disso é a estranheza de Seu Max, peixeiro, quando pergunto sobre seus instrumentos de trabalho, que me devolve um olhar de estranhamento; em uma fração de segundos, motivado pela minha pergunta e pelo meu olhar de quem espera uma resposta, Seu Max olha em seu entorno como se estivesse a procurar algo e, ao olhar sua faca de tratar o peixe, como se quisesse entender o sentido e a importância daquele objeto, ordinário, a ponto de fazer-me por ele interessar, pega-a e me mostra. Seu Max acompanha também o meu olhar e, observando meu interesse e meu silêncio, de quem aguarda sua resposta, começa a enumerar esses materiais.

Esse mesmo estranhamento também ocorreu quando, ao me aproximar de Mariozinho para entrevistá-lo, fui comprar um CD de música. Quando lhe pedi que me indicasse um CD, Mariozinho me olhou intrigado e, jogando levemente o corpo para trás, inclinando-o na diagonal e distanciando-se levemente de mim, como para me observar melhor, mas, ao mesmo tempo, virando e voltando a cabeça e o rosto em minha direção, com os olhos meio fechados, como se tivesse me olhando de soslaio e de cima para baixo — ele entendia do assunto; eu não! —, franziu levemente a sobrancelha e, observando minha ignorância no que diz respeito às músicas e aos grupos de músicos que ele vendia, colocou, quase em tom de questionamento: *"Você não é daqui, né?!"*. Digo que sou, mas que não conheço e, para disfarçar minha ignorância no assunto, digo que morei um tempo fora. Assim, Mariozinho começou a me explicar o que mais toca, o que mais vende, apresentando alguns CDs e colocando-os para tocar. Desse modo me fala do *"arrocha, o som do momento"*.

Não se trata aqui de fazer uma análise da cultura material, mas, sim, de observar suas relações na feira e de que maneira elas corroboram com o sentir, pois partilhamos da percepção de Howes e Marcoux (2006, p. 9, tradução nossa), de que: "Se os estudos contemporâneos sobre a cultura material se caracterizam por uma orientação sensorial cada vez mais marcada, observamos que os estudos mais recentes sobre cultura sensorial dão mais atenção à materialidade.[139]

Dessa maneira, tomamos outra postura, e nos colocamos no "entre", ou na "fissura", ou ainda no "ma"[140], para nos aproximarmos desse sentir na feira, pois também partilhamos da compreensão de Classen de que os sentidos e os significados corroboram o construir no mundo,

> [...] formam o modelo sensorial segundo o qual os membros de uma mesma sociedade "dão sentido" ao mundo, ou traduzem as percepções e conceitos sensoriais em uma "visão do mundo" particular. O modelo adotado incita, provavelmente, contestações no seio de uma sociedade. Indivíduos ou grupos não concordam sempre sobre certos valores sensoriais. Apesar de tudo, este modelo serve de paradigma fundamental à percepção. É um modelo que as pessoas adotam ou ao qual resistem (Classen, 1997, p. 402, tradução nossa).[141]

Duas questões, aqui, precisamos esclarecer. A primeira é que compreendemos "esse modelo" evocado por Classen (1997) como a forma social simmeliana — aquela já discutida por Castro (2016). A segunda, que nossa compreensão dos sentidos, das percepções e de seus valores

---

[139] Como no original: "Si les études contemporaines sur la culture matérielle se caractérisent par une orientation sensorielle de plus en plus marquée, on observe que les études les plus récentes sur la culture sensorielle accordent quant à elles une plus grande attention à la matérialité".

[140] *"Ma* é uma estética particularmente japonesa, onde os aspectos do espaço e do tempo 'negativos' não são considerados vazios, mas são considerados expansivos e cheios de energia" (Hahn, 2007, p. 53 *apud* Howes, 2013a, p. 19, tradução nossa).

[141] Como no original: "forment le modèle sensoriel selon lequel les membres d'une même société 'donnent un sens' au monde, ou traduisent les perceptions et concepts sensoriels en une 'vision du monde' particulière. Le modèle adopté soulève vraisemblablement des contestations au sein d'une société. Des personnes ou des groupes ne s'entendent pas toujours sur certaines valeurs sensorielles. Malgré tout, ce modèle sert de paradigme fondamental à la perception. C'est un modèle que les gens adoptent ou auquel ils résistent".

em sociedade seria o resultado de uma vivência e experiência cultural, no lugar e na temporalidade examinada (Classen, 1997; Howes; Marcoux, 2006; Corbin, 1990, 1991). Assim, entendemos que:

> A organização do regime sensorial constitui um dos principais elementos do desenho do imaginário social. O que não significa que este seja tudo simplicidade. Muito pelo contrário [...]. Resulta de uma tensão permanente entre a convicção de que os sentidos estão batizados de "social" (Corbin, 1990, p. 18, tradução nossa)[142].

Imaginário social? Cultura? Cultura material? Intersubjetividade? Gosto comum? Dispomos de uma larga escolha de nomenclaturas para falar daquilo que acontece quando os grupos sociais produzem sentidos no trajeto que vai da sensorialidade em direção ao contato com a "carne do mundo" (Merleau-Ponty, 1945). Buscando compreender as formas sociais produzidas pela experiência comum, gostaria de pensar um pouco em como essa experiência produz uma cultura material e, em complemento, sobre o papel do gosto comum na conformação dessa cultura material. Que elementos, que objetos ou coisas estão presentes nessa feira? Que elementos conformam a cultura material da Feira do Guamá e, por sua vez, conformam a feira enquanto tal?

Compreendemos, pelo pensamento de Simmel (1981, 1983, 1999), que a cultura material é um dos conteúdos que contribuem para a conformação da forma social, ou seja, da interação ou de como ela se dá a perceber.

Pretendemos olhar essa cultura material de perto e de dentro (Geertz, 1989; Maffesoli, 1990), escavando seus sentidos. Nesse escavar, nosso objetivo não é encontrar uma essência, um centro, já que partilhamos da ideia de que a essência é uma abstração, ou mesmo uma ilusão, mas, sim, perceber os múltiplos sentidos que conformam uma forma-feira. Observamos que o fundamental no processo de escavação dos sentidos é tentar conhecer – e, no máximo, tentar compreender – as camadas de sentidos que conformam uma maneira de estar no mundo e de vivenciá-lo e experienciá-lo por meio dos objetos que conformam a forma social. Compreendemos o objeto como uma produção cultural de sentidos que evidencia a capacidade de adaptação do homem em transformar sua relação com a natureza ou com o meio onde vive, transformando e cons-

---

[142] Como no original: "L'organisation du régime sensoriel constitue l'un des éléments majeurs du dessin de l'imaginaire social. Ce qui ne veut pas dire que celui-ci soit tout de simplicité. Bien au contraire [...] Il résulte d'une permanente tension entre la conviction que les sens alors baptisés de 'sociaux'".

truindo a paisagem com a qual interage (Nazarea, 2006) e o meio onde vive (Godelier, 2010b), mas também compreendemos que, por meio da cultura material da feira, os feirantes se constroem enquanto feirantes, o freguês se constrói enquanto freguês (Julien; Rosselin, 2005).

Assim, a cultura material, que é evidenciada ou concretizada no objeto, não se limita a si própria e não se reduz à sua materialidade; ao contrário, de forma ampla, ela se conforma, também, como processo, transformando as relações sociais nas quais reverbera e, assim, desempenha também uma função simbólica (Gonçalves, 2007, p. 8). Como assinala Gadamer (2010, p. 485) a esse respeito, "nenhuma palavra [nenhuma coisa] tem sentido sem o seu contexto. Mesmo palavras que se encontram por si... só conquistam o seu sentido em seu contexto".

Isso significa que não é possível compreendermos as coisas de maneira isolada, assim como também não é possível compreendermos o mundo, o estar no mundo, seja o nosso, seja o do outro, sem compreender as coisas inseridas nesse mundo e que o tornam o que é. Godelier (2010b, p. 12, tradução nossa) nos chama atenção para a realidade material na qual estamos inseridos:

> Como e até que ponto as realidades materiais, aquelas da natureza exterior ao homem e aquelas que ele mesmo criou ou transformou, agem sobre a organização da vida social e, mais profundamente, sobre os processos de produção das novas formas de sociedade.

Godelier evidencia, ainda, vários tipos de materialidades, segundo a sua existência e segundo a sua implicação na vida social. Acompanhando seu pensamento, percebemos como, em interação com o clima, a natureza do solo, os acidentes geográficos, ou seja, aquelas materialidades que quase ou nada se pôde ou pode transformar, o homem, ao se adaptar a elas, cria condições materiais de sua adaptação valendo-se da produção da cultura material que tem ao seu alcance. A relação que o homem estabelece com essa natureza acaba por gerar uma cultura material adaptada ao seu bem-estar. Nesse ínterim, no processo de adaptação, que é permanente, podemos evidenciar a existência de uma natureza já transformada pela adaptação do homem ao meio, como o desgaste do solo, a modificação da vegetação, a agricultura, a pecuária, entre outros.

Essa ideia é similar à noção de paisagem em Balée (2008), a qual é interpretada como o resultado da interação entre pessoas e lugares. Podemos ainda apontar toda uma cultura material que foi retirada da natureza, considerando a maneira como o homem a olhou e a olha, transforman-do-a sem mesmo tocá-la (Balée, 2008; Godelier, 2010a). Dessa maneira, ao percebê-la, o homem faz da natureza cultura, pois a percepção, como tratamos no capítulo anterior, já é interpretação. Esse olhar evidencia perspectivas de mundo, valores, interesses e uma maneira de interagir, de experienciar, de vivenciar e de estar com o outro (Godelier, 2010a, p. 13). Esse mesmo autor acrescenta:

> Essa natureza exterior ao homem não é exterior à cultura, à sociedade e à história. Ela é parte da natureza transformada pela ação e, portanto, pelo pensamento do homem. Ela é uma realidade material e, ao mesmo tempo, *idéelle*, ou pelo menos ela deve sua existência à ação consciente do homem sobre a natureza, ação que não pode existir nem se reproduzir sem a interferência, desde o início, não somente da consciência e do inconsciente, individual e coletivo, histórico e não histórico. Esta parte da natureza é natureza apropriada, humanizada, torna-se uma sociedade: a história inscrita na natureza (Godelier, 2010b, p. 13-14, tradução nossa)[143].

O espaço no qual a cultura material nasce e reverbera é um espaço contaminado pelo homem e pelas relações de interação que o fazem homem; é um espaço no qual natureza e cultura estão imbricadas e são inseparáveis. É nesse contexto que se compreende, por exemplo, que, sem disponibilidade de refrigeração mecânica, o prédio que abriga uma feira, na Amazônia, precise ter um pé direito alto para uma boa circulação do ar, e que as barracas sejam feitas em aramado vazado, que facilita essa mesma circulação. A isso podemos acrescentar o vestuário utilizado, os ventiladores presentes na maioria dos boxes, a utilização de suportes dos produtos para que não fiquem mais abafados do que o próprio ambiente, já saturado de umidade e calor. Esses fatores influenciam diretamente a cultura material utilizada na feira. Da mesma forma, os sacos em rede vazados para guardar e vender os alimentos evitam que estes sejam abafados, retardando sua deterioração e perda. Nessa interação, compreende-se o que Godelier (2010a, p. 44, tradução nossa) chama de

---

[143] Como no original: "Cette nature extérieur à l'homme n'est pas extérior à la culture, à la société, à l'histoire. Elle est part de la nature transformé par l'action et donc par la pensée de l'homme. Elle est réalité matérielle et en même temps idéelle, ou du moins elle doit son existence à l'action consciente de l´homme sur la nature, action qui ne peut existe ni se reproduire sans qu'intervienmmnt dès le départ non suelement la conscience et incoscience, individuelle et collective, historique et non historique. Cette part de la nature est nature appropriée, humanisée, devenue société : l´histoire inscrite dans la nature".

ecossistema: "um ecossistema é uma totalidade que se reproduz somente no interior de certos limites e que impõe ao homem várias séries de restrições materiais específicas"[144].

Se, de acordo com o pensamento de Gonçalves (2007, p. 10), os objetos influenciam secretamente nossa vida, queremos compreender como esses objetos exercem influência na vida dos frequentadores da feira, ou como esses objetos materiais se conformam na forma-feira, ou, ainda, qual o peso da cultura material na produção das interações e qual o peso da cultura material na intersubjetividade.

Importante observar que não entendemos que o objeto possa ser reduzido a um sistema classificatório, pois quem assim o faz é o pesquisador, na sua necessidade de simplificar — de colocar em palavras e de tornar compreensível e assimilável para si e para a academia a complexidade do outro, do pesquisado, para o leitor. Bem entendido deve ficar que, por nossa perspectiva, quem cria categorias é o pesquisador, e não os pesquisados. O pesquisador faz isso baseado em epistemologias que validam, para a academia, premissas teóricas que nem sempre correspondem à experiência social dos indivíduos observados ou aos fenômenos empiricamente observados, visto que:

> Na verdade, sempre nos encaminhamos para o texto a partir de uma expectativa de sentido construída fundamentalmente com base em nossos pressupostos. Ao mesmo tempo, essa expectativa de sentido torna possível um esboço de totalidade em conformidade com o qual nós desde o princípio nos movimentamos (Casanova, 2010, p. 12).

Portanto, aqui, no lugar de pretendermos usar uma epistemologia para alcançar o fenômeno do gosto presente na cultura material e nas interações estabelecidas com essa cultura; ou de compreender, observar, estar sensível à cultura material da feira e à sua relação com seu frequentador, usamos a fenomenologia para observar o mundo vivido, pois acreditamos que ela nos possibilite escavar os sentidos que constroem a cultura material e valendo-se dela, possibilitando, por meio da hermenêutica, perceber as potencialidades do gosto como provedor e promovedor de interações, como conformador de reciprocidades, ou, ainda, como coloquei anteriormente, como conteúdo da forma-feira.

---

[144] Como no original: "[...] un écosystème est une totalité qui ne se reproduit qu'à l'intérieur de certaines limites et qui impose à l'homme diverses séries de contraines matérielles spécifiques".

4.2 Objetos e coisas na feira

Voltemo-nos em direção ao pensamento de Miller (2013), que chama nossa atenção para quando o objeto torna-se imperceptível a nós, quando não o tomamos em importância ou o banalizamos a tal ponto de não o enxergarmos, e que, por essa razão, atua em nós sem nos darmos conta desse processo: "funcionam porque são invisíveis e não mencionamos, condição que, em geral, alcançam por serem familiares e tidos como dados" (Miller, 2013, p. 79)[145].

Miller nos faz observar que o objeto com o qual temos o hábito de interagir, que vivenciamos quotidianamente, sai de nosso foco e torna-se quase imperceptível; imperceptível, porque o naturalizamos. Isso assinala a relação íntima, banal e quotidiana do homem com o seu entorno a ponto de naturalizá-lo, de banalizá-lo, e, com isso, a cultura material experienciada se torna natural; quando isso acontece, observamos que, no quotidiano, se acaba por naturalizar a cultura.

Assim como Miller (2009a, 2009b, 2013), procuramos compreender como as pessoas se constroem do significado que elas conferem às coisas; assim também observamos segundo Van Velthem (2010) sobre os Wayana, como as pessoas se constroem por meio das coisas que usam e vivenciam, pois, se o objeto é ou se torna um agente ativo e agencia o homem, isso só ocorre porque há interação e porque o homem lhe atribui aí (na interação) sentido, conferindo-lhe valor ou qualquer outra coisa; e não porque ele, o objeto, o tem independentemente das interações das quais ele participa. O objeto, a cultura material propriamente, só tem sentido na interação e em interação, em contextos sociais e culturais. Ou seja, ela só tem sentido na intersubjetividade, ou na cultura, ou, ainda, na sociedade[146], ou como queiramos classificar, mas ela só engendra sentido na relação; fora dela, nem mesmo sua existência é viável ou possível.

---

[145] Assinalo que parto das reflexões de Miller (2013) e Van Velthem (2010), entre outros, para utilizar os termos "objetos" e "coisas". Importante salientar que os utilizo, muitas vezes, como sinônimos e que, outras, deixo mais clara uma pequena diferença que exponho aqui, pois neste trabalho não se trata de diferenciá-los, pois não ajudaria, nem é nosso objetivo. Coisa é qualquer objeto, independentemente de sua classificação, que pode ser material ou imaterial, de qualquer natureza: física, sensível ou sensorial, e que tem um valor simbólico na vida das pessoas e produzem conexões e interações sociais; uma coisa pode não ter uma classificação precisa. Já objeto compreendemos como algo material, uma coisa que é definida por características precisas e distinta de outra coisa ou de outro objeto.

[146] Se pensarmos sociedade segundo Godelier (2010a, p. 9), entenderemos que o homem não se satisfaz em estar em sociedade, ele produz a sociedade para nela viver. Assim, fazemos um paralelo entre o conceito de sociedade e de cultura, no sentido em que ambas, sociedade e cultura, são geradas pelo e com base no homem.

Métodos e sentimentos, maneiras de viver e sensações fazem parte de uma mesma intersubjetividade, ou de uma mesma cultura, porque são indissociáveis. Assim, na cultura material, ou seja, nos objetos, nos trejeitos e nas expressões, nas performances, nas decorações dos ambientes, no universo concreto da feira e naquilo que a constitui como tal, partilhados de vivências comuns, portanto podemos evocar a existência de uma forma social que prefigura um estar no mundo imanente que alude, ou evoca, uma intersubjetividade.

A vida, na feira, é marcada pela vontade de comer, pela venda, pela troca, pela reciprocidade, por uma interação específica daquela forma social. Fátima, todos os dias, toma café na feira, o café com leite de Dona Fabrícia, a Tia Fofa; mas ela não toma só o café com leite; Fátima adora tomar o café com leite no copo com a farinha de tapioca, de colher de sopa; ela toma devagar, sorvendo o conteúdo da colher. Em uma de nossas entrevistas, Fátima recebeu um saco de farinha de tapioca de presente de outro feirante; isso foi o suficiente para que pudéssemos perceber a relação entre o desejo em sorver pelo paladar aquela mistura: farinha de tapioca com café com leite. Compreendi esse prazer, pois o conhecia desde a minha infância, visto que minha mãe, minha avó e minha bisavó tinham o mesmo hábito; e eu mesma já tomei essa mistura por muitas vezes. É um prazer que o corpo sente pela visão e se realiza no paladar e no tato, através da textura dos grãos da farinha de tapioca embebecidos no café com leite morno, quase quente — o que faz com que os grãos amoleçam e se tornem levemente envoltos em finíssimas camadas de goma, aquela mesma que utilizamos para fazer a tapioquinha.

Essa vontade de comer, de trocar, também está presente em Gleyci, estudante de Fisioterapia que, para ajudar nas suas despesas universitárias, vende pequenos lanches na feira, como pudins, doces, salgadinhos, pavês e tudo o que ela possa carregar, bem equipado e arrumado em uma caixa plástica. Tudo o que ela vende vem bem arrumado em cada copinho com tampa e, quando necessário, uma colherzinha presa delicadamente na tampa da mercadoria. Na imagem a seguir, observa-se o cuidado com o qual Gleyci cuida daquilo que vende.

Figura 49 – Tipo de lanche vendido por Gleyci. Pavê de maracujá com flocos de choco-
late, cobertura de chantili e flocos de cereal

Fonte: arquivo pessoal da autora (7 abr. 2017)

O cuidado está na aparência daquele alimento, na composição do copo — no tratamento dos elementos que compõem o pavê em camadas; na maneira como Gleyci o vende, com tampa, bem embalado, protegido de poeira e evocando a limpeza; no cuidado com o qual ela dispõe a colher em cima do copo; no tratamento sorridente que ela dispensa ao estabelecer relação com o freguês para a venda.

Concordamos com Gonçalves (2007, p. 140), quando ele diz que há gêneros discursivos inerentes aos espaços sociais onde esses gêneros reverberam. Assim, também pretendemos evidenciar os gêneros discursivos da Feira do Guamá, os quais ocorreriam, a seguir esse raciocínio, por meio das interações quotidianas nela presentes. Para isso, convém observar que esses gêneros não estão limitados às formas de falar e às expressões verbais utilizadas: eles estão presentes, também, nas expressões faciais e corporais, nas performances, nos adornos e instrumentos de trabalho, na constituição do ambiente; enfim, enunciados que constroem a feira enquanto tal. Por meio deles é que podemos perceber e tomar a feira como o que ela é, na sua quotidianidade. Por meio desses gêneros é que nos dirigimos à feira quando queremos "fazê-la": comprar alimentos ou outros produtos ali comercializados, ou, ainda, quando queremos encontrar amigos, fazer um negócio, interagir, trocar, experienciar a vida naquela forma social.

A esse respeito, observamos a fala de Dona Iracy, que vai à feira quase todos os dias e afirma que não vai "só para comprar". Quando a encontro, e ouvindo-a, percebo que ela também vai à feira para encontrar os amigos, para *estar*, para passear e ver as pessoas, os amigos, a vida na feira. Nessa quotidianidade, por meio dos gêneros discursivos que fazem a vida na feira e permitem a sua interação com o corpo social do lugar, Dona Iracy me explica que ir à feira torna-se quase um vício: "*Gosto de vir, né? Às vezes tem muitos amigos que são bacana, a comunicação é boa, né? Aí eu gosto de vir pra feira*"[147].

Com essa observação de Dona Iracy, na busca de compreender esses gêneros discursivos de que fala Gonçalves (2007), procuramos perceber quais são os elementos materiais e imateriais que compõem a Feira do Guamá. Que elementos conformam a feira enquanto tal e permitem seus gêneros discursivos? De partida, sabemos que esses elementos são o resultado de uma vivência particular, de uma sociação específica; eles se materializam/concretizam e conformam a cultura material e imaterial daquele lugar. Essa cultura é gerada de um contexto peculiar, próprio de uma forma de estar junto. Entre outros tantos elementos, pudemos evidenciar, ao longo da escritura deste trabalho, um repertório da cultura material que se pronunciou de maneira mais evidente durante o transcurso da pesquisa[148].

Antes, porém, convém observar aqui que nosso entendimento de cultura material e imaterial, de certa maneira, entrelaça-se; por exemplo, como falar do carimbó sem falar das roupas que lhe dão suporte? Como falar da quadra junina, se não falamos da dança, cultura imaterial? Qual exatamente a diferença, se uma depende da outra para se expressar? Dessa forma, entendemos que cultura material constitui:

> [...] na verdade, essencialmente o trabalho, as técnicas, a produção em geral, mas também o consumo, a moda e o gosto, bem como comércio, a circulação de objetos de uso [que] se tornam mercadorias depois de serem produzidos. Abrange também a organização do espaço, seja o espaço doméstico, aquele da casa habitacional, seja o espaço de trabalho, do campo ao ateliê (Bourgeois, Luc *et al.*, 2018, s/p, tradução nossa)[149].

---

[147] Dona Iracy, em entrevista concedida à pesquisadora na Feira do Guamá. Belém, 2 out. 2012.

[148] Convém observar que o primeiro momento da pesquisa ocorreu entre os anos 2011 e 2012, dentro da pesquisa de mestrado. No entanto, esse primeiro momento não pode ser apagado nem desconsiderado da pesquisa atual, pois esta se torna um desdobramento da anterior; assim, esse primeiro momento nos possibilitou uma percepção estética apurada das interações na feira com base na análise da cultura material então observada.

[149] Como no original: "il concerne en effet essentiellement le travail, les techniques, la production en général, mais aussi la consommation, la mode et le goût ainsi que le commerce, la circulation d'objets d'usage devenus marchandises après avoir été produits. Il englobe aussi l'organisation de l'espace, qu'il s'agisse de l'espace domestique, celui de la maison d'habitation, ou de l'espace du travail, du champ à l'atelier." (Bourgeois, Luc *et al.*, 2018, s/p).

A técnica, que tem sua imaterialidade, se transforma em matéria no objeto; o gosto, que é imaterial, se concretiza na coisa, seja ela um gesto, um canto, uma indumentária. Desse modo, não faremos uma distinção explícita e pragmática entre cultura material[150] e imaterial, compreendendo que ambas estão vinculadas, e somente uma questão conceitual as separa.

No primeiro momento da pesquisa, que se desenvolveu entre os meses de agosto a dezembro de 2011, pudemos observar que os feirantes tinham a possibilidade de se apropriar de maneira mais efetiva de seus espaços, primeiramente porque a prefeitura, responsável pela revitalização do Mercado de Carne, por meio da administração do mercado, já estava em débito com os feirantes, colocando-os nas condições em que se encontravam: na rua, em boxes de madeira mal-ajambrados, com pouca ou baixa iluminação, em condições quase insalubres. Assim, a administração, correspondendo à insatisfação dos usuários da feira, mas, ao mesmo tempo, partilhando da cultura do ambiente e percebendo a já assimilação desse ambiente pelos usuários da feira, afrouxava suas exigências. Em segundo lugar, destaca-se a construção dessa estrutura, mal-ajambrada, que, conjugada ao primeiro fator, possibilitava uma maior apropriação por parte do feirante na constituição de seu box e da própria feira. Essa estrutura estava presente na configuração do espaço mercado/feira e na composição dos boxes, em madeira.

Esse segundo fator — espaços compostos de boxes de madeira — permitiu ao feirante uma apropriação maior dessa estrutura a partir do momento em que ele podia definir de que forma ele se apropriaria por meio das cores, por exemplo, que poderia utilizar, no espaço que lhe fora concedido. O feirante tinha nesses boxes uma área sua, na qual podia interferir com maior liberdade de expressão; por isso, esse contexto é importante para nós, por ser uma área menos institucionalizada pela prefeitura, menos regulamentada por normas. Podemos evidenciar, à luz do pensamento de Roche, como negociamos materialmente, por meio da cultura material, com nosso entorno, fabricando paisagens:

> A vida material, sem dúvida, estabelece na história "os limites do possível e do impossível", como Braudel queria, mas ela o faz no entrelaçamento do contexto social de informação e comunicação que organizam o significado das

---

[150] Fernand Braudel (1979) utilizou o termo "civilização material" para abordar os aspectos econômicos da vida quotidiana. Esse não é o nosso caso. Por isso, insistimos no termo "cultura material", visto que estamos tomando-o de maneira ampla, procurando abarcar a materialidade que constitui a Feira do Guamá.

coisas e dos bens, e não na sucessão e na separação clara de temporalidades propícias aos comportamentos tipos (Roche, 1997, p. 11, tradução nossa)[151].

As composições são constituídas de elementos expressivos impressos — mas o fato de estarem impressos não significa que não possam ser alterados, bem ao contrário, existe um movimento oriundo da própria interação entre o indivíduo, o meio e a cultura material em questão — ou que se conformam na/à cultura material que se colocam a ver, se concretizam por meio de palavras, frases, expressões, performances, instrumentos de trabalho e decorativos, arrumação da barraca e, mesmo, percepção de um mundo que se materializa em nossas ações. Essa percepção de mundo na feira é partilhada. Assim, essas composições são constituídas de elementos expressivos que acabam por conformar marcas visuais. Essas marcas são processadas nos imaginários sociais e pessoais do frequentador da feira, pois os processos de percepção são processos mentais; os contornos da feira funcionam como seus limites, e cada indivíduo realiza o seu em si no processo interativo; no entanto, esse é um limite tênue, expansivo, que não se restringe aos mercados ali existentes nem a normas impostas pela prefeitura, como o Mercado de Carne, da Farinha e de Roupa; esse limite ultrapassa a materialidade imposta.

Convém observar que, "apesar da grande diversidade de nuances pessoais, as interpretações subjetivas se manterão dentro do leque de significados possíveis, estabelecidos pela estrutura objetiva da obra" (Ostrower, 1983, p. 42). Destacamos que esse aspecto não se restringe à obra, mas se refere a qualquer imagem, de qualquer vivência ou experiência que constituímos nas nossas interações, em qualquer *forma* simmeliana que conformamos como resultado dessas interações.

4.3 Como os sentidos se materializam no gosto por meio das coisas na feira?

Nosso objetivo neste tópico é escavar e colocar em evidência os sentidos das coisas em seus contextos, valendo-nos de uma observação experiencial, ou seja, feita via observação participante, utilizando-nos

---

[151] Como no original: "La vie matérielle établit sans doute dans l'histoire 'les limites du possible et de l'impossible', comme le voulait Braudel, mais ele le fait dans l'imbrication de constexte sociaux d'informations et de communications qui organisent la signification des choses et des biens, et non dans la succession et la séparation claire de témporalités proprices à des comportements types".

também da abordagem fenomenológica e, assim, procurando uma fusão de horizontes entre a reflexão etnográfica e a *redução*, ou descrição, da fenomenologia. Dessa maneira, compreendemos como o gosto na feira poderia estar concretizado ou concretizar-se no seio das interações; ou seja, como ele viria à tona, como se evidenciaria e, assim, participaria do engendramento e das conformações de reciprocidades, isto é, das formas sociais.

Para fazer esse percurso, primeiramente, adentramos o "complexo de produtos industrializados", aquele espaço dedicado às mercadorias que passam por processos de industrialização e que não são alimentos como roupas, cabos, baterias, eletroeletrônicos, brinquedos, bijuterias, bolsas, sapatos, adereços, esmaltes etc. Esse espaço se localiza em parte no prédio dedicado à farinha e em parte em um anexo localizado atrás desse prédio, como se fosse uma extensão do primeiro. O espaço anexo foi coberto mais recentemente, de acordo com alguns feirantes, há cerca de 10 ou 12 anos.

Detenho-me num box desse espaço, ainda no prédio da farinha, território onde as roupas confeccionadas em malha e em *lycra* imperam visualmente. É o box de Madalena, situado na "parte de artesanato", ou seja, de coisas que, segundo ela, são feitas com as mãos, como os guardanapos pintados e bordados em crochê feitos por ela e vendidos ali. O que mais é vendido em sua barraca[152] são os *croppeds*[153]. *Croppeds* são uma espécie de sutiã de biquíni feito, no caso de Madalena, em crochê, com uma barra que pode variar entre 2 cm e 20 cm abaixo dos seios. Outro produto que sai bastante são os guardanapos decorados e bordados, como os feitos por Madalena e Arlete, feirante e vizinha de barraca de Madalena, expostos, principalmente naquelas barracas[154], em aramados que ficam na calçada da Av. Barão de Igarapé-Miri.

Madalena possui dois boxes, onde vende roupas que compra aqui mesmo em Belém. Ela não viaja, como a maioria das feirantes porque tem dois filhos ainda jovens, um com 13 e outro com 9 anos. Seu marido trabalha e estuda, tem pouco tempo para a família. O forte de venda de Madalena são roupas femininas e infantis; no entanto, ela sempre tem camisas e shorts masculinos. Na barraca, que fica na calçada da Barão, Madalena vende

---

[152] Barracas e boxes, o feirante não faz muita diferença entre os dois. Mas isso depende muito de quem é o feirante. No entanto, uma evidência vai, ao longo da pesquisa, tomando forma, e podemos observar que barraca é aquilo que está na rua, fora do mercado, e box é aquele gradeado que está dentro do mercado, que está coberto pelo mercado. No entanto, dependendo do feirante com o qual conversamos, ele poderá utilizar o termo "barraca" para falar de um box, principalmente se esse feirante for dos mais antigos na feira.

[153] Nesse momento da pesquisa, abril de 2016. A variação depende da época, das tendências de moda que aparecem em novelas e programas de televisão, esclarece-me Madalena.

[154] "Barracas" são chamados os equipamentos que ficam na parte externa do mercado, nas calçadas. "Box" geralmente são chamados os equipamentos internos, que ficam no interior do mercado.

somente produtos feitos à mão. Note-se, entretanto, que há uma proibição, feita entre os feirantes, de venda de roupas na calçada; no entanto, apesar de os *croppeds* estarem ali, eles não são considerados apenas roupas, mas um produto artesanal, pois são feitos pelas mãos de Madalena. Quando ocorre de venderem roupas, *"eles fazem a maior onda"*[155], revela-me Dona Gilda, relatando o caso de uma senhora que chegou com o carro cheio de roupa, parou no meio-fio, abriu o porta-malas e começou a vender. Fizeram a "maior onda", chamaram Seu Rafa — aquele que resolve qualquer problema, mas não é o administrador e não tem nenhuma relação formal e administrativa na feira, todavia é uma autoridade com grande status e influência entre os feirantes dali — e tiraram a mulher de lá. Mais à frente, voltaremos a falar de Seu Rafa e de sua relação com a Feira do Guamá.

Mas voltemos à barraca de Madalena, onde ela vende seu artesanato — panos de cozinha em geral, como protetores para botijões de gás, para bujões de água, para liquidificadores, porta-guardanapos, porta-papel higiênico, porta-panos e toda uma sorte de paninhos para colocar em cima de mesas e bandejas, além, é claro, das eventuais encomendas: fraldas bordadas, um cueiro, um paninho e outras coisas mais que se precise de agulha e linha. Além disso, ela também revende alguns produtos feitos por uma amiga. A diversidade é grande.

Diferentemente de Madalena, Dona Arlete, que atua no mesmo espaço, utiliza seu box apenas para guardar sua barraca e seu artesanato, basicamente panos de prato bordados e pintados que são vendidos apenas em sua barraca, na calçada do Mercado da Farinha, na Av. Barão de Igarapé-Miri. Sem box no interior da feira, na parte coberta, ninguém tem o direito de colocar uma barraca no seu exterior, na calçada, exceção feita a Mariozinho, que vende CDs, e à Márcia, que vende água; mas, nesses dois casos, ninguém, dentro do mercado, vende esse tipo de mercadoria. As vendas de Mariozinho e de Márcia não afetam os feirantes que têm seus boxes no interior daquele mercado de produtos industrializados.

Voltemos ao box de Madalena. Outro item bem vendido ali são as camisas de time de futebol, inclusive as de times internacionais, como Paris-Saint Germain, Barcelona, Real Madrid. A esse respeito, diz-nos Madalena: *"É, quando tem campeonato, e quando tá na final, aí sai bem. Eu sempre tenho alguma coisa"*[156]. As camisas não são feitas à mão, são produtos industrializados, por isso devem ficar localizadas no seu box interno, ou seja, dentro

---

[155] Ou seja, procuram criar impedimentos para que a pessoa não possa vender naquele espaço.

[156] Madalena, em entrevista concedida à pesquisadora na Feira do Guamá. Belém, 6 out. 2016.

do mercado coberto, e não na calçada, como é o caso do artesanato. Ou seja, artesanato, mesmo roupas, aquilo que é feito à mão, ganha a calçada e pode ficar na rua; roupas industrializadas, não, devem ficar dentro do mercado.

Voltemo-nos para o gradeado de artesanato da barraca de Madalena. Ele é dividido em duas seções, que não se misturam. À esquerda, vemos o que Madalena chama de artesanato, ou seja, confecções de fabricação manual, feitas em crochê ou em costura. Suas peças são arrumadas de acordo com o estilo, a função e a cor. Os conjuntos também estão próximos. Esses conjuntos são formados por capas de eletrodomésticos, como liquidificadores, capas de bujões de água, capas de botijões de gás. Madalena procura encontrar certa harmonia na disposição dos elementos que devem ser vendidos; assim, acaba também combinando e sugerindo a venda de um possível "conjunto" para cozinha, como é o caso do pano em crochê verde que tem como função ornar mesas de refeições e a capa para galão de água.

Figura 50 – Barraca externa de Madalena

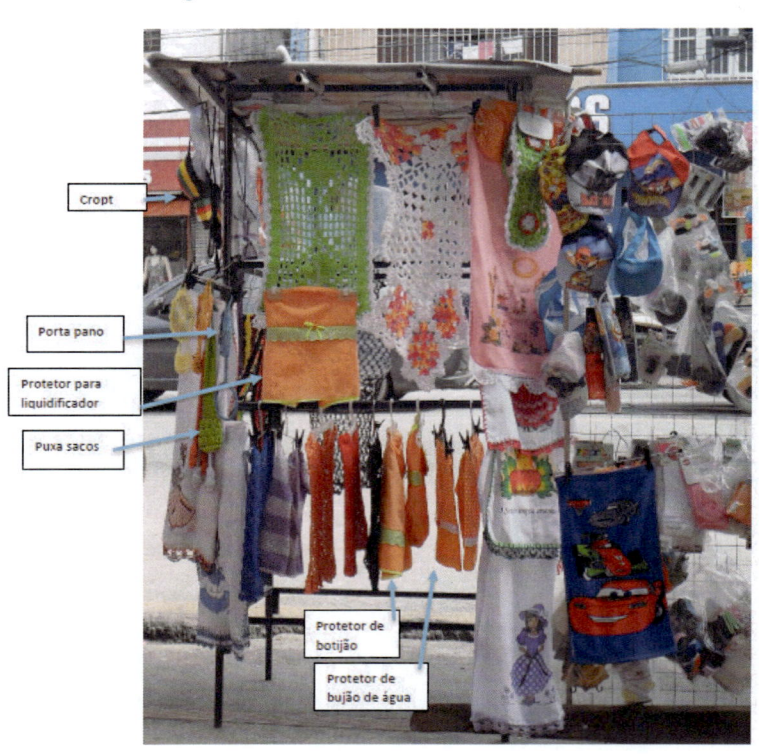

Fonte: arquivo pessoal da autora (6 abr. 2016)

Observemos agora um dos motivos, um dos enfeites dos panos de prato vendidos na barraca de Madalena. A cor do pano é branca; as suas beiradas são bordadas em crochê em lilás claro; no beiral de baixo, localizado abaixo do motivo principal — uma imagem pintada onde o lilás predomina —, o bordado alcança uma predominância maior, atingindo mais de 3 cm de largura; na ponta superior, o bordado mal chega a 1,5 cm e, nas laterais, ele é rente ao tecido, como se estivesse fazendo a sua bainha. Agora vamos à imagem principal, pintada na parte inferior do pano. Como observei, logo acima do bordado com o beiral maior, ela está centralizada; trata-se de uma moça, estilizada, uma boneca vestida com um vestido, predominantemente, lilás; de saia vaporosa em lilás com flores brancas. A parte superior do vestido, acima da cintura, está colada ao corpo, mostrando a protuberância dos seios e as mangas bufantes. O acabamento das mangas e do colarinho é branco, um beiral branco que dá graciosidade ao corpete em uma só cor, em lilás. Entre a saia e a parte de cima, há um cinto preto. A imagem tem cabelos pretos e porta um chapéu, na mesma cor lilás do vestido e com um laço branco. Sapatos tipo boneca, também em lilás, com um laçarote em cima acompanham o estilo do vestido. Ela está cercada por dois conjuntos de flores brancas e lilases, as mãos voltadas para trás, fazendo com que possamos ver somente os braços e cotovelos. Ela também porta um pequeno colar rente ao pescoço.

O que podemos ver nessa imagem? Vemos uma camponesa europeia estilizada que não pertence ao mundo da vida de Belém, do Pará ou da Amazônia brasileira, região que é extremamente quente e úmida. No entanto, esse padrão de boneca nos panos de prato — que evoca uma mulher e seu universo da casa — tornou-se um ideal e o padrão de um adereço de cozinha, de coisa de dentro, de coisa interna, de coisa íntima, do dentro de casa, daquela parte que não está às vistas na sala de visita, mas que é utilizada como adereço para uma boa apresentação de beleza e organização na cozinha de uma boa Dona de casa, como observou Madalena: *"a cozinha fica bonita e arrumada"*. Assim, a imagem passa a fazer parte do ideal de beleza da família de quem o usa, de quem o porta. No entanto, essa mesma estilização também está presente no olhar das amigas de Madalena, que vendem produtos com esse mesmo tipo de imagem: vestidos bufantes, com mangas igualmente bufantes, chapéus, sapatos tipo boneca com pequenos saltos e laçarotes acima, flores campestres, os quais fazem parte da cultura material idealizada somente quando são materializados evocando organização, limpeza e beleza.

Sinalizamos que esses elementos, antes de se concretizarem nos panos de prato, já estão presentes no imaginário, seja de quem os faz, seja de quem os compra para uso, ou, na maioria das situações, como na de Dona Márcia, no imaginário da freguesa que acabara de levar um pano de prato, somente para enfeitar e colocar acima do fogão.

Olhamos para o lado, para a barraca que fica bem ao lado da de Madalena, e, do lado esquerdo, observamos dezenas de sandálias tipo Havaianas, de todas as cores e de vários modelos, para a venda; entre essas sandálias, há alguns sapatos tipo sapatilha, e uma se sobressai, a de estilo gladiador, toda amarrada na perna; outra ainda com franjinhas na tornozeleira. Dos sapatos fechados ofertados, os que mais chamam atenção são aqueles dourados, outros em *strass*, outros, ainda, com lacinhos. Apenas dois pares de sapatos dessa barraca são fechados na frente — uma sapatilha rosa com o bico redondo em metal dourado e a outra em plástico, estilo Melissa, branca, com lacinhos pretos em cima e alguns na lateral —; os demais são sapatos abertos, estilo sandália.

As sandálias, à primeira vista, não têm nenhuma relação com as imagens camponesas que vimos nos panos de pratos na barraca ao lado, mas dialogam com os *croppeds*, que ficam na mesma barraca dos panos, localizados na parte posterior, que dá para o meio-fio da rua, enquanto os panos de prato ficam voltados para a calçada. Na calçada, circulam pedestres, aqueles que circulam na feira e se aproximam dos equipamentos e mercadorias de maneira mais lenta, de acordo com o caminhar mais lento em relação àqueles que passam pela feira ou lá chegam de ônibus ou carro. É para o pedestre, que anda na calçada, que ficam voltados os panos de cozinha e do lar — tapetes para banheiros; paninhos de bandejas e móveis; capas de eletrodomésticos —; e é para quem passa de carro e ônibus, mais ao largo da calçada, aquele que anda rápido e que pode localizar os *croppeds* e saídas de praia pelo ônibus ou de carro. Assim, a mesma barraca, de Madalena, por exemplo, procura atingir públicos diferentes, transformando-os em fregueses: aqueles que se interessam pelas coisas do lar e aqueles, talvez mais mundanos, que se interessam pelas coisas da rua, pois os *croppeds* são usados para sair de casa, embora em casa também sejam usados, como coloca Dona Sílvia, que, ao ver um *cropped*, se interessa por ele e pergunta o preço, não para si, mas para suas filhas, de 16 e 18 anos, respectivamente. Segundo ela, é para usar em casa, é bonito e confortável.

São eles que dialogam com as sandálias da barraca ao lado; enquanto os panos de cozinha de Madalena dialogam com os panos de Dona Arlete, estes pendurados entre as barracas de Madalena e de Dona Graça, que vem de Outeiro vender na Feira do Guamá.

Passemos agora para o interior do mercado, no local onde ficam os boxes de Madalena e os manequins tomam parte do espaço. Na sua maioria, são manequins de corpo inteiro, até os pés, mas sem cabeça; encontramos também os manequins de 3/4 e 2/4, ou seja, indo até o meio da coxa ou até o quadril. O box ao lado do de Madalena tem o privilégio de ficar na ponta do corredor, ou na esquina, além de estar no cruzamento entre dois corredores, podendo usar duas frentes para expor suas roupas; e na esquina há um fluxo maior de pessoas que cruzam o local. A proprietária do box possui quatro manequins de corpo inteiro que ela posiciona na lateral de seu box, deixando a frente mais exposta e ampliando seu espaço expositivo. Todos os quatro manequins vestem roupas em *lycra*, e apenas um entre eles veste um *cropped* em crochê. A imagem a seguir apresenta de perto os manequins.

Figura 51 – Manequins com roupas de Dona Adélia

Fonte: arquivo pessoal da autora (abr. 2016)

O primeiro manequim da imagem veste top em *lycra*, amarelo-claro com listras pretas na vertical. Apesar de top, não possui decote nas costas; a frente possui um decote não muito acentuado, no estilo camiseta. As listras evocam certo tremor, visto que se alternam nas linhas espaçamentos finos e grossos na conformação do tecido; no incremento do movimento também está presente o tipo de *lycra*[157] canelada, que contribui para essa sensação de movimento visual[158]. O short é feito também no mesmo tipo de *lycra* com listras pretas, no mesmo estilo, em azul-turquesa, e a cintura levemente baixa.

O segundo manequim está vestido com um conjunto em *lycra* não canelada, ou seja, de textura lisa, mas de estampa florida[159]. As cores presentes são preto, cinza, vermelho, rosa *pink*, rosa-claro, branco, amarelo, lilás e azul-turquesa; visualmente, há uma predominância do rosa *pink* com azul-turquesa no conjunto das cores. A parte de cima é composta por uma blusa curta, maior que um top, ainda que deixe a barriga de fora, e de alças de, aproximadamente, 1,5 cm. A parte das costas é similar à da frente, sem decote pronunciado. Na frente, há um leve decote em V, no estilo de uma blusa com alças. O short não chega à cintura, mas se aproxima, chegando mais acima em relação ao short do primeiro manequim. É um conjunto que cobre mais levemente o corpo, se compararmos com o primeiro.

O terceiro manequim é um conjunto de top com bermuda até abaixo dos joelhos; em *lycra* canelada e listrada, igual à *lycra* do primeiro manequim, no mesmo estilo, com a mesma textura, na cor vermelho-vinho e preta. A cintura não é baixa nem alta, está levemente abaixo da cintura. O top tem as mesmas características do amarelo do primeiro manequim — tecido e posição das listras, na vertical —; o que os diferencia é somente a cor. Geralmente, esse tipo de conjunto é utilizado nas academias de ginástica.

O quarto e último manequim é um pouco diferente dos outros três. O top não é top, é o *cropped*, feito em crochê nas cores amarelo, rosa e azul--turquesa. Ele é no estilo sutiã com uma barra de, aproximadamente, 8 cm abaixo do busto, de alcinhas e amarrado com dois pares de fios, também

---

[157] *Lycra*, também conhecida como *spandex* ou elastano, é um tipo de tecido sintético; é mais barata do que tecido de fibra natural; possui alto índice de elasticidade, podendo atingir até 500% de seu tamanho sem se romper; não amassa e é fácil de secar; é durável, leve e confortável; resiste à oleosidade e à transpiração; é de fácil portabilidade.

[158] Esse tipo de movimento visual esteticamente se conforma dentro de um paradigma barroco, em oposição a um paradigma clássico e apolíneo que está baseado no equilíbrio das linhas e na composição estável da imagem.

[159] Novamente observamos uma estética visual que evoca o universo barroco, ou dionisíaco, provocada pela profusão das cores, pelo estampado, e não mais pela textura do tecido, como no manequim analisado anteriormente.

em crochê, em torno do tórax, abaixo da barra do seio, indo até a cintura; uma maneira de sensualizar quem o porta. O estilo é mais ousado, se compararmos com os demais tops, pois o *cropped* cobre somente o seio, como se fosse um sutiã. O short que faz par no manequim com o *cropped* é de um rosa-claro chamativo, como se fosse fluorescente. Ele é feito no mesmo tecido do conjunto anterior e do primeiro manequim, ou seja, em *lycra* canelada com listras pretas; porém, as listras do short abaixo do cós estão na horizontal, e as do cós permanecem na vertical. O short é um pouco, digamos, mais comportado que o short do primeiro conjunto, pois é um pouco mais comprido, e a cintura levemente mais alta.

Esse último manequim não conforma um conjunto, ou seja, são peças separadas, assim como o primeiro conjunto. As roupas vestidas pelos dois manequins do meio foram produzidas como um conjunto em que as peças não podem ser vendidas separadamente; as peças expostas nos manequins das laterais, não. Essas peças, assim como as demais, podem ser usadas ou conformadas como um conjunto por quem as utiliza, as veste, embora não tenham sido confeccionadas ou expostas como conjunto; dessa maneira, podem ser vendidas separadamente. A exposição do conjunto, assim como do jogo entre peças diferentes, sugere não somente a maneira de como a feirante/vendedora aprecia o jogo dos elementos ali expostos, mas também como esses jogos podem ser apreciados pelo passante e freguês.

Se pararmos para observar o conjunto dos manequins, podemos ver que peças em *lycra* e crochê que vestem os manequins dizem-nos o que a feirante tem a vender e o que o freguês tende ou tem a comprar. De acordo com Adélia, o que mais sai na feira é a *lycra*, porque é *"bonita, barata e fácil de vender"*[160]. Observo que não existe número nas peças em *lycra*, todas são tamanho único. A elasticidade da *lycra* ajusta-se a quase qualquer tamanho; modela o corpo de quem a usa e expõe-no; exceção feita apenas para a roupa infantil. Esse é mais um fator que barateia para quem compra para revenda, pois a feirante não precisa comprar uma variedade de tamanhos para satisfazer seus fregueses, barateando, assim, o custo da viagem e a dinâmica nas vendas, além da facilidade em transportá-las, pois são peças mais leves e de fácil arrumação na bagagem; acrescentamos a isso a facilidade e versatilidade em as expor, assim como a atração que visualmente causam.

Continuemos a observar a imagem descrita anteriormente. Três cores com suas variações são mais evidentes: o rosa, o amarelo, e o azul-turquesa. Observe que, quando a cor não é forte, ela é aberta e se evidencia fluorescente,

---

[160] Adélia, em entrevista concedida à pesquisadora na Feira do Guamá. Belém, 6 abr. 2016.

chamando visualmente atenção de quem ali passa. Outro fator interessante é a alternância entre os tecidos com textura rugosa, sem estampas, em relação aos mais estampados. Os tecidos com textura rugosa, por si só, já possuem seu dinamismo, como observei quando descrevi o primeiro conjunto, tipos de listras, acrescente o rugoso do tipo de tecido e mais a cor, que geram movimento visual e chamam atenção de quem ali passa. No entanto, o impacto que esses tecidos causam é quebrado por outros mais dinâmicos ainda, como o florido e o em crochê, que parece claro, mas é um claro aberto e que se evidencia fluorescente, causando um impacto e uma parada visual em relação ao seu vizinho. Assim, há uma ruptura visual provocada pela arrumação dos elementos expostos nos manequins — roupas, cores, estilos. A intenção da vendedora-feirante é chamar atenção de quem passa, de um possível freguês, e, acredito, ela consegue. Quem ali passa olha para os manequins e, ao mesmo tempo, como ela me confirma, assim como Dona Gilda me confirmara, "*a roupa que vai para o manequim é mais fácil de ser vendida*"[161].

As cores fortes e cintilantes, as estampas, os tecidos, as linhas e os traços tomam formas em roupas expostas, que, por sua vez, em quem as vestirá, tomarão outras possíveis formas, como veremos mais à frente.

Além dos manequins, as roupas expostas em cabides de arames ocupam e revestem a maioria dos boxes que vendem roupas. A imagem a seguir apresenta de perto e de dentro o box de Madalena e de Dona Graça.

Figura 52 – Box de Madalena e Dona Graça

Fonte: arquivo pessoal da autora (6 abr. 2016)

---

[161] Dona Gilda, em entrevista concedida à pesquisadora na Feira do Guamá. Belém, 6 out. 2016

Se nos voltarmos para o box da vizinha de Madalena, ainda que com pouca mercadoria, podemos notar a diversidade e quantidade de blusas femininas que não são estampadas, mas possuem as cores primárias e fortes em sua maioria. As blusas em malha dos boxes de Madalena possuem estampa, enquanto as do box de Sandra não possuem, são lisas e de cor única, ou só azul, ou vermelha, ou amarela, ou, ainda, rosa. O público-alvo de Madalena são crianças e jovens adultos. Quando conversamos com Madalena, notamos sua jovialidade, seu ânimo e a importância que os filhos têm na sua vida. Observo que as roupas penduradas na parte de baixo do box da Madalena são infantis: metade do que seu box oferece está voltada para a exposição de roupas para crianças. Mas Madalena procura expandir seu negócio e estende sua venda a um público adulto, mas juvenil. Em seu box, as roupas são estampadas com muitas cores, exceção feita apenas para shorts e blusas esportivas masculinas, que Madalena não pendura em seu box, mas, sim, no box da vizinha em frente — que passa mais da metade do ano fechado, só abrindo em épocas de festa junina e Carnaval. Dessa maneira, Madalena mantém a estética de seu box com roupas femininas e infantis, coloridas e graciosas. Comparando os dois boxes, fica mais fácil fazermos a análise.

O público-alvo de Sandra são senhoras que buscam roupas mais discretas, de uma só cor, sem tantas interferências. Apesar das cores fortes — uma característica compatível com a luminosidade e temperatura fortes do local, como já pontuei —, as blusas de Sandra apresentam certa sobriedade, se comparadas com as de Madalena, que são, em geral, tops voltados para um público jovem, blusas e vestidos coloridos, em estampas, perfazendo uma estética diferenciada entre as suas vestimentas e as vendidas por Sandra.

Em se tratando da cultura material no box de Madalena, as roupas predominam. Mas temos os suportes para o mostruário, que são os cabides, os suportes em ferro para os cabides, as luzes, o aramado ao fundo e nas laterais, as pequenas caixas de costura. O box de Madalena é arrumado com capricho, um dos poucos naquela área com iluminação interna. Na parte superior, podemos observar certa sobreposição das roupas, mas notamos também que essa sobreposição tem certa ordem marcada por um pequeno afastamento entre elas, que pode ser notado na posição e na arrumação dos cabides. Esse tipo de arrumação facilita a percepção visual das roupas em relação a quem se aproxima do box. Madalena tem o cuidado para que nenhuma das blusas e roupas que ali estão expostas encoste no chão.

Logo abaixo, ainda na parte de cima do box, deixando espaço para que a abertura do box fique exposta, Madalena colocou um suporte em ferro no qual pendura, de maneira organizada por cores e tamanhos, os sutiãs; algumas dessas peças formam conjuntos com calcinhas e, para maior proteção, pois são produtos mais caros, recebem um invólucro em plástico, evitando, assim, que, com a demora na venda, os produtos sujem de poeira da rua, visto que muitos deles são de cores claras. Na lateral esquerda da imagem (Figura 52), podemos observar que Madalena coloca os vestidos mais longos em malha, com o cuidado necessário para que eles não encostem no chão e, na lateral direita, os *croppeds*. Ambos os lados são fechados visualmente pelos vestidos e pelos *croppeds*, respectivamente. Na parte logo abaixo do balcão do box, também há suportes para cabides, mas, diferentemente da parte de cima, o sentido desses suportes é outro, pois neles as roupas são projetadas para a frente – e não para as laterais do box, como nos suportes superiores. Esse posicionamento que projeta a roupa para frente corrobora para o incremento na quantidade de roupas expostas e na versatilidade em visualizá-las para o freguês, que tem acesso com as mãos - diferentemente das de cima - e pode passá-las uma a uma sem retirá-las do local. É nesse local que geralmente Madalena coloca ou blusas femininas e/ou roupas infantis, a variar e depender de seu estoque. Observo também que são roupas de tamanho que não venham a tocar o chão.

Nessa profusão de elementos, roupas, cores e formas, o que menos aparece são os cabides em arames que ficam completamente obscurecidos por essa profusão de coisas. Os cabides, os bustos em plásticos e os manequins são coisas que fazem parte da cultura material da feira, mas que desaparecem diante das coisas mais importantes: as roupas, as cores e suas formas.

A parte interna do box de Madalena é arrumada com pequenas peças de toda sorte, aproveitando a parede de fundo do interior do box. Ainda no interior do box, na parte do balcão, Madalena coloca coisas de que ela precisa no quotidiano, como sacos, fita durex, fio, tesoura, uma caixa com pequenos apetrechos de costura e crochê, linhas, copos, uma lata com pequenos apetrechos, além de algumas roupas para a venda, mas que, no entendimento de Madalena, não precisam estar expostas como as demais, pois são "repetidas". Observo que há muitas fotografias no aramado, na parte interna. Madalena me diz que ali também é a casa dela, e ela traz um pouco de si para aquele local. São fotos da família:

uma dos dois filhos em um casamento, tendo uma mesa com um grande bolo entre eles; em duas das fotos expostas, Madalena está cercada pelos dois filhos; em outra, Madalena está bem novinha, com 17 anos; em outra, Madalena está também bem nova junto ao marido; numa sexta foto, Madalena está bem preparada, fazendo um ensaio fotográfico, com a mesma idade e pose da foto relatada anteriormente, quando jovem; na sétima fotografia, aparece Madalena com seus pais e seu filho; e, finalmente, na oitava fotografia, está o seu filho fazendo "legal" com os dedos. As fotos são grandes, a menor mede em torno de 15 cm x 30 cm, e as outras têm padrões maiores e diversos. Todas as fotografias estão plastificadas para, segundo Madalena, ficarem protegidas da poeira e não "estragarem".

Além de fotografias, dentro dos boxes de Madalena, podemos encontrar material de costura, para pequenos consertos e remendos — ela acaba ajudando muitos feirantes que têm suas roupas novas a serem vendidas com pequenas descosturas, muitas vezes, erro de fábrica, e, como Madalena tem "mãos de fada"[162] ou "mãozinha de anjo!"[163], segundo seus amigos e vizinhos de feira, ela presta vez ou outra pequenas ajudas. Madalena também vende, como observei anteriormente, roupas feitas em crochê, o que ela classifica como artesanato; também vamos encontrar no interior de seus boxes encomendas a serem entregues e/ou vendidas.

Roupas penduradas no seu interior forram o box internamente. Não são artesanato, são roupas industrializadas que Madalena compra de um vendedor ou representante ali mesmo pela feira. Vez ou outra eles estão passando.

Observando o entorno do box de Madalena, podemos notar uma fluidez nas relações entre Madalena e seus vizinhos de box, em especial com seu Jorge e com dona Arlete. Essa fluidez está no apoio que um dá ao outro quando precisam se ausentar, e Seu Jorge sempre conta com a ajuda de Madalena para consertar ou reparar uma peça de roupa. Continuemos!

Uma das vendas fortes nesse primeiro conjunto de boxes que fica anexo à área dedicada à área da feira é, além das roupas em *lycra* e malha, a dos shorts masculinos confeccionados em tactel[164] ou poliéster. Em sua maioria, são confeccionados em cores fortes, como vermelho e azul, ou

---

[162] Seu Jorge, em entrevista concedida à pesquisadora na Feira do Guamá. Belém, 6 abr. 2016.

[163] Seu Pedro, em entrevista concedida à pesquisadora na Feira do Guamá. Belém, 6 abr. 2016.

[164] Tecido sintético de boa resistência, além de acessível no mercado.

vivas e fluorescentes, como laranja, verde ou azul-turquesa, mas podemos encontrar preto, lilás e, em sua minoria, branco e cinza. Geralmente, esses shorts imitam marcas famosas, como Penalty, Nike, Fila, Puma, entre outras, levando consigo bordadas suas marcas na beirada de uma das pernas. Outra vestimenta que nos chama atenção são as blusas confeccionadas para mototáxi; ali quem as vende é o Seu Jorge, amigo de Dona Arlete e de Madalena. Essas vestimentas são confeccionadas em cores fortes, como laranja, no caso, normas da prefeitura. Não é raro os três estarem conversando quando ali passo. Os três se conheceram na feira, sabem quando um e outro ali chegaram e com quem trabalham, partilham suas dores, como relata Madalena:

> Então tá, assim, como eu digo que é minha segunda família, porque, assim, quando eu tô aqui, que eu passo mal, as meninas me acolhem, porque, se eu ficar em casa sozinha, quem vai me acudir? E aqui, não; se eu passar mal, tem alguém, tem as meninas que pode ligar, pode ligar pra ambulância pra me buscarem, alguma coisa assim, pelo menos aqui eu tô amparada. É por isso que eu falo: é minha segunda família [risos].[165]

Dessa maneira, podemos observar que a feira, com sua materialidade, cria a referência para o encontro; é na materialidade dela que Madalena vende sua mercadoria, faz contato para a produção de seu crochê, e é por meio da materialidade dessa mercadoria que Madalena estabelece relações com aquele universo. A ponte entre ela e o outro, aquilo que a faz estabelecer relação com o outro, é sua própria mercadoria: as roupas e o seu crochê, o seu costurar, ou seja, a cultura material e imaterial que também conformam a feira. Madalena me relata que, mesmo quando não vende, sempre recebe uma encomenda de crochê, pois ela passa parte de seu tempo fazendo crochê na feira, uma forma de publicizar suas qualidades técnicas e de encontrar um freguês:

> O que eu mais vendo é meu artesanato. Ultimamente. Porque, como ah... como gente fala... a crise taí... só tem épocas... o que ultimamente eu tô vendendo diariamente é short, os guardanapos [que tem acabamento em crochê], tapete [artesanal], o cropped [um top que parece sutiã de biquíni, só que um pouco maior em sua lateral e na barra da frente, feito em crochê].[166]

---

[165] Madalena, em entrevista concedida à pesquisadora na Feira do Guamá. Belém, 6 abr. 2016.
[166] Idem.

Nesse contexto, como separar a técnica, elemento que só se concretiza no *cropped*, por exemplo, do *cropped* em si, matéria? Assim, cultura material e imaterial caminham, tecendo relações materiais e imateriais, uma em face da outra, de mãos dadas, na Feira do Guamá.

4.4 O ato de comprar: gosto, sociação e dádiva[167]

Procuro tratar aqui do ato de comprar como um processo de sociação na produção de sociabilidades e socialidades. Dessa maneira, busco desenvolver a ideia de que o ato da compra engendra uma determinada forma social, justamente uma sociação, existente no espaço que tomamos como ponto de observação, o Complexo de Industrializados da Feira do Guamá.

Se compreendermos a interação enquanto forma social, seguindo o pensamento de Simmel (1983, 1999, 2006), podemos concluir que uma forma social realiza uma cultura do estar junto, uma cultura conformada por diversos elementos e por diversas outras formas sociais que a compõem. Para desenvolver esta parte do trabalho, procurei utilizar a minha interpretação sobre o conceito de cultura material e de objetificação em Miller (1987, 2007), assim como de sociação (*Vergesellschaftung*), presente em Simmel (1983, 1999), e o conceito de identificação, em Castro (2011). Como já observei, o método proposto é o da fenomenologia, e a base de minha interpretação está no pensamento de Schutz (1967).

Toda forma social, enquanto um processo dinâmico (Castro; Castro, 2016), é um processo que gera interação, troca, reciprocidade em diversos aspectos já desenvolvidos por Simmel (1981, 2006). Assim, o ato de comprar traduz-se em uma cultura da troca, não limitada a uma lógica racional e prática, mas, sobretudo, a uma lógica cultural (Barros; Rocha, 2007; Sahlins 1979) e sensorial (Castro, 2021a, 2021b, 2021c), no sentido de que há elementos materiais e imateriais que são trocados no processo interativo, sejam eles dinheiro, afetos, lucros, valores, sentidos, traços (Derrida, 1979), ou qualquer outra coisa que possa estar em jogo, pois entendemos que "a cultura é um padrão possível de significados herdados do passado imediato, um abrigo para as necessidades interpretativas do presente" (Douglas; Isherwood, 2004, p. 111). Desse modo, os processos do ato de comprar também são passíveis de significados, mas não limitados a eles.

---

[167] Parte deste tópico compôs o artigo de Castro (2021c).

Cada ato de compra é um fenômeno particular para uma maneira de estar no mundo e de construí-lo. Miller (2007) identifica essas particularidades no fenômeno da compra quando observa as diferenças nos atos de compra, comparando seu próprio trabalho entre os trinitários e as pessoas que vivem no norte de Londres. Ao constatar essas diferenças, Miller evoca as diferentes formas sociais presentes nas formas de consumo — ainda que ele não use o termo "forma social", é importante que salientemos aqui a nossa interpretação sobre o trabalho de Miller (2007). Com base nesse referencial, entendemos que também na Feira do Guamá podemos apontar elementos que geram um fenômeno particular, característico da cosmologia local (Sahlins, 1989). Ressaltamos a diferenciação não só na forma como esses atos de compras são realizados, mas também como cada pesquisador desenvolve sua abordagem em relação aos outros pesquisadores que lidaram com o mesmo fenômeno (Miller, 2009a).

O lugar do qual agora falo chamamos de feira, aquele lugar que — fazendo uma analogia a James Gibson (1979) —, ao observarmos a mobília, compreendemos que se trata de uma feira. São as coisas que ali estão, a mobília, que fazem com que reconheçamos aquele lugar como uma feira e, da mesma forma, saibamos o comportamento que devemos ter ao transitar por ela (Ingold, 2012).

No caso aqui tratado, vamos concentrar-nos nas relações que se estabelecem no anexo do prédio da farinha, que só tardiamente, em relação aos demais, foi coberto e ganhou os boxes convencionais da Prefeitura de Belém para a venda da mercadoria permitida no local, as roupas. De acordo com Seu Rafa[168], esse ambiente foi um ganho — no sentido de conquista — daquele espaço pelos feirantes[169] do local, assim como o foi a institucionalização da venda de somente roupas e acessórios naquele lugar; essas foram conquistas das pessoas que ali estão.

---

[168] Seu Rafa, em entrevista concedida à pesquisadora na Feira do Guamá. Belém, 18 fev. 2017. Seu Rafa é presidente da Associação de Feirantes do Guamá. Ele está ali na feira, vivenciando-a por diversas relações diferenciadas ao longo de mais de 30 anos. Seu Rafa já trabalhou na feira como ajudante de feirante, na sua adolescência; depois, tornou-se feirante da farinha; em seguida, fundou a Associação de Feirantes do Guamá, assim como participou ativamente da fundação da Associação de Feirantes da Cidade de Belém. Por sua própria experiência, Seu Rafa contribuiu para o estabelecimento de seus familiares na feira da farinha, valendo-se de seu *savoir-faire* e de sua capacidade em administrar problemas e encontrar soluções. Sua esposa é feirante e possui o box de alimentação localizado no prédio da farinha. Hoje Seu Rafa é funcionário da Prefeitura Municipal de Belém, responsável pela limpeza das feiras. Apesar de não ter um vínculo direto com o Mercado da Farinha, pois ele não é o responsável perante a prefeitura pelo prédio, o qual tem outro administrador; de acordo com diversos feirantes do local, como Madalena e Arlete, em qualquer disputa que lá ocorra, ele é chamado para resolver. Isso faz com que Seu Rafa disponha de um grande respeito e muita admiração junto a todos os feirantes que, até então, encontrei.

[169] O feirante é um permissionário, ou seja, ele possui a permissão da prefeitura para utilizar aquele espaço, composto pelo box e pelo local onde o box se encontra, não podendo dali deslocá-lo.

Acompanhei Amanda na feira Guamá quando ela estava à procura de um vestido para o Natal; um vestido novo, especial, para usar na noite de 24 de dezembro. Ela me disse que, quando saiu de casa, pensou em comprar um vestido branco que tinha visto por ali, na feira, alguns dias antes, mas, quando viu o vermelho, no mesmo box onde ela tinha visto o branco, ela decidiu experimentá-lo. Ela queria experimentar ambos os vestidos e decidiu começar pelo vermelho. Enquanto se olhava no espelho, sentiu que o vestido caía perfeitamente em seus desejos de estar bonita para o Natal. Passaram-se, assim, de 15 a 20 minutos, e Amanda seguia ouvindo comentários e experimentando o vestido vermelho. Amanda parecia ter decidido, por isso resolveu não experimentar o vestido branco, o que desejara há muito tempo e que a levara ali.

Embora ela já tivesse decidido comprar o vestido vermelho, ela tomou tempo olhando-se com ele. Ao experimentar, levantava os braços na altura do ombro, rodava levemente o corpo, de um lado para o outro, para se olhar de lado e olhar como o vestido tinha ficado atrás; alisava o vestido, primeiro na frente, passando a mão da barriga aos quadris, passando pela cintura, depois alisava suas costas, passando as mãos pelo bumbum, uma hora a palma da mão esquerda, outra hora as costas da mão. Isso tudo era feito na frente da vendedora e daqueles que a rodeavam. Virou-se de todos os lados para se olhar, sempre em uma nova posição. Alguns de seus movimentos eram suaves, e seu corpo balançava doce e levemente, e, por vezes, dá uma parada enquanto sacudia a cabeça e fazia seu cabelo balançar, deixando o corpo em diagonal como se estivessem dançando discretamente. Essa maneira de se mover, de balançar o corpo, a expressão de seu rosto, mostrou-nos o prazer de experimentar o vestido. Ela queria ver como o vestido estava, de costas, e nos dizia que gostava do *"decote redondo* [na parte de trás] *e também do decote da frente... e o vermelho é muito lindo para o Natal!"*[170]. Ainda assim, Amanda ensaiou a dúvida; a vendedora não queria perder a freguesa, e ambas, feirante e freguesa, estabeleceram um diálogo sutil com meias palavras e muitos silêncios. Amanda perguntou sutilmente o preço do vestido, *"um pouco salgado"*, e a vendedora[171], atenta, promete um desconto. O diálogo é intercalado com pequenas pausas entre um enunciado e outro, de ambos os lados. Nem Amanda quer mostrar sua vontade de comprar o vestido, nem a vendedora

---

[170] Amanda, em entrevista concedida à pesquisadora na Feira do Guamá. Belém, 16 dez. 2016.

[171] Importante observar que, nessa área da feira, quem ali vende vê-se ora como feirante, ora como vendedora de roupa; isso varia de acordo com as circunstâncias.

queria mostrar sua ânsia de vendê-lo. Amanda voltava constantemente para o espelho e tentava esconder o sorriso e a expressão de satisfação. Ela esperava alguns comentários de quem a olhava, mas evitava o escrutínio da vendedora. Por fim, ela se afastou um pouco e se olhou em diagonal, deixando transparecer que o vestido lhe caíra bem, "*como uma luva*", disse Dona Gilda, que também acompanhava a compra. Alguns silêncios foram interpostos por todos nesse diálogo. A venda parecia longa! A vendedora comentou com os outros participantes desse diálogo algumas pequenas coisas sobre como o vestido tinha caído bem em Amanda, como o decote e a cor a deixaram muito bem. Depois de muitas frases curtas, muitos silêncios entre as duas mulheres, muita especulação e vários elogios da audiência - eu, Jussara, Dona Gilda e mais aquelas pessoas que passavam e a viam admirar-se no vestido –, Amanda decidiu fechar o acordo. Decidido, Amanda se volta para o vestuário, fecha a cortina e troca de roupa. O público que a acompanhava espalhou-se delicadamente. Em alguns segundos, Amanda e a vendedora fecharam o negócio. Amanda saiu com o vestido em sua bolsa, dizendo adeus a todos com um sorriso largo no rosto. Agora, ela não precisava disfarçar a felicidade de ter comprado o vestido, pois, "*se eu mostrar que estava feliz com a compra [antes de comprar], dificilmente teria um desconto assim, certo?*"[172] — ela estava se referindo ao desconto de R$ 10 que havia recebido.

Quando Jussara viu Amanda com o vestido, pois ela participara desse processo de compra e venda, dessa sociação, ela — assim como eu, como o vestido, como o espelho, o movimento dos corpos, a expressão, o tipo de sala de montagem, nós éramos um desses elementos que compuseram aquela forma social — notou que "*porque é socialzinho, ela pode ir pra qualquer lado... ir pra uma festa... coloca um sapato preto, pronto, tá perfeito*"[173]. Logo em seguida, depois de ficarmos a sós, Jussara começou a indicar todos os pontos que qualificam o vestido e a escolha de Amanda: "*apesar dos decotes de trás e da frente do vestido, ele é bem socialzinho*" — uma observação na qual podemos perceber certa reprovação moral; e aqui há outro elemento dessa forma social, o valor moral conferido ao fenômeno da escolha e compra de Amanda: "*ele tem uma saia bem comportada, de uma boneca, não é de manga curta, pode ser usado com um sapato preto*", que reforça esse tom socialmente bem comportado, embora Amanda tenha adorado, pelo que me disse, e pude notar, os decotes da frente e da parte de trás do vestido.

---

[172] Amanda, em entrevista concedida à pesquisadora na Feira do Guamá. Belém, 16 dez. 2016.
[173] *Idem.*

A partir desse momento, Jussara me convida a ver o vestido que pretende comprar, ali na feira, não no box da mãe, mas no box de uma vendedora próxima. Mas isso já é uma outra história. Continuemos...

As duas moças, Amanda e Jussara, em momentos diferentes, observaram enfaticamente o vestido, novo e vermelho, que seria usado no Natal, na "festa familiar", uma celebração religiosa e afetiva, quando se comutam presentes e quando se supõe que cada um estará bem-vestido. Jussara observa que, para o evento, a pessoa deve "preparar-se" para estar bem, em sua melhor forma: "*Ah, então quando a gente vai para uma festa com amigos, com a família. Você tem que se vestir bem, é bom*"[174]. Esse prazer estético evidenciado por ambas as moças mostra uma maneira de sentir o mundo e de tomá-lo para si e para o outro. Aqui, podemos evocar essa humanidade (Miller, 1998a, 2007) sugerida na escolha de Amanda e nos comentários de Jussara, que transforma a mercadoria, uma roupa a ser vendida, em um elemento de compartilhamento. Amanda pretende compartilhar "seu estar no mundo" com esse vestido, com as outras pessoas com quem ela vai "estar no mundo" (Maffesoli, 1993, 1996a, 1996b) no Natal. O vestido é mais uma pitada de sal nessas relações, mas uma pitada de sal muito importante e responsável por essa sociação. A compra do vestido vermelho, mais caro, é um elemento que evidencia uma lógica cultural em detrimento de uma lógica prática (Sahlins, 1979) de consumo, "onde o consumo é concebido como um ato simbólico e coletivo" (Barros; Rocha, 2007) dessas relações entre pessoas e coisas, das escolhas. São coisas que se destacam para se tornar elementos de partilha e, talvez, de generosidade entre portador e a intenção para com aqueles que participarão da sociação e conformarão a noite de Natal — de fato, os interlocutores de Amanda já estão participando quando da escolha do vestido feita por ela dias antes da noite de Natal, mesmo sem o saberem.

Apesar da precariedade das instalações, da falta de luminosidade, do calor, os boxes são plenos de roupas. Manequins e cabides saltam dos boxes, reduzindo o espaço do freguês, mas ocupando e enriquecendo visual e fisicamente o local. Ainda que Dona Gilda reclame de sua suposta precariedade quanto às coisas que vende — pois ela quer viajar para comprar e revender —, seus boxes, assim como os das outras feirantes do local, estão cheios de roupas. Quatro dos boxes de Dona Gilda ficam ao fundo do local. Ela completa: "*Cinco com essa aqui, de*

---

[174] Jussara, em entrevista concedida à pesquisadora na Feira do Guamá. Belém, 16 dez. 2016.

criança"[175]. Ela ainda possui o box em frente, levemente na diagonal. Todos estão cheios de roupa. Em dezembro desse mesmo ano, Dona Gilda já tinha adquirido mais um box, ao lado daquele onde ficam expostas as roupas de criança, completando, assim, seis boxes de exposição; e, se consideramos o box destinado ao vestuário, Dona Gilda perfaz o total de sete boxes.

Figura 53 – Vista diagonal dos boxes de Dona Gilda

Fonte: arquivo pessoal da autora (10 dez. 2016)

Podemos ver na figura *supra* dois boxes e meio, que pertencem à Dona Gilda. Ao fundo da imagem, vemos parte do box que tem o manequim sem braços com blusa-corpete vermelha e calça *lycra*-jeans e mais dois que o seguem em direção à direita, indo até o manequim de blusa amarela que está no chão. Do lado direito, também podemos ver parte do quarto box de Dona Gilda, voltado apenas para roupas infantis, e, no interior do box, ficam expostas calcinhas e cuecas para adultos também, além das infantis.

Observamos que os sete boxes que Dona Gilda possui dividem-se, expondo os seguintes tipos de confecção, de acordo com o gênero: no da frente, à direita, ela expõe roupas infantis, calcinhas e cuecas; ao lado, ela expõe roupa feminina, seu forte, segundo ela própria; o que fica em frente

---

[175] *Idem.*

ao box de roupas infantis, à esquerda na imagem, é utilizado como vestuário; três dos quatro boxes que ficam ao fundo são destinados somente a roupas femininas, e um único box é para roupas masculinas (shorts e camisas), em sua maioria, para adolescentes.

A parte interna de um desses boxes voltados para roupas femininas é ocupada por adereços, como brincos, colares, bolsinhas para festa, enfeites de cabelo e outros objetos do gênero.

Diferentemente de Madalena, que não viaja, Dona Gilda, assim como as demais vendedoras de sua área, viaja e compra roupas para revenda; geralmente, ela vai para Fortaleza, Ceará e, esporadicamente, a Santa Cruz, em Pernambuco. Para Dona Gilda, é fundamental viajar, como também para Dona Alda. Quando Dona Gilda não consegue viajar, sempre pede para uma das amigas trazer algo para ela:

> Às vezes, quando não dá pra viajar, algumas amigas minhas que vão, trazem alguma coisa pra mim..., mas é melhor a gente ir mesmo, né?! Pra escolher... é melhor a gente mesmo. [...] É porque tem movimento um pouco fraco aqui, né?! Aí tá difícil da gente conseguir dinheiro pa... porque a despesa é alta, também, né?! Só de passagem a gente paga quinhentos reais... Ida e volta, porque a gente não vai só até Fortaleza, a gente vai até Santa Cruz, lá em Pernambuco...[176]

Não consigo perceber essa falta de roupa da qual Dona Gilda reclama, mas, ao receber um freguês e não ter o que ele procura, uma calça jeans, eu acabo por aprender! O freguês, acompanhado do filho de 17 anos, ao chegar ao encontro de Dona Gilda, a cumprimentou, seguido de seu filho, que pediu a bênção a ela. Acredito que seja afilhado dela, entretanto não convinha perguntar naquele momento. Estranho a conversa não ter tanta intimidade, e noto que Dona Gilda não lembra muito bem o nome dos dois. Interessante observar que, antes de olhar qualquer outro box, os dois se direcionaram para o dela, ou seja, deram prioridade a ela; só não compraram dela porque ela não tinha a mercadoria desejada, a calça jeans; de fato, ela não tinha para vender nenhuma calça jeans. Sistematicamente, Dona Gilda reclama dos baques que teve nos últimos anos, da sociedade que fez com uma moça, ao abrir uma "loja de 10" — loja em que tudo que era vendido a R$ 10 — e das perdas que sofreu com essa sociedade comercial.

---

[176] *Idem.*

Sem ter a calça a dispor para a venda, Dona Gilda o encaminha a uma amiga feirante, logo no box mais à frente, pede a calça e acompanha a venda para que seu freguês seja bem atendido e saia satisfeito. Negócio fechado: das três calças ofertadas e experimentadas, ele ficou com uma.

Nessa relação rápida e aparentemente banal, podemos observar o respeito estabelecido entre as partes no ato da bênção pedida à Dona Gilda pelo menino quando este estende a mão direita, e, ao levantar o braço, sinaliza à Dona Gilda o pedido da bênção, falando "bença", para que ela lhe pegue a mão e o garoto a beije. Dessa maneira, Dona Gilda retribui o beijo na mão do menino, ofertando-lhe sua bênção. É essa troca, o pedido e a benção concedida, que faz com que eu perceba que se trata de um afilhado dela, apesar de ela não recordar o nome de imediato, pois há muito tempo não o via.

Outro movimento importante foi o comportamento de Dona Gilda para prover a satisfação do afilhado. De acordo com as normas do local, nenhum feirante pode pegar o possível freguês pelas mãos, caso não tenha o que ele deseja em seu box, e o levar a uma feirante amiga. A norma ali estabelecida é deixar o freguês livre para parar onde bem lhe aprouver, sem precisar ser levado pela mão de uma feirante a outra. Dessa forma, Dona Gilda queria satisfazer e acompanhar o desejo do afilhado, mas, ao mesmo tempo, não romper com a norma estabelecida. Assim, discretamente, sem sair do local onde se encontrava, Dona Gilda apenas pergunta para a feirante à frente, que estava próxima e em boa posição, se ela tinha calças jeans para o garoto ver.

Observando a relação de Arlete com Madalena, assim como a de Amanda com Jussara, da mesma forma a de Gilda com o afilhado, podemos evocar aqui que essas relações estão, ali, naquele momento, pautadas pela intersecção da matéria. Observamos que a matéria, a coisa, porta qualidades que vinculam (Meskell, 2005, p. 4) feirante e freguês, pesquisador e pesquisado, madrinha e afilhado. As coisas vendidas por Dona Arlete e Madalena são o motivo, ali, de sua proximidade. O mesmo ocorre com Dona Gilda e o afilhado, que há muito não se viam. Dona Gilda me confessou ter temporariamente esquecido o nome dele. O mesmo ocorreu com Amanda e com Jussara. No entanto, convém observar que os níveis de sociabilidade e de socialidade (Simmel, 2006) são diferentes, porque cada uma dessas pessoas funciona como um elemento da forma que estão construindo, ou cuja construção estão corroborando. Ainda que eu tenha outro interesse, é por meio daquelas coisas, daquela cultura material, que estabeleço contato com os frequentadores da feira. Sem a coisa, sem aquela materialidade, teria sido mais difícil, talvez impossível, estabelecermos uma relação.

Essa relação entre pessoas e roupas, entre o sujeito e a cultura material em que ele está inserido, faz com que as roupas se movam de seu estado de mercadoria ou bens alienáveis (Miller, 2007; Simmel, 1978) para o estado específico da coisa (Ingold, 2012) para atender a um sentido pessoal e social, ou, ainda, a um traço, a algo que nem sempre podemos qualificar, mas intuímos — aqui abordamos Derrida (1994) e seu conceito de traço, que se refere aos sentidos precários, ou "ainda precários", que não devem ou não podem ser transformados em sinais e/ou símbolos.

Acompanhando o pensamento de Miller (1987, 2007, 2009a), podemos observar que, ao participar do processo de interação, a cultura material — mais um elemento daquela forma social simmeliana (Castro, M., 2017; Simmel, 2006) — abaliza certa humanidade (Miller, 2007) do e no indivíduo. Ao abalizar e corroborar a construção de determinada humanização, essa cultura material também contribuirá para a construção de certa identificação (Castro; Castro, 2017a); talvez não apenas contribuir, mas evidenciar um processo de identificação já existente e que colabora para a produção e/ou o incremento do processo de reciprocidade (Mauss, 1974). Assim, podemos observar como a roupa, os adereços, o equipamento e os instrumentos utilizados lá, bem como tudo o que é vendido, trocado e consumido (quando usados por aquele que os adquiriu), corroboram conformá-los no processo de objetivação. Objetivação: "[...] o termo é usado para descrever uma série de processos consistindo em externalização (autoalienação) e sublatação (reabsorção) por meio da qual o sujeito de tal processo é criado e desenvolvido" (Miller, 1987, p. 12, tradução nossa)[177].

O processo de objetificação seria, em nosso entendimento, o resultado do processo de identificação entre sujeito-objeto-intersubjetividade, ou, ainda, a sua concretude. Podemos dizer que o processo de objetificação concretiza o processo de identificação. No entanto, convém observar que o fato de concretizar ou realizar não implica um enrijecimento ou estagnação: o processo é contínuo, gerando múltiplas realizações.

---

[177] Como no original: "The term is used to describe a series of processes consisting of externalization (self-alienation) and sublation (reabsorption) through which the subject of such a process is created and developed".

A busca ao vestido de festa para o Natal na feira, a interação estabelecida pelo desejo de comprar e o desejo de vender engendraram certa maneira de interagir que conformou certa forma social; mas essa forma social só estava sujeita à existência devido aos elementos que estavam lá e a conformaram: a coisa desejada — o vestido para o Natal –, o freguês que queria o vestido para o Natal, os boxes na feira, o manequim em que o vestido estava exposto, os outros manequins que preenchiam o lugar visualmente, o conjunto de roupas expostas, os cabides de ferro, os armários, o vendedor da feira, o complexo industrializado da feira de Guamá, a presença de Jussara e outros que por ali passavam, a presença do pesquisador e a venda. Usando uma metáfora para que possamos entender melhor como essa forma social se conforma, podemos adicionar o lugar, a feira de Guamá, como o forno que "assou" esses elementos — em nossa compreensão, talvez a arena a que Douglas e Isherwood (2004) se referem —, integrando-os, de forma determinada, para conformar determinada forma social que, sem ela, não teria sido possível; o consumo poderia ser o fogo — ou o vitalismo (Maffesoli, 1995, 2000b) — que amalgamou esses elementos que conformam essa forma social.

Ainda acompanhando o pensamento de Miller (2007) e Douglas e Isherwood (2004), observamos que, se a cultura material evidencia uma humanização — e, talvez, promova-a, no que acreditamos, pois "é evidente que os bens têm outro uso importante: também estabelecem e mantêm relações sociais" (Douglas; Isherwood, 2004, p. 105) —, a compra do vestido e mesmo o seu "consumo" são feitos precisamente porque esses processos são capazes de engendrar interações e de corroborar a conformação da forma social. Dessa forma, o consumo da cultura material contribui para o incremento das interações e promove-o, colaborando para o processo de humanização do sujeito nas e das relações sociais.

Nesse sentido, podemos entender a cultura material utilizada e vivenciada na feira como um enunciado que reverbera na intersubjetividade e que, no fluxo interativo, promove sentidos; assim, podemos intuir a formação de cadeias de sentidos que são gerados, promovidos e reverberados por esses fluxos interativos. Igualmente, não seria possível chegarmos a uma essência de sentido gerado pelo objeto, pois seu sentido é intermitente e continuamente construído, alterado e conformado nos processos interativos, e só nesses processos tem sentido.

RETRATOS SENSORIAIS: AS SENSIBILIDADES NA FEIRA

> *Ver, escutar, saborear, tocar ou sentir o mundo é*
> *permanentemente pensá-lo através do prisma de um*
> *órgão sensorial e torná-lo comunicável.*
> *(Le Breton, 2016b, p. 25)*

5.1 Formas sensíveis

A feira, tal qual se apresenta, é o resultado da composição e da interação entre os elementos — cores, materiais, mercadorias, sons, odores, temperatura, pessoas — que a conformam, resultando de vivências e experiências individuais e coletivas, simultâneas. Assim, um frequentador ordinário que adentre a feira percebe-a, também, como uma imagem; imagem como aquilo que é apreendido pelos sentidos e corrobora a criação de uma paisagem (Balée, 2008; Bender, 2002), esta, também, mental. Nesse sentido, a imagem também pode ser compreendida como uma paisagem, ou um conjunto sensorial de elementos e sensações que pode engendrar uma imagem ou paisagem mental.

Quando falamos em imagem, estamos falando de algo que vemos também com os olhos da mente, esses olhos que escapam da materialidade do corpo biológico e alcançam, digamos, o corpo cultural. Assim, qualquer pessoa, ao se aproximar, utilizando qualquer sentido, pode, ao perceber a feira, transformá-la em imagem. Portanto, utilizo o termo "imagem" seja quando falo da materialidade visual do box, seja quando falo da percepção que os sujeitos possam ter do box.

Podemos apontar algumas de nossas percepções obtidas por meio de nossos sentidos, que colaboram para a conformação das imagens da feira tal qual a conhecemos e a concebemos. Entre essas percepções, podemos evocar justaposição das cores internas e externas dos boxes e, no seu conjunto, no enquadramento que elaboramos ao vermos; na relação que se estabelece entre boxes congêneres e próximos, entre pessoas, entre as coisas que conformam a feira e se conformam em quem a isso vivencia — o frequentador da feira — uma imagem ou uma paisagem (Balée, 2008; Bender, 2002).

Identificar as cores com as quais os boxes são pintados era mais evidente no período de revitalização do Mercado de Carne, ou seja, quando os boxes estavam todos para fora do mercado, tomando a calçada que dá para a Av. José Bonifácio e para a Passagem Mucajás, estendendo-se pelo meio desta, ocupando-a totalmente, assim como tomando o beiral, o meio-fio, daquela.

Neste capítulo, procuramos aqui pintar com as cores das nossas sensações, aquelas já pintadas pelos feirantes, os retratos das paisagens sensíveis de nossa experiência no campo de pesquisa. Afinal, como bem colocou Huygues (2009, p. 9), a propósito do homem contemporâneo (e eu me pergunto se isso não seria pertinente a qualquer homem, em qualquer tempo): "Os choques sensoriais conduzem-nos e dominam-nos; a vida moderna assalta-nos pelos sentidos, pelos olhos, pelos ouvidos".

5.1.1 Primeiro retrato

Com o madeiral temporário — os frequentadores da feira sabiam dessa condição de temporalidade —, os feirantes podiam quebrar com a normatividade imposta pela prefeitura, como observei anteriormente, e apropriar-se de seu pequeno espaço, impondo, assim, certa condição pessoal. Apesar de notarmos uma regulamentação mais livre dos espaços destinados a cada área, havia também certa desregulamentação deles, pois nem o espaço concedido era suficiente para abrigar toda a feira, nem o que foi concedido para o feirante era suficiente para abrigar seu box ou para satisfazer sua necessidade na condição de feirante. Assim, por mais que a prefeitura quisesse balizar o espaço dos feirantes e tivesse conferido a eles boxes mínimos e insalubres[178], a própria necessidade comercial, estética e/ou imperativa da troca e da vida que se move, fazia com que os feirantes se estendessem para fora de seus espaços exíguos.

---

[178] A questão da higiene foi evocada com frequência pelos feirantes e demais frequentadores da feira. Todas as vezes que perguntávamos sobre aquilo de que eles não gostavam, quase que em sua totalidade, as respostas eram sobre a sujeira, o mau cheiro e a falta de higiene; principalmente quando os feirantes falavam da época anterior à revitalização, ou seja, antes de 2012.

Como exemplo dessa distensão e extensão do espaço, podemos evocar a utilização das cores que ampliam sua perspectiva e se projetam para fora do espaço material. Penso que essa foi a intenção da prefeitura, que uniformizou a cor, laranja, do espaço, procurando dar a sensação de vivacidade, valendo-se daquela ação. Na próxima figura, nota-se que a cor laranja, da maneira como foi pintada, projeta, para o frequentador da feira, o espaço para o fundo.

São dinâmicas intersubjetivas que constroem uma forma de ocupação do espaço, mesmo daqueles espaços subjetivos, que não chegam a se materializar, mas evocam, por meio do som, da cor, uma amplitude que vai para além da materialidade do espaço físico, no caso, o box ou equipamento do feirante. Como exemplo, referimo-nos a outros ambientes onde os elementos utilizados para a ampliação do espaço são o espelho e a pintura de cor clara e/ou branca. Esse não é o caso da feira, visto que o espelho é um elemento caro e luxuoso, encontrado lá, em sua maioria, quase em formato 3 x 4; somente são maiores em alguns boxes que vendem roupa no mercado destinado à comercialização dessa mercadoria.

As cores que dominam o interior dos boxes são laranja, seguido de verde, amarelo e vermelho. Outras cores, como azul e lilás, estão presentes, mas em menor frequência. Isso ocorreu porque a prefeitura concedeu apenas três cores para a pintura dos boxes: laranja (marca da gestão de então), amarelo e verde; as demais cores foram adquiridas pelos próprios feirantes, que encontraram, assim, a possibilidade de se diferenciar dos demais.

No interior desse mercado, a iluminação era — e ainda o é no anexo, no Complexo dos Industrializados — precária; seja dia, seja noite, o que evidencia a necessidade da utilização de cores mais fortes e quentes, o que, provavelmente, não ocorre somente por esse motivo. O clima da cidade é quente, e o sol é forte, o que altera a cromaticidade da cor e a percepção do feirante. Observamos que a intensidade da luz altera a percepção visual das cores, pois, como se sabe, é a luz, ao contato com os olhos, que produz a cor. Como vivemos sob um sol e uma iluminação fortes, nossa tendência é aplicar cores que vibrem, pois as claras são pouco percebidas, já que, nessas circunstâncias, uma cor clara, de baixa intensidade da luz, causa baixo impacto visual diante de forte luminosidade.

Essa aplicação de cores já é o resultado de uma percepção de mundo, seja corroborada pelo clima, seja uma resultante da relação homem/clima/natureza, ou, ainda, a construção de certa paisagem mental, ou seja, de certa interferência do homem no meio em que vive, fazendo-se, assim, cultura. O espaço concedido à feira e ao feirante é conformado no imbricamento das relações, na interação dos que se apropriam daquele espaço.

A percepção de espaço e a apropriação dele refletem uma percepção de mundo que, por sua vez, reflete uma interação, uma sociação, que é uma *forma* de estar no mundo. Reflete, ainda, uma reverberação do universo cultural, no qual a cultura material — ou seja, tudo que aquelas interações produzem — é gerada. E, quando gerada, reverbera e conforma de acordo com seus ideais estéticos, de sensibilidade e de gosto, ainda que limitada pela oferta disponibilizada a eles.

Falar sobre a presença sensorial da cor não é fácil, e o assunto deve ser contextualizado, pois a presença sensorial dela normalmente é intraduzível. A cor faz parte do universo sensorial, ou seja, não racional[179]. Ela excita os sentidos, excitação essa que é "própria da cor e que não existe em nenhum outro elemento visual" (Ostrower, 1983, p. 235). Todavia, apesar de sensorial, sempre há um motivo na escolha da cor, um motivo que se racionaliza, mas que não se confirma de maneira homogênea, pois "a expressividade da cor dependerá das funções que desempenhe" (Ostrower, 1983, p. 236), e a busca da expressividade é pessoal, social e circunstancial.

Há na feira uma sobreposição de cores diferentes. Ou seja, há pouca variedade de tons e muita diversidade de cores. As cores são bem definidas. O que é verde é verde e precisa ser diferente da cor de outro elemento. Ambas as cores serão dominantes, e, assim, ambos os elementos serão bem evidenciados, ainda que ambos saltem aos olhos, guerreiem ou se locupletem. O importante é o impacto causado pela informação. A seguir, há uma imagem do box de Seu Tacísio.

---

[179] Evidentemente há quem utilize as cores de maneira racional, por exemplo, os profissionais da publicidade, do marketing e da mídia. No entanto, ao utilizar as diferenças cromáticas para atingir seus objetivos, esses profissionais lidam com a sensorialidade dos sujeitos aos quais dirigem suas mensagens, pois esses indivíduos não refletem sobre as cores em si mesmas, mas, sim, sobre as informações que, por meio delas, são veiculadas.

Figura 54 – Imagem do box de Seu Tacísio durante a revitalização do Mercado da Carne

Fonte: arquivo pessoal da autora (set. 2012)

O permissionário do box manteve a cor verde, que predomina na maioria dos boxes, mas colocou um compensado ao fundo, impedindo a entrada de luminosidade através das frestas entre as tábuas corridas que compõem o complexo de boxes do mercado. Quando o permissionário faz isso, ele corta qualquer possibilidade de interferência na leitura do nome de seu box e mantém o nível de iluminação equilibrado no interior de seu box, contribuindo com uma menor interferência da luz externa, daquela que vem da rua e que pode atrapalhar o cliente de escolher seu box ou de olhar melhor seu produto a venda, a carne, sem a interferência da luminosidade, que viria do exterior, do fundo do box, refletida diretamente em seus olhos. Além disso, e tão importante quanto, o feirante evidencia o nome de seu box, que toma mais de 60% do total do compensado: "Box do Tacísio". Se observamos mais atentamente a palavra "Tacísio", que é de fato o que identifica o box, tem a fonte (letra) maior que a expressão "Box do". Ora, segundo Seu Tarcísio, a palavra "box" é usada por todos ali na feira, mas "Tarcísio" é só dele.

Outro elemento que expande o nome do box é a cor escolhida por Seu Tarcísio, o azul cromático, em seu pique de cor. Um azul mais forte ou mais fraco do que aquele utilizado por ele, em relação ao bege do compensado, diminuiria o impacto visual do nome do box. Outro fator importante é que, localizado na área das carnes, pois Seu Tarcísio é açougueiro, ele não utiliza o vermelho — uma cor primária chamativa, cor da carne, a principal mercadoria daquele local; cor essa que apela aos sentidos de maneira mais direta —, mas ele dá ênfase ao azul, cor também primária, mas cor que ali, naquele contexto, o diferencia do restante dos boxes e das cores com presença intensa naquela área — verde, vermelho, amarelo e laranja. Essa diferença fica mais clara para nós que frequentamos a feira, quando, ao passarmos pelo corredor da carne, paramos à frente do box referido, onde estão expostas as carnes, vermelhas, com o fundo bege com letras grandes em azul. Ou seja, ele retirou o impacto da luz do sol que entra pelas frestas com o compensado, nivelou e acalmou o frequentador da feira, possível freguês, colocando uma cor neutra ao fundo, a cor bege do compensado, e aplicou uma cor viva no letreiro, em seu ápice, para chamar atenção ao seu box e dizer quem ele o é, diferenciando-se de seu entorno.

Se o bom gosto pode ser traduzido como um sentido pleno de realização, Seu Tarcísio conseguiu alcançá-lo por meio de suas escolhas; ou melhor, pela materialização de sua interação — presente no uso das cores, no tipo de letra, por exemplo —, que corroborava a construção daquela forma social; uma adequação entre as coisas das quais ele dispunha — sua vivência, a tinta, o material disponível; um *savoir-faire* — e a sua própria vivência de mundo; entre essa vivência, os seus próprios sentidos.

Podemos observar, na imagem a seguir, nas sequências de boxes, como a cor identifica um box. Importante salientar que a cor utilizada, a priori, foi escolhida e doada pela prefeitura; no entanto, isso não limitou as escolhas dos feirantes. Podemos observar certa necessidade de diferenciação — já salientada no caso de Seu Tarcísio —, mas ela está limitada, algumas vezes, pelas questões orçamentárias e pela acomodação às circunstâncias, dirigidas pela percepção[180] de cada feirante em relação ao seu box e ao tipo de mercadoria que comercializa:

---

[180] De acordo com Merleau-Ponty (1945), percepção é o resultado da confluência entre as experiências sensorial e intelectual do indivíduo.

Figura 55 – Imagem dos açougueiros atendendo fregueses durante o período de re-vitalização

Fonte: arquivo pessoal da autora (set. 2011)

Assim como no box de Seu Tacísio, nos boxes *supra* e nos que se seguem nas próximas imagens, há uma composição entre a cor de fundo e a cor do primeiro plano, que geralmente é o nome do box. Box de cor laranja ao fundo e com letras/fontes dos nomes nas cores verde ou preto; box amarelo, com letras nas cores preto e/ou vermelho. A ênfase na escolha das cores, como já apontei, ocorre pelos tons saturados de alta cromaticidade. Além disso, outro fator importante a ser considerado é que o movimento visual[181] se direciona rumo aos contrastes que dinamizam a imagem. Assim, podemos observar que os movimentos visuais são engendrados na contraposição das cores, funcionando da seguinte forma: tons cromáticos, intensos, se aproximam, saltam à frente em direção aos olhos de quem vê; tons escuros e acromáticos recuam, vão para o fundo,

---

[181] Entendemos o movimento visual segundo Ostrower (1983, p. 34), como "princípio configurador de espaço e tempo", ou seja, o caminho e o tempo que a percepção do observador percorre ao olhar uma imagem, qualquer imagem.

se afastam de quem os vê. No entanto, para que isso ocorra, o feirante deve saber — e ele sabe — como utilizar essas cores, como combiná-las, para que esse movimento visual se concretize e se realize em quem vê ao ali passar. E sabe não por que estudou a função e a percepção das cores em alguma academia, mas sabe por que sente e percebe o mundo em seu entorno e interage com ele. O feirante sabe que não pode utilizar a mesma cor, como se fosse um tom-sobre-tom, para chamar atenção a seu box, mas sabe que precisa utilizar cores diferentes para que aquela cor que estiver mais próxima do tom cromático ou puro possa sobressair-se ao fundo, enfatizando o nome do box, ou seja, enfatizando a informação mais importante — foi isso que vimos no "Box do Tacísio". Ou seja, essa relação de cores — de fundo e de primeiro plano — faz com que as cores utilizadas nas letras devam ser mais intensas/puras/cromáticas em relação à cor do todo, onde ela está sobreposta. Este é o jogo estético: é no contraste do todo, que provoca tensões espaciais e perceptivas, que se concentra no centro, no ápice, do que deve ser visualizado, no caso "Box do Antônio", "Box do Tacísio", "Box do Reis"...

O propósito do jogo visual é atrair, demarcar uma identidade para o box, além de agradar, no sentido de chamar atenção do freguês para o box em questão. Do mesmo modo, as letras ou a tipografia usada nos boxes, apesar do caráter linear, são colocadas levemente em itálico, em sua maioria, quando se trata do nome do box, ou seja, são escritas em um ângulo inferior a 90°, o que evoca ligeira oscilação e movimento visual que atinge os sentidos do corpo, dá dinamismo à imagem do box. No entanto, e isto é interessante observar, quando se trata do nome do produto e do preço, a letra volta ao corpo "romano", perfazendo um ângulo de 90°, um corpo ereto, não dinâmico, portanto mais estático, o que evoca força e precisão. A Figura 57 mais à frente, retrata bem o que acabamos de observar.

A seguir, na Figura 56, podemos observar a imagem do box do Sr. Reis. O box foi pintado na cor lilás e com letras em verde. Ambas as cores, apesar de quentes, foram colocadas em um tom mais ameno, mais calmo, mais frio. Interessante notar que a conjugação inusitada do roxo com o verde foi amenizada pelos tons mais suaves de ambas as cores. Em uma relação inversa, ou no contexto dos códigos de composição de imagens, seria, dentro de uma visão mais tradicional, colocar a cor mais clara ao fundo e a mais escura "por cima", ou seja, nas letras, fazendo com que o nome salte aos olhos, evidenciando-o em relação ao elemento de fundo. No entanto, observamos que o resultado estético foi interessante, visto que o box do Seu Reis sobressai-se do box vizinho, na lateral, pela cor inusitada, assim como o nome do box se sobressai do fundo, ainda que de modo inverso. Mesmo sem conhecer as regras de composição, a intenção de Seu Reis, de chamar atenção para seu box, foi concretizada. Na imagem seguinte, podemos ainda observar não somente a imagem do box do Seu Reis, mas os boxes de outros açougueiros, vizinhos dele, os quais, na composição das cores de seus espaços, também procuram fazer-se evidenciar. A maestria na ocupação do espaço físico e visual evidencia-se, e eles conseguem realizar seus objetivos plenamente; assim, constroem seus lugares, aqueles que refletem suas percepções.

Essa mesma peculiaridade no tratamento de conjugação do espaço e da cor, bem como os demais elementos presentes naquele espaço, faz com que haja uma guerra visual à percepção de quem chega ali à feira. Não sabemos onde fica o ponto de apoio ou de referência, então a feira se torna uma instalação de múltiplos pontos de fuga, para onde convergem e desconvergem múltiplas formas interativas. No entanto, convém lembrar que "toda indicação de espaço contém para nós associações expressivas" (Ostrower, 1983, p. 40). E na feira isso não é diferente: inserimo-nos e somos inseridos nela por meio dos nossos sentidos.

Figura 56 – Box de venda de carne durante o período de revitalização do Mercado de Carne

Fonte: arquivo pessoal da autora (ago. 2011)

Podemos notar que é direta a referência para o conteúdo expressivo, e a cor é um desses elementos dos mais expressivos, sem que ela precise de um símbolo intermediário para se fazer sentir (Ostrower, 1983). A cor pode evocar o traço, aquele traço evocado por Derrida (1979). Isso significa que os feirantes, à sua maneira, além de produzir sentidos — visto que, ao conformar uma imagem, uma paisagem, eles conformam um espaço, portanto expressam sentidos e significados —, produzem traços (Derrida, 1979), ou seja, aquilo que nem sempre identificamos, aquilo que nem sempre significa ou dá sentido a algo, mas que lá está, pois não está captado pela racionalidade, mas talvez pela sensação, ou pela percepção, pela sinestesia.

> Através de nossa sensação de estarmos contidos num espaço e de o contermos dentro de nós, de o ocuparmos e o transpormos, de nele nos desequilibrarmos e reequilibrarmos para viver, o espaço é vivência básica para todos os seres humanos (Ostrower, 1983, p. 30).

Com base no que foi ressaltado anteriormente, podemos observar agora um box concedido aos peixeiros (o box de Pingo), box esse ainda provisório, como os demais aqui observados — mas que, por ser provisório, abre espaço, como já observei, para que o feirante, no caso aqui de Pingo, possa interferir nele sem a mediação da administração, ou melhor, com uma mediação reduzida, podendo utilizar as cores, as fontes que mais o agradem, sem passar por uma uniformização dos boxes da feira. Isso abre espaço, também, para que nós possamos aproximar-nos da compreensão do que seria essa construção do sensível e do gosto na feira.

Pingo ressaltou em preto um salmo da Bíblia, aquilo que seria, ali, importante, está em preto, cor enfática e estática — apesar de a letra, em itálico, ter seu dinamismo —, mas firme e certeira quanto a seu objetivo de abençoar o box e demonstrar enfaticamente a sua crença. Abaixo, em vermelho, ressaltado do fundo amarelo-claro, quase bege — pois mal se passou uma mão de tinta —, também com o corpo da letra levemente em itálico, e, para diferenciar da letra de cima, esse tipo de fonte foi feito também para se sobressair. Aqui a letra parece saltar aos olhos por evocar uma terceira dimensão, como se ela fosse grossa e estivesse para fora do fundo, do amarelo do box, saltando na direção de quem o olha. Isso foi dado pelo traço em cor preta colocado ao lado esquerdo de cada letra, acompanhando-as. Entre o traço preto e a letra vermelha, há uma espécie de "vazado", e é justamente este que dá a sensação de uma outra dimensão — mais dinâmica —, a terceira, para além de uma dimensão estática, a de fundo, composta apenas por altura e largura.

Figura 57 – Área dos peixeiros

Fonte: arquivo pessoal da autora (ago. 2011)

Além de evocar uma terceira dimensão em uma superfície plana, o fato de a fonte estar em itálico sugere movimento, dinamismo, ou seja, foram utilizadas características estéticas que evocam uma terceira dimensão e um movimento em um só elemento, o trabalho "talho" e o nome da "permissionária" do box, Pingo, diferenciando-o dos demais.

Os feirantes vivenciam uma forma de estar no mundo e, por meio de uma paleta de elementos materiais — como cores, texturas, sons, madeira, divisórias etc. — e sensoriais de toda ordem — sejam visuais, sejam sensitivos, advindos da sinestesia produzida na interação com a carne do mundo —, que lhes são disponíveis, eles são capazes de formular e concretizar uma sensibilidade, alcançando, assim, o outro, o freguês. O box, os elementos com os quais o box é construído — mercadoria, cores, formas etc. —funcionam como meios de interação que corroboram a construção daquela forma social.

Nesse espaço provisório, a uniformização se limitou à altura e ao material utilizado (o box é confeccionado em madeira); assim, tudo aquilo que disso escapa deixa o feirante livre para melhor manipular seu espaço de trabalho. Efetivamente, suponho que, com essa habilidade ou percepção sensível, os feirantes alcançaram o objetivo de chamar atenção para seu box, sua venda e sua mercadoria, incrementando a interação que o estar na feira proporciona. Pude observar que muitos frequentadores do espaço evocam a sensação de conturbação da feira conforme as condições de informação que os envolvem, seja por meio da percepção visual, seja da percepção auditiva ou olfativa, da sensação tátil, do calor, mas, principalmente, das sensações advindas das percepções e sensações nas quais os sentidos se interagem, ou seja, da sinestesia, pois os sentidos não acontecem ou funcionam em nosso corpo de maneira isolada. Assim, quando um frequentador da feira evoca o odor, ele sinaliza com o corpo também o calor e as demais sensações que não são meramente táteis. Um exemplo que posso evocar de como ocorre essa confluência de sentidos: ao conversar com Dona Lorena, da goma, pude observar que, quando ela reclama com frequência do barulho, para falar *"dessa perturbação que dá até dor de cabeça"*[182], ela pega seu pano de enxugar as mãos e se abana, o passa no rosto para retirar o suor e volta a se abanar. A maneira como ela se movimenta, isto é, os seus movimentos corporais, evoca o calor que seu corpo sente.

Ao contrário de Dona Lorena, Dona Lulu evoca esse mesmo barulho para falar do "alvoroço da feira"[183], ou seja, todos os outros sentidos parecem amortecer-se diante daquilo que se faz proeminente, daquilo que é ouvido, pois a extensão espacial do que é ouvido é mais ampla do que aquilo que é visto ou sentido por meio do olfato, no entanto sem necessariamente, dependendo do grau, estar desvinculado, pois há uma interação entre os sentidos (Le Breton, 2016a), e o visual pode fazer-se tão auditivamente perturbador quanto o sonoro, como bem coloca Ingold (2008b, p. 3): "[...] para pessoas com visão, os olhos são parte do sistema perceptivo para escutar, tanto quanto os ouvidos são parte do sistema para olhar. Até esse ponto, visão e audição são mais intercambiáveis do que diferentes".

---

[182] Dona Lorena, em entrevista concedida à pesquisadora na Feira do Guamá. Belém, 14 jan. 2017.

[183] Dona Lulu, em entrevista concedida à pesquisadora na Feira do Guamá. Belém, 2 out. 2012.

Desse modo, entendemos que, na feira, a demarcação entre os sentidos faz-se inexistente; não há lugar sem som, sem luz, sem cheiro, sem coisas, ou ainda sem paisagem que preencha esses sentidos, tampouco um lugar desprovido de elementos que preencham esses sentidos e os demais sentidos evocados por Soesman (1998), elementos esses que atuam na experiência do homem ali, ao viver a feira.

5.1.2 Segundo retrato

A visão não trabalha só, não é o único sentido a trabalhar quando interagimos e também não atua de maneira isolada. "O corpo sente, ele é a profusão do sensível, ele é incluído no movimento das coisas [e de um mundo] e se mistura a elas com todos os seus sentidos", mas só é possível esse sentir do corpo porque a ele são inerentes os sentidos: "os sentidos são a matéria produtora de sentido" (Le Breton, 2016b, p. 11-12), esses sentidos que comumente conhecemos. Mas como eles funcionam quando adentramos a feira? Vamos brevemente dar uma volta por ela...

Quase invariavelmente, a chegada à feira é agitada, o calor e o sol quente na pele fazem-nos andar mais depressa na busca de uma sombra qualquer, um pequeno guarda-sol armado onde um senhor vende alguns biscoitos, uma árvore ainda pobre em galhos e folhas, mas qualquer coisa serve para esfriar o contato do sol com a pele. Apresso o passo para chegar mais rápido à parte coberta da feira, o Mercado de Carne. No entanto, observo que muitos ali não me parecem apressados; não estão preocupados em pegar uma sombra; batem papo uns com outros sem, parece-me, sentir aquele sol que, para mim, é escaldante; outros, mais advertidos ou acostumados a andar a pé por ali, usam sombrinhas; geralmente são mulheres, só vejo as mulheres de sombrinha, mas não são muitas, umas e outras, jovens e mais idosas.

Ao andar, vou aproximando-me do mercado e do cruzamento das ruas; o trânsito se intensifica, o som também, seja de buzinas, seja dos motores de veículos — são buzinas de carros e ônibus, de camionetes e de motos e ainda de uma pequena parafernália de veículos-gambiarras que funcionam como mídia popular, como as *bikesons*, as motos-sons, os carros de som, entre tantos outros que não saberia qualificar, pois esses vão do Fusca a pequenas camionetes com imensas caixas de som acopladas em seu corpo. O barulho de motores é acompanhado do som de buzinas, das músicas e das publicidades sonoras. Aos poucos, vou identificando alguns desses sons e posso escutar de maneira mais nítida, colocado para sobrepor os demais sons, a música "Pode chorar":

Se a vitória não chegou,
Pode chorar, pode chorar
Chore aos pés do Salvador
Pode chorar, pode chorar
O crente não chora em vão
Deus estende a sua mão
Meu irmão, pode chorar.

Trata-se de um sertanejo universitário gospel, cantado por Suellen Lima. Um carro vem trazendo esse sucesso. Não, ela não estará fazendo um show em Belém, é somente uma forma que a pessoa teve de partilhar aquilo de que gosta, pois não se trata de um carro-propaganda, pois ele não está fazendo, também, nenhum tipo de publicidade comercial; ele só está colocando a música na altura que lhe convém, partilhando sua preferência musical conosco, por intermédio do volume acentuado da música.

Conforme o carro vai afastando-se do ponto central da feira, o cruzamento da Av. José Bonifácio com a Av. Barão de Igarapé-Miri e a Passagem Mucajás, a intensidade da música vai diminuindo, e aumenta o barulho dos motores de veículos, das buzinas, do cachorro que late e dos zumbidos feitos pelo vozerio de quem ali está. Dirijo-me ao mercado coberto de carne, e assim o adentro, ao som de vozes que, aos poucos, de acordo com o local para onde ando, vão tomando forma. Entro pelo corredor da carne.

"Bom dia, querida, posso ajudar?" — minhas divagações são cortadas pela pergunta gentil do feirante. Outro senhor pega uma peça de carne e a coloca em cima do balcão para o freguês olhar. *"Quanto, quanto?"* — um som alto de motor de motocicleta atrapalha o meu escutar; passa um carro veiculando um mercadinho próximo. *"E aí, amor"* — risos escapam. Outra música ocupa o ambiente, ajudando no tumulto. Muitos risos e muitas expressões corporais tomam o espaço da carne: *"Valeu!"*, *"Tenho uma carne aqui..."*, *"peraí..."*. O calor se faz intenso. *"Teu pai"*. A música volta e, com alguns segundos, vai-se: *"meu coração..."*, *"quanto tempo... quanto tempo tu vens"*, *"Diga, amor"*, *"e rapaz... vou sair daqui [risos]"*. Assovios. Gargalhadas. *"Tu vais ver... ah, porra... miserável, também..."*, *"Ei, corno, devolve nosso pratinho"*. E o brega comendo ao fundo. Espirros. Telefones tocam. Outra música se sobrepõe no ambiente, parece o *arrocha*... A música diminui, e evidencia-se a publicidade de uma festa já acompanhada de

uma nova música que surge repentinamente: *"amanhã é sexta, peixe preto vai rolar, na casa da África na Wandenkolk, peixe preto com feijão com uma Cerpa Golden na mão... trrrrrrrrrrrrrrêeees dois quarenta e um noventa e cinco zero zero"* [bem tremido].

Atravesso a rua e vou até a esquina onde são vendidos, costumeiramente, móveis de madeira, geralmente em angelim; decido objetivar minha ida à feira e comprar um cabide de madeira; talvez assim a feira fique mais assimilável, pois estou me sentindo atordoada; e, registrando em um pequeno gravador tudo que vivencio, registrando o que me for possível, vou até o local por onde os moveleiros vendem sua mercadoria. Não os encontro. A venda daquele tipo de mercadoria é esporádica. Pergunto a uma senhora se ela sabe onde vende cabide de madeira, e ela me responde: *"hum... cabide de madeira por aqui... num tem ninguém, não!"* — fala para mim meio descrente, pensativa, virando a cabeça em negativa e fazendo com a boca um sinal de descontentamento, sua expressão muda ao me responder. Observo que o descontentamento é porque eu não posso encontrar aquilo que procuro, e, em solidariedade a mim, ela também aparenta ficar descontente, afinal, como não encontro o que procuro, ela pensou que eu estaria descontente. Dou um sorriso como sinal de agradecimento e empatia, retorno, expressando, por meio de meu rosto e de minha fala, um descontentamento semelhante ao dela. Quero agradá-la como ela me agrada. São sensações, imagino, que a predispõe a se comportar dessa maneira diante de mim, assim como eu a ela. Porém, essas sensações são geradas não apenas por sentimentos ou sensações aparentemente e fugazmente desinteressadas; elas advêm de uma disposição pessoal e social cultural do comportamento humano:

> Podemos avançar e afirmar que os "fatos do sentido" são sempre um produto do con-sensus – isto é, de sentir junto com outros. A percepção é uma atividade social na medida em que é condicionada pela cultura e não pode ser pensada exclusivamente em termos de atividade neural (Howes, 2013a, p. 9).

Nessa troca de sentidos, de partilha de simpatia, de desapontamento em face da falta do cabide, há uma maneira na qual nos doamos ao outro; a dádiva[184] (Mauss, 2003) aqui é imaterial. Colocamo-nos como iguais, sen-

---

[184] Quando oferecemos ou damos algo a alguém — em nosso entendimento de Mauss (1991), isso não implica uma ausência de interesse —, e o objeto da dádiva é aceito, esse ato implica uma relação social. Dessa maneira, o ato de dar, receber e retribuir implica a reciprocidade.

tindo as mesmas necessidades, solidarizando-nos uma com a outra devido à falta do cabide; há nesse fenômeno um sentimento de reciprocidade que nos iguala (Mauss, 2003). Agradeço a ela e, para que seu descontentamento passe, digo que não tem problema, que vou até a Pequeno e Grande[185] e que talvez eu encontre o que eu estou procurando por lá. Despedimo-nos, e sigo andando pela Av. Barão de Igarapé-Miri. Nossa percepção, minha e dela, conflui para um sentido; assim evidenciamos que:

> Se a percepção requer prática, então é uma habilidade, e onde há habilidade, há cultura, e onde há cultura há história. Quão profunda é essa história? Marx afirmou que a "formação dos cinco sentidos é um trabalho de toda a história do mundo até o presente" (Howes, 2003, p. 205).

A música muda, agora escutamos um pagode... *"Eh, rapaz, já contei muitas piada aqui... sou que nem caboco"*. *"Ah, foi aqui, olha"* — uma senhora mostra para outra onde tinha comprado a última roupa. Observo as lojas: *"Minha filha, não fiz nada porque estou ficando na ponta"*, *"só não achei a caixa, uma caixa pra ele"*. O ruído, o som, o barulho, tudo o que perpassa nossa audição é intenso; só certa concentração pode alcançar algum silêncio. Mudo meu foco para poder-me concentrar melhor.

Talvez, por não estar ali para comprar, mas com um objetivo preciso de fazer uma etnografia, meu objetivo é colher informações, ver, ouvir, sentir: ver a feira como ela funciona — com todos os elementos que a integram e a conformam — e de tentar "costurar" tudo o que for possível para a compreender. Perco-me na polifonia que ela me oferece. Mas, quando falo polifonia, me refiro aqui àquela polifonia de sentidos que me atingem e, quase, talvez quase, me atordoem. Dessa forma, passo a chamar de polissensações (ou polipercepções) que me atingem e que medeiam minha comunicação com o mundo (Corbin, 1991, 2006; Howes, 2005, 2006)[186].

Sinto calor e certo abafado que parece intensificar-se pelo odor de carne, que é intenso, que se estende pelo ambiente e que, acredito, chega a ser desagradável próximo a alguns boxes, aqueles que vendem vísceras. O odor entra pelas minhas narinas e pela boca, me incomoda, e não consigo discernir até que ponto ele me impulsiona para fora dali. Faço minhas observações

---

[185] Antiga loja de material de construção muito conhecida no bairro do Guamá. Até o momento, não encontrei quem não a conheça.

[186] Nessas obras, Alain Corbin observa as subjetividades e as evasividades dos traços sensoriais e sugere a dinâmica comunicacional do contexto polissêmico dos sentidos. Howes compreende o corpo também como mediador de comunicação.

incomodada de alguma maneira, mas não consigo definir até que ponto ali me demoro ou não, por conta daquelas sensações que não me agradam. Vejo à frente um cachorro com pira no corpo, quase sem pelo, atracado a um pedaço de sebo, sobra de algum feirante que, não tendo o que fazer com aquilo, resolveu dar ao cão. A imagem não é agradável. Mas até que ponto o odor ou a visão do cachorro desagradam-me? Não preciso inteiramente, nem parcialmente, mas permaneço ali como todos. Percebo que não é a pira nem a sujeira que me incomodam, mas a dor que aquele cachorro deve estar sentindo e o fato de, naquele momento, me sentir incapaz de ajudá-lo[187]. Continuo a conversar com quem tem tempo para me dar atenção. Talvez por conta disso, pensando que o cachorro incomode, outro feirante enxota o cachorro com agressividade, apesar de certo deboche: "*saê daêeeee, diabo*", como se estivesse a brincar com o cão, que coloca o sebo na boca e o rabo entre as pernas e sai por entre os fregueses na direção do corredor dos hortifrútis.

5.1.3 Terceiro retrato

Volto para a rua. A intensidade do som da rua modifica minha atenção. O calor e a intensidade do sol são extremamente fortes. Vou em direção à esquina e atravesso as lojas que ocupam a calçada com seus balcões e boxes de roupas. Muitas vezes, não conseguimos identificar se os boxes e balcões pertencem a alguma loja ou a um vendedor independente ali instalado. Com o tempo, começamos identificar e perceber a institucionalização daqueles espaços. As lojas, para não perder a capacidade de atrair fregueses, colocam balcões nas suas calçadas, assim como fazem os vendedores da Feira do Guamá que trabalham com artesanato e produtos industrializados que ficam instalados ao fundo do prédio da farinha. Como é difícil, segundo eles, a venda no interior do Mercado da Farinha, eles colocam bancas na calçada, na Av. Barão de Igarapé-Miri. Com o movimento das lojas do entorno em se estender também para fora, para a calçada pública, e para proteger sua mercadoria do sol e da chuva, faz-se necessário o uso de toldos de proteção. Assim, por vezes, formam-se túneis de roupas e demais mercadorias, que sombreiam e tornam as calçadas mais agradáveis de se passar ao longo dessa avenida. Na imagem a seguir, há um túnel formado na calçada da Av. Barão de Igarapé-Miri, calçada do mesmo lado do Mercado da Farinha, à esquerda, no sentido UFPA-Centro.

---

[187] A questão é: de que maneira questões éticas e morais atuam no campo e as driblamos para a realização da pesquisa? Por instante, essa questão ficará sem resposta. Acredito que a cada pesquisador caberá a sua.

Figura 58 – Túnel de roupa

Fonte: arquivo pessoal da autora (15 mar. 2012)

Já na imagem a seguir, podemos notar o túnel de maneira um pouco mais distante e que, diante da forte luminosidade exterior, ele se torna escuro. O número de transeuntes desse lado da calçada é mais intenso em relação a outros pontos; talvez a sombra proporcione o conforto do passante, o que possibilita que a loja disponha de um espaço extra para apresentar sua mercadoria. Também podemos observar, na referida imagem, um vendedor com sua banca na calçada, já não da loja, mas de uma casa não comercial. Todos os dias, Seu Evaldo monta e desmonta sua banca.

Figura 59 – Calçada do mesmo lado do Mercado da Farinha, à esquerda, no sentido UFPA-Centro

Fonte: arquivo pessoal da autora (15 mar. 2012)

Sigo caminhando e converso com um e outro, observando que, quando se trata da calçada de uma loja, é a loja quem a ocupa, estendendo seu espaço de venda por onde passam as pessoas. Trata-se de um espaço não comercial, como uma igreja ou uma casa, um vendedor ambulante toma o espaço. Podemos notar que, ao longo da Av. Barão de Igarapé-Miri, há uma diversidade de vendedores ambulantes instalados com suas barracas ou com seus burros sem rabo à espera de trabalho ao longo dessa avenida. O mesmo acontece com o Mercado da Farinha: só colocam produtos na calçada aqueles feirantes que possuem boxes em seus interiores.

Hoje a feira está lotada; está como todo feirante gosta. O espaço na calçada dos mercados é exíguo, como se pode observar nas imagens a seguir.

Figuras 60 e 61 – Calçada lateral do Mercado da Farinha à Av. Barão de Igarapé-Miri

Fonte: arquivo pessoal da autora (23 dez. 2016)

Vou novamente em direção ao Mercado da Carne. Paro na esquina e escuto um senhor reclamando do mormaço. É quase meio-dia. Peço licença e sento-me em um pequeno e alquebrado banco de madeira que não sei a quem pertence! *"Diga, minha querida"* — um vendedor tenta me vender alguns cabos. Sorrio: "*Obrigada!*" Outro carro de som, com música, passa e publiciza uma loja que fica na Av. Barão de Igarapé-Miri: "*Você paga três e quarenta e nove por quilo*". Não consigo entender direito, estava prestando atenção nas pessoas que tentavam atravessar. "*Você é uma perdição*" — um novo carro, com uma nova música, passa lentamente pelo local. "*É seis, é seis de lá pra cá*"; "*Tá morando pra lá pra Benfica, é?*"; "*Tôooo!!!*"

O samba agora anima o local. Não é um carro. É o som de Mariozinho, o vendedor de CDs da esquina do Mercado da Farinha, que ficou mais alto. Ele põe para tocar um CD a um possível freguês; as músicas se sequenciam sem acabar. Outro som se interpõe ao sambinha que vai saindo do espaço auditivo e parece ir desaparecendo:

> *Por isso eu lhe peço que venha depressa*
> *Me aperte, me abraça e não vá me deixar*
> *Lá fora é tão frio e é triste a noite*
> *Aqui eu não posso sem você ficar*
> *E eu fico pensando nas coisas passadas*
> *Nos longos caminhos que tive que andar*
> *Na triste saudade que fere e mata*
> *Naquele abraço que eu não pude dar...*

Música brega "Frases", de César Sampaio; uma ambulância passa no cruzamento e, com o barulho da sirene da ambulância, o brega de Sampaio vai desaparecendo. O carro de som não estava publicizando nada, só partilhava alto, bem alto, aquilo que quem colocou a música queria ouvir. Passa a ambulância e, ao desaparecer o som de sua sirene, desaparece também o do brega; parece que a feira cai abruptamente em um silêncio de, talvez, dois segundos! É a sensação que temos quando um ruído estrondoso às nossas percepções desaparece. Na verdade, é a nossa percepção que nos leva a esse vácuo de som, pois os ruídos, sons, barulhos ali estão.

A música muda novamente, agora temos um brega mais suave, menos marcante e mais devagar, calmo, o bailado é outro: "*Eu tentei, se eu percebi, contar essas coisas que tem eu só tentei e percebi...*". Em seguida, entra um frenético merengue!

Nesse contexto, evocamos o pensamento de Howes:

> [...] para tomar o exemplo de Simmel, Febvre e Elias, documentando mudanças históricas nos usos dos sentidos, eles revelaram como as sensações podem ser fugazes, mas os

> próprios sentidos são socializados de maneiras particulares. Consequentemente, faz sentido falar de "o olho do período" ou "orelha temporal", etc. – isto é, o padrão coletivo da percepção (Howes, 2013a, p. 8).

Tudo é entrecortado por expressões orais, corporais, visuais, evidenciando-nos o "olho do período" ou "a orelha temporal". *"Ei, Catuaba"*. Uma gritaria invadia aquele ambiente, se é que pode ser invadido: *"Era com certeza, o gerente tava no carro... ela num precisa que vai buscar ele lá..."* — grita alto e forte. Não entendo o que está acontecendo e fico sem entender: *"Bota mais um pano"*, *"kkkk"*, *"eu mesmo, nem morta"*, *"É três"*. *"É"*, *"Bota um real em cima. Bora freguesa, um real"*; *"Olha o limão, favaca, chicória, tudo é barato"*; *"Vão pra academia"*; *"Bom dia!"*. São conversas que nos perpassam, infinitamente, como água em um rio. Mais um carro de som passa publicizando algo: *"Pop saudade mais a banda do Show, Na Fazenda, todo mês na fazenda chega primeiro. Tá com saudade... é o show"* — a voz é a do espetáculo radiofônico com alterações sincopadas de alta e baixa reverberação; a cada palavra ou termo que o locutor fala, ele o dinamiza, pois o pronunciamento expressivo da notícia sendo publicizada precisa de sua interferência expressiva para que possa ganhar atenção naquele cenário turbulento de informação. A música é uma constante na feira. Até um pequeno trator acabou de passar. *"239, venha aqui na nossa Loja... Mexe a cabeça..."* Entre uma chamada e outra, o locutor fala e vende seu peixe: *"Fala, Marcão?! Beleza?! Música... É a volta do Maxime Imperador e hoje tá valendo tudo, moleque, pra você aproveitar com a gente. Habilite seu crediário. [...] e nós vai tirar sua moto [...] 370HP"*. E o arrocha continua! Volta a passar o trator! Buzina! Ônibus! Todos os sons juntos e misturados. *"Vai fazer mandiga lá e me procurá pra querê mim robá"*. Risos. Volta o carro de som que acabara de passar. *"Hoje vale tuuuuuuudo pra você levar para caaaaasa, aproveitáaaaaa, abrir seu crediáaaaaario... de promoção para você aproveitáaa aqui, oh"*. A fala é sempre entrecortada pela música; quando o locutor fala, parece que automaticamente o som diminui; e, quando ele para de falar, o som aumenta, o movimento do som parece-nos, instantaneamente.

A locução era intermediada, agora, pelo tecnobrega: *"no cenário 360 em HD vou curtir o som do Mega Príncipe no cenário 360 em HD"*. Esse era o *hit* de sucesso, lançamento do Cenário 360 do Mega Príncipe, uma das maiores aparelhagens que tocavam em Belém. Podemos observar o vínculo entre a reabertura da loja, ou a inovação dela, com o lançamento de um momento das aparelhagens, o Cenário 360. Pude identificar duas músicas que só falavam do cenário em questão, a onda do momento. O ápice do cenário das aparelhagens estava no fato de ser, a partir de então, em 360º; isso era o que tinha de mais badalado e inovador, e a loja que vendia de tudo um pouco e que abria crediário, o que era inovador no pedaço. O vínculo, subliminar, estava conferido!

Motos, ônibus, carros, caminhões, carros de som, *bikesons... "olhaí, vem hoje?"*. Continuo andando e volto a perguntar por cabides. A publicização continua, agora passa uma anunciando uma loja de material de construção:

> *[...] olha só, temos cimento Poty, acabou de chegar uma carrada de cimento Poty, novinho pra você, para sua construção, uma verdadeira promoção especial. Venha conosco! Aproveite aí essa verdadeira festa de preço baixo. Tem mais vindo, lajotas a partir de nove e noventa, é a superfesta maravilhosa hoje pra você que gosta de economia. Você aproveitando aí com a gente a superpromoção! Boteco do chope, toma-te! Sexta, sábado e domingo, né?! Melhores músicas, melhores aparelhagens, os melhores DJs que comanda com certeza uma programação aí especial pra você. Aqui na José Bonifácio! Toma-te! Uma verdadeira festa de preços baixos, vamos nessa. Lojão dos Pisos, a loja mais completa do Guamáaaaaaaaaa! Toda. A partir de sessenta e nove centavos os talheres você encontra aqui a unidade, hein?! A partir de sessenta e nove centavos os talheres, a unidade, pra você aproveitar conosco estas verdadeiras promoções especiais do Lojão dos Piiiiisuuuus!*

Tudo entremeado de música, muita música. As publicidades ou estão entremeadas pelo brega ou pelo tecnobrega.

Na feira, a polifonia e as poli e múltiplas sensações não são somente conotativas, são denotativas: estão na música, nas expressões da fala, no linguajar. Conotativas são nossas impressões sobre o outro. A minha dificuldade foi imensa em tentar perceber a infinidade de manifestações que lá ocorrem. Sem sucesso! Impossível darmos conta do mundo! Quanto maior o barulho, maior é a reverberação daquilo que está latente. E o barulho, a intensidade dos sons, a diversidade e a intensidade de odores corroboram a confusão mental daquilo que é visto. Acrescente-se a isso certo desassossego sentido pelo corpo com o calor, ao bascular e contorcer o corpo ao andar pela feira, entre um e outro passante, para encontrar o caminho a seguir. Ao observarmos a imagem anterior, percebemos como as pessoas, ao andar, precisam virar-se o tempo todo para poder passar e deixar o outro passar, para desviar de algo, para dar um passo à frente, para voltar, para se virar e indagar, comprar, regatear, seja em direção a uma barraca, seja a um box, seja a um vendedor, seja a um amigo ou a um feirante.

"Ei, tapa na cara!" *"Kkkkkkkkkk!"* — alguém passa, e um dos vendedores ambulantes ao meu lado grita, mexendo com o transeunte. Um amigo cai na gargalhada. As informações são sempre entrecortadas e intensas. O sol é intenso aos olhos e à pele; os sons são fortes e altos aos ouvidos; o odor invade o corpo e atinge a pele; saímos com odores dos mais diversos, principalmente de peixe. A feira impregna de odores, seja por meio de nosso corpo, quando carregamos os cheiros conosco, seja por meio do sentido do olfato, carregando-o conosco.

Ali, tudo parece gritar aos sentidos, fazendo com que aquilo que aparentemente esteja calado salte à percepção. Enquanto a música de Sampaio estava alta, uma polifonia de vozes e de expressão surgia ao mesmo tempo. O que pude reter foi o que pude gravar e reescutar, coisa que não poderia ter feito, pois só conseguia reter as impressões que ficaram gravadas nos meus sentidos, em mim.

5.1.4 Quarto retrato

Na fala de Dona Etelvina, podemos observar a necessidade do tocar para conhecer, para sentir aquilo que se quer comer. Dona Etelvina usa todos os seus sentidos para ir fazer a feira. Se o tato atrapalha, ao sentir o calor e devido ao esbarra-esbarra da feira, ela precisa esquecer que está sentindo isso para se concentrar em bem comprar. Esse mesmo tato é fundamental na hora da escolha daquilo que ela levará para o neto, pois *"banana verde dá dor de barriga, e num adianta eu levar, às vez apodrece e num amadurece!"*. E ela prioriza o olhar para se dirigir aonde deseja chegar, procura sublimar o barulho das pessoas e mira o seu objetivo. Assim, há, no momento preciso, a escolha de um sentido sobre o outro; se a visão direciona, o tato e o olfato serão decisivos na sua escolha. Intermediando esses sentidos, e presente a todo instante, está a audição, o diálogo que ela estabelece com Dona Ana Maria — feirante ali há quase 30 anos. Dona Etelvina sempre compra de Dona Ana Maria, mas não só dela, ela também é freguesa de outros feirantes que vendem legumes. Mas, ao perguntar por que ela compra ali, ela me diz: *"Ora, mas não é bonito aqui? A Maria trata bem das coisas dela; tem coisa que você só encontra aqui. Olha, quando quero cebola roxa... quem vende aqui na feira? Só ela... Pode procurar"*. De fato, o box de Dona Ana Maria é um box diferente. Ele visualmente chama atenção, primeiramente porque Dona Ana Maria utiliza alguns elementos diferenciados, como cestos em alumínio pendurados, dispostos em diversas alturas, com seus legumes arrumados em cores, tipos e tamanhos diferentes. Dali da feira, ela é a única a usar esse tipo de suporte. Outro fator interessante, que também atrai visualmente, é que ela é uma das poucas, ou mesmo a única, que vendem uma hortaliça diferenciada, como brócolis, couve-flor, cebola roxa. A própria disposição desses elementos e os elementos já diferenciados em si acabam por remarcá-la naquele pequeno universo.

A pele, esse órgão que nos envolve, que capta a temperatura do ambiente e as oscilações pelas quais ela passa, dita, mesmo que discretamente, nossas decisões e nossos movimentos. Dentro do mercado onde ficam as roupas, todo feirante tem seu ventilador; o mesmo acontece no Mercado da Farinha, assim como acontece, em uma escala discretamente menor, no Mercado da Carne. Todos falam do calor, do sol que está pegando fogo. Passando pelo mercado da roupa, sempre vou em direção à Dona Gilda; ela me convida para sentar e *"pegar um ventinho"*, me puxa uma cadeira e, já sem nada a falar, me indica a cadeira à minha disposição. Sua vizinha de box, aquela que fica logo à frente, joga-lhe um pirulito; Dona Gilda se espanta, pensando que é um bicho. A amiga diz: *"Eeeeeeh, menina, é um pirulito"*; Dona Gilda prontamente responde meio aborrecida pela forma como lhe foi dado, mas talvez pelo fato de eu ter presenciado aquela forma pela qual o pirulito foi dado a ela: *"Mas eu não quero"*. A vizinha[188] retruca: *"Eeeeeeh, menina, mas não tá babujado[189], não"*. Ao que obtém como resposta: *"Eu sei, mas eu não quero, tá melado"*. O pirulito tocou no braço de Dona Gilda, que o sentiu melado, melado por conta do calor e melado por estar tanto tempo, naquelas condições da feira, guardado. Notei certo estranhamento entre as duas devido à maneira como o pirulito foi entregue e, também, à forma como ele foi recusado. Para agravar a situação, eu estava ali, entre as duas, vendo a desfeita de uma para com a outra. Minha presença impede que as duas levem mais adiante a situação. Sinto-me também embaraçada em estar no meio daquela situação e apenas sorrio; tento desviar o assunto e não olhar para as duas. Espero que se resolvam.

---

[188] "Vizinha" é um termo que Dona Gilda utiliza para falar das vizinhas de boxes.

[189] "Babujado" é um termo utilizado para caracterizar algo, geralmente um alimento, que foi salivado, babado, ou seja, que encostou na boca de uma pessoa, mas não foi comido, e sim melado pela saliva ou baba, como popularmente é conhecida a saliva.

Chega uma moça que é nora de Dona Gilda, *"Pra fazer uma visita"* — diz-me Dona Gilda. Estou literalmente exausta. Despeço-me de Dona Gilda, prometendo voltar com a máquina boa para fazer umas imagens. Conforme vou saindo daquele local fechado, os sons da feira reverberam-se. Observo, de minha experiência ali, no âmbito do vestuário, que o gosto é conformado dentro da própria vivência e experiência social. O que define, no sentido de dar uma forma, o gosto é essa vivência. Desse modo, bom ou mau gosto será sempre relativo e comparativo.

5.1.5 Quinto retrato

Conversa vai, conversa vem, já há alguns dias que não apareço junto aos peixeiros. Decido ir ao encontro de Pingo e de Max. Ambos estão atribulados, tratando os peixes que estão vendendo. Aproximo-me e cumprimento Seu Max: *"Bom dia, Seu Max. E aí, tudo bem?"* Ao que ele responde: *"Oi, bom dia, o que você manda?"*.

Olho o peixe do Seu Max e digo: *"Há muito tempo não como isso"*. Acho que acabo carregando minha frase de pequenos preconceitos. Mas lembro que o comi no tucupi e que adorei! Digo que não sei fazer peixe, tenho certa resistência, mas que meu marido adora cozinhar peixe. Ele me diz que é muito fácil de se fazer peixe! Assim, vai logo me passando a receita de como devo tratar o peixe. Ao mesmo tempo que conversamos, ele vai limpando e tratando um conjunto de peixes que um de seus fregueses espera para comprar:

> *O que mando... O que mando é o tamuatá não é o... é saber temperar ele, entendeu...? Você prepara ele... você prepara ele em casa... tem que cortá aqui oh, oh* [e vai me mostrando e cortando]. *Isso aqui você não precisa tirar, oh, tira, se quiser... Tem gente que tira tudo isso aqui, oh! Mas eu não tiro... você não precisa tirar, eu não tiro. Lava ele bem com limão, e bacana, e tal... bem lavadinho com limão... e põe numa vasilha... Separado... bote um pouco de água n'outra vasilha pra ferver* [Seu Max fala super-rápido, e sempre repete as primeiras expressões de uma frase. Às vezes fico com dificuldades para transcrever as falas dele], *coloque uma colher de manteiga e deixe ferver bem, e jogue em cima assim...*[190]

---

[190] Seu Max, em entrevista concedida à pesquisadora na Feira do Guamá. Belém, 17 fev. 2016.

E Seu Max vai mostrando-me com a mão como devo jogar a água; ele imita gestos como se estivesse segurando uma panela pequena, invisível, com as mãos e continua: *"dentro de cinco minutos, bote todos os ingredientes, tudinho pra ferver; depois é só colocar na barriga... E não precisa abrir ele? Não, o principal dele é isso aqui, oh... aqui você coloca numa farofa com caldo, que é uma delícia"*[191]. E mostra-me a carne amarelo-bandeira do Brasil do peixe, fala-me que, se tirar a casca dele todinha, não fica muito bom! Seu Max diz que não gosta de tucupi, que gosta dele *"normal mermo, com bem cheiro-verde e muito tempero... eu como ele cozido com tudo... eu faço é pirão dele no próprio pirão da farinha"*[192]. Pergunto se Seu Max trabalha com peixe de que ele gosta. Ele me diz:

> *[...] trabalho com peixe que me der bom pra vender... que der pra ganhar uma pontinha... meio por meio... só que eu trabalho com peixe, eu como peixe todo dia... todo dia, ou cozido ou assado... Outro dia eu levei três quilos de filhote, eu comi tudinho... fui só esquentando ele... Isso aqui fritinho com feijão é uma delícia* [ele me aponta outro peixe de menor porte], *só faz tirar o bucho e pronto... Minha mulher não gosta muito desse tipo de peixe, pequeno. Ela gosta de bem graúda. Eu gosto desse, porque esse fica bem fritinha, entendeu? Não é, patrão?* [Seu Max vira-se para o freguês e pergunta; é só uma maneira de colocá-lo em integração conosco. O senhor sorri e, com a cabeça, diz que sim][193].

Enquanto conversamos, Seu Max pega um punhado de pescada gó, 16 no total, frescas do balcão de amostra, que fica na frente do box e que o separa dos fregueses, e coloca na mesa de corte que fica à sua esquerda. Vai pegando uma por uma das gós, abre as traqueias e vai retirando as vísceras com os dedos da mão direita, deixando levemente a cabeça separada do corpo. Assim ele retira as gós que já foram "limpas" e as coloca um pouco mais atrás do primeiro punhado, formando um outro punhado de gós. Seu Max fala realmente rápido: *"Bem fritinha, fica bem sequinha. E a grande leva muito óleo e custa fritar. Essa aqui não, é rápido pra fritar"*[194] — diz ele, fazendo referência às gós que está tratando para o freguês que o espera.

---

[191] *Idem.*

[192] *Idem.*

[193] *Idem.*

[194] *Idem.*

Seu Max me fala das diferenças entre fritar um peixe de pequeno porte e um de grande porte, no seu entendimento. Segundo ele, o benefício dos peixes de pequeno porte é que eles *"pegam menos óleo"*[195]. Seu Max me mostra os outros peixes e fala do que gosta e do que não gosta e completa: *"Peixe você faz do jeito que você quiser, quem manda é você, se é assado, se quiser fritar, quiser grelhar..."*[196]. Enquanto isso, Seu Max se vira para o lado direito e, abaixo da balança, pega os sacos plásticos nos quais vai colocar os peixes. O tratamento dos 16 peixes, ou seja, a retirada das vísceras ao cortar o peixe, até o ensacamento deles, para repassar para o freguês, durou cerca de 8 min. *"Olhe, esse peixe aqui, a sarda, esse peixe é uma delícia, esse peixe"*[197] — enquanto isso, Seu Max termina de limpar os peixes, se vira para a esquerda e, em cima do freezer, pega um pedaço de jornal, com o qual limpa as mãos que estavam meladas ou molhadas do peixe que tratava. Em seguida, aponta-me a sarda: *"Ele tem também muuita espinha?... Tem não... dá uma puxada no rabo dela, pra saltar a espinha, tendeu?"*[198]. Assim ele me mostra a sarda, peixe que ele também vende. Hoje tem três sardas à mostra. Enquanto isso, Seu Max abre um saco branco onde está escrito "Obrigado pela preferência" e coloca os peixes dentro dele; pega um segundo saco, de cor azul, e, ao fazê-lo, o pega pelos fundos com as pontas dos dedos, o indicador e o polegar, evitando sujá-lo com suas mãos, ao mesmo tendo "limpado" as mãos em um pedaço de jornal, e o repassa para o freguês, que segura pela parte de cima do saco, as alças, e o abre para colocar o primeiro saco com peixes dentro; procedendo dessa maneira, Seu Max evita sujar as alças do saco em que o freguês levará os peixes; pequena cortesia dos peixeiros para com seus fregueses. Pingo e outros peixeiros fazem a mesma coisa. E continua: *"Pode comer cozida, comer frita, assada"*[199] — a voz se altera e se afirma no "assada", talvez porque o peixe, fino, seja mais apropriado a ser comido assado, devido às espinhas ficarem mais fáceis de serem retiradas, visto que talvez não seja apropriado comer cozido um peixe relativamente fino, com espinhas, pois dará muito trabalho para retirá-las, em meio a temperos e caldos. Ele sabe disso, é um comedor de peixes, por isso evidencia em sua fala o assado... *"Salga pra comer depois, com dois, três dias... peixe quem manda é*

---

[195] *Idem.*

[196] *Idem.*

[197] *Idem.*

[198] *Idem.*

[199] *Idem.*

o cliente"[200]. Enquanto isso, a música que tocava evocava um sambão de Carnaval em marcha lenta... Seu Max fala com um e com outro, as frases são cortadas, pois outras formas de comunicação interagem e dialogam, entrecruzam-se e formam diálogos... Muitos não ditos estão presentes naquele interstício comunicativo que tem sentido para quem o vivencia; são diálogos evocados em um *continuum* e que não se limitam ao momento, mas que tomam forma, naquele momento, em pequenas ações, performances, expressões faciais e corporais, expressões de falas etc.: "*Oi... de troco... Oi, desculpe*", por um gesto não premeditado, de esbarrão... "*Obrigado*" — um freguês, ao receber o peixe que acabara de comprar... "*Táqui... olha aí, oh...*" — acompanha o troco dado ao freguês... Quando o freguês encerra a compra, eu volto a perguntar para o Seu Max como se faz para soltar a espinha: "*é só sacudir ela... tem gente que faz assim*" — ele pega o peixe com ambas as mãos e dá uma leve sacudida com a direita, segurando a sarda pelo rabo, enquanto a outra mão apoia o corpo do peixe. "*Pode descamar ele, assim* [ele mostra-me rapidamente com as mãos como se faz], *depois é só descamar ela e comer... de forno, assada*"[201]. Em seguida, Seu Max vira para os tamuatás que estão em cima do balcão do box: "*olha, só do gordão*"[202] — ele começa a tratar o peixe, agora o tamuatá, pega um e o coloca de barriga para baixo, em cima da mesa de corte, ou seja, o peixe fica com aparência de que não está deitado como os demais, mas, sim, vivo, na posição de nado. Dessa forma, conseguimos ver os dois olhos do peixe. É como se ele tivesse uma espinha dorsal no alto, nas costas, e não na posição que tradicionalmente conhecemos do peixe. Ele pega um facão com a mão esquerda e o coloca bem no meio das costas do peixe, como o peixe tem uma carapaça dura; pega uma espécie de barrete pesado e bate no facão para que o peixe possa abrir ao meio. O peixe não abre de uma vez só, ele vai batendo aos poucos e com certo cuidado, para que a linha de abertura fique perfeita, o que acontece. Ele abre o peixe, no entanto, sem dividi-lo ao meio. A abertura serve para ele me mostrar como devo tratá--lo, temperá-lo para levá-lo ao fogo. Vai abrindo o peixe apenas para me mostrar onde fica a gordura e como devo fazer para tratá-lo. Mostra-me a gordura e diz que, se tiver bem amarelinha, é melhor: "*Basta meter a colher e comer*"[203]. Digo que, assim que tiver coragem, eu o levo... Volta-se para

---

[200] *Idem.*

[201] *Idem.*

[202] *Idem.*

[203] *Idem.*

a sarda e fala: *"A gente morava no interior, a gente comia muito assado"*[204]. Despeço-me de Seu Max, que me convida para passar lá com ele quando eu quiser comer tamuatá.

5.1.6 Sexto retrato

Nós selecionamos o que escutamos, mas o gravador não seleciona... Quando retomo as gravações, observo que as vozes se embaralham, e o que predomina, além do vozerio, é o som dos cutelos! Alguns berros se alternam, mas basicamente só escutamos a sílaba forte de cada palavra pronunciada ou de cada expressão que é gritada. Tateando com os ouvidos aquilo que foi registrado pelo gravador, encontro novamente com Dona Carmem, que me recebe sempre bem; vende pimenta, cheiro-verde e pequenos temperos para bem temperar o peixe. No nosso último encontro, ela me reclamou da proximidade com a área dos peixeiros, *"por causa do cheiro"*, fazendo uma cara de desgostosa, franzindo o nariz e levantando os lábios superiores e inferiores. Segundo Dona Carmem, ela chega com odor de peixe em casa e me fala, bem ao pé do ouvido e em voz baixa: *"minha filha, até minha calcinha eu tenho que trocar"*[205].

Odor, sinto pelo tato que impregna meu olfato. Pelo tato interno, de minhas mucosas nasais, o mundo me entra pelas narinas, me toca. Ao nascermos, assim como o tato, o olfato é um dos primeiros sentidos com que percebemos o mundo; é por meio dele que caímos para o mundo da vida, no *Lebenswelt*[206]. Ainda que não nos demos conta, estamos com ele em contato intermitentemente. O odor está tão impregnado em nossa vida e em nós mesmos, que ele é aquela coisa quase desfocada que, aparentemente, nem mesmo em segundo plano está, de tão inserido que ele já está em nós. Antes de vermos e ouvirmos[207], sentimos (Ackerman, 1991; Le Breton, 2016b) com a pele e sentimos com as narinas; afinal, bastam oito moléculas para despertar uma reação olfativa "E nós pode-

---

[204]   *Idem.*

[205]   Dona Carmem, em entrevista concedida à pesquisadora na Feira do Guamá. Belém, 7 abr. 2017.

[206]   *Lebenswelt*, mundo da vida, para Simmel, é um conceito comum às sociologias compreensivas e à fenomenologia, estando presente na obra de diversos autores utilizados neste livro, como Simmel, Weber, Schutz, Maffesoli, entre outros.

[207]   Convém observar que uma criança recém-nascida começa a ver e a ouvir a partir dos 2 meses de idade, e que, até então, ela reconhece sua mãe por meio do olfato e do tato.

mos detectar mais de dez mil cheiros. O que permanece mais longo na memória de um lugar é muitas vezes o seu cheiro"[208] (Pallasmaa, 2010, p. 62, tradução nossa).

Do mesmo modo que sentimos, vivemos o odor de maneira rotineira e quotidiana a ponto de, na cotidianidade, tomarmos o odor por coisa que se passa quase anônima, pois, transitório, volátil e fugaz, toma na sua banalidade um caráter imperceptível, principalmente se repetitivo e contumaz. A frequência e a repetitividade do odor acabam moldando nosso olfato, moldando-nos ao odor, a uma maneira de senti-lo. Nós nos adaptamos ao mundo que nos cerca e nos adaptamos também aos odores que nele proliferam.

O odor atua de forma silenciosa, muda, "O odor é o sentido silencioso. Ele é sem palavras. Essa falta de vocabulário nos liga à língua"[209] (Ackerman, 1991, p. 18, tradução nossa). Ele só toma um caráter mais evidente em nossa vida se ele sai, digamos assim, da rotina na qual nós estamos inseridos, ou nos habituamos a sentir[210].

O olfato é aquele sentido do "sem palavras". Utilizamos diversos outros sentidos, adjetivos e coisas para expor nossas impressões olfativas. O odor toma o lugar da coisa descrita, se transforma na própria coisa. Ackerman observa que:

> Quando usamos palavras como esfumaçado, sulfuroso, florais, frutoso, doces, nós evocamos odores em termos feitos para outras coisas (a fumaça, o enxofre, as flores...). [...] Em vez disso, nós temos a tendência a descrever o efeito que produzem sobre nós. Um odor é desagradável, estimulante, levanta o coração, é doce, requintado, revigorante, hipnótico ou revoltante (Ackerman, 1991, p. 20, tradução nossa)[211].

---

[208] Como no original: "et nous pouvons détecter plus de dix mille odeurs. Ce qui persiste le plus longtemps de la mémoire d'un lieu est souvent son odeur".

[209] Como no original: "L'odorat est le sens muet. Il est sans mots. Cette absence de vocabulaire nous lie la langue".

[210] Lembro, anos atrás, precisamente em 1984, que, conversando com uma paulista que veio a Belém a turismo, ela disse que Belém era perfumada, que sentia andando pelas ruas o cheiro de patchuli. Estranhei o comentário, mas achei interessante e acreditei que eu, por viver aqui, já não mais percebia o odor de Belém. Bem, acho que não é o caso, talvez ela carregasse com ela o odor em forma de alguma substância, saquinhos de cheiro, e tenha-se deixado envolver por ele. No entanto, uma coisa era certa: para ela, o patchuli era o extraordinário; para mim, o ordinário.

[211] Como no original: "Lorsque nous employons des mots comme enfumé, sulfureux, floral, fruité, doux, nous évoquons les odeurs en des terms faits pour d'autres choses (la fumée, le soufre, les fleurs...). [...] A la place, nous avons tendence à décrire l'effet qu'elle produisent sur nous. Une odeur est dégoûtante, enivrante, soulève le coeur, est àgreable, exquise, revigorante, hypnotique, ou révoltante".

Ackerman (1991) evidencia a potência e o poder dos odores na cultura ocidental, visto que o odor é um sentido e provoca uma sensação silenciosa. Esperamos avançar e tentar perceber o papel do odor em contribuir para a conformação do gosto. Dessa forma, o odor também ganha um juízo de valor quando é percebido, sentido. Assim, bom e mau odor acabam por caracterizar uma forma de estar no mundo, manipulado por uma cultura olfativa, ou melhor, por um julgamento de valor baseado no olfato. Esse julgamento olfativo revela formas de perceber e evidenciar as relações sociais, as formas sociais[212].

Uma evidência disso é o documentário[213] *Brazil Stories-Amazon Avon Ladies*, encomendado pela Avon, produzido e realizado pela miramac.ca[214] sobre a penetração da Avon (marca de cosméticos e perfumes) na Região Amazônica e da valorização de mercadorias como perfumes e cosméticos, por meio de pequenas vendedoras que, muitas vezes, praticam o escambo como forma de pagamento, facilitando a aquisição de um produto desejado. Ackerman observa que a valorização do odor está presente em todas as civilizações e que referências ao uso do perfume já estavam presentes na Mesopotâmia, "onde se oferecia aos deuses incensos com o objetivo de atenuar o odor da carne queimada dos animais que se sacrificava" (Ackerman, 1991, p. 77, tradução nossa).

[212] Convém observar que estou falando com base na cidade de Belém do Pará, observando esse pequeno universo cultural das pessoas que aqui moraram e moram. Portanto, os comentários têm como pano de fundo a vivência em uma região úmida e de baixa altitude. Observo isso porque essas características colocam em evidência a conformação de odores conforme as propriedades físicas dessa região, ou seja, as propriedades que independem da atuação humana, ou cultural, mas que influenciam essa condição cultural. Os comentários observados a seguir são retirados de pessoas que vivenciaram e vivenciam esse ambiente físico: lembro-me de um comentário de uma conhecida, nascida e criada em Belém, que, quando se mudou para São Paulo, comentou no Facebook, dizendo-se espantada com o fato de os paulistas não tomarem banho pela manhã... ela observava "como uma pessoa pode sair de casa sem se lavar, com o cheiro de dormido...", afirmava que aquilo era um desrespeito para com o outro, a quem ela iria falar, cumprimentar com beijos face a face. Lembro-me, ainda, da observação frequente de uma amiga X em relação a uma amiga Y quanto ao odor que Y exala, fazendo referência a uma possível falta de banho de Y: "Como pode uma pessoa andar com cheiro de mendigo!?". Observemos ainda, pela manhã bem cedo, principalmente em bairros como o Guamá e a Terra Firme (onde as crianças vão a pé ou de bicicleta para a escola); essas crianças, ao irem para a escola, estão com aparência de banhadas, cabelos presos ainda úmidos. A importância do que aqui coloco nessas linhas de rodapé evidencia uma vivência das pessoas, acredito, que moram em Belém, e essa vivência não se delimita a um nível sociocultural, ela está presente em todos os estratos sociais.

[213] Há um pequeno vídeo sobre o documentário disponível em: https://youtu.be/TqUUESloRLs.

[214] A Miramac é uma empresa canadense, localizada na cidade de Toronto, especializada na produção multimídia de serviço de produção de vídeos promocionais e publicitários, vídeos musicais e filmes de ficção para uma ampla gama de produtores, empresas, organizações sem fins lucrativos e outras organizações. O endereço eletrônico dessa empresa é este: http://miramac.ca/miramac_productions.html.

Pallasmaa (2010) salienta o poder do olfato em evocar imagens e vivências esquecidas em nossas memórias, fazendo com que esse sentido desperte vivências e experiências passadas; logo, somos levados a observar que o odor é algo peculiar à sensibilidade do homem. No entanto, essa peculiaridade compõe (é um componente, um conteúdo de) uma dada forma social, que — de acordo com as interações estabelecidas com os outros elementos que compõem essa forma, somadas à maneira como esses elementos e conteúdos se relacionam, interagem — vai conformar certa forma social, ou seja, uma interação própria, peculiar daquele ambiente onde ela se conforma; ambiente físico, ou seja, uma paisagem em movimento construída social e culturalmente que se molda à partir da percepção de cada um que ali está. No calor, os corpos distendem, necessitando de mais espaço para suportar o calor do ambiente e para se refrescarem e, assim, mais facilmente se evadir ou suportar. Fisicamente há uma dilatação dos corpos no calor, assim como há uma retração no frio. De forma semelhante, portam-se as pessoas em seus movimentos, de acordo com os ambientes, quentes ou frios, respectivamente.

5.2 Espacialidades e sensibilidades

Quando falamos do espaço feira, estamos falando de certa estrutura espacial, de um espaço que possui limites e forma, ou seja, que possui uma organização, uma ordenação e uma estrutura (Ostrower, 1983, p. 45), que possui delimitações espaciais, como paredes, divisórias, balcões, grades, rua casas, mercados, lojas, enfim, uma miscelânea de coisas que o caracterizam para determinada conformação: a compra e a venda de mercadorias, gente andando e povoando aquele lugar. Assim, quando estabelecemos mentalmente a feira, materializando-a em nossa mente, inserimo-nos nessa forma; apropriando-nos, criamos mecanismos de identificação que nos situam espacialmente, pois formamos mentalmente espaços que ocupamos quando nele adentramos e, quando fazemos isso, nós o vivenciamos. Assim reconhecemos odores, vozes, sentidos expressos em faces, sons e todo significado contextual que esses elementos nos evocam. Seja para o feirante, seja para o freguês, ou para o frequentador da feira, descobrir o espaço feira é descobrir-se nele, é transformá-lo, ao longo de sua vivência, em lugar: ação que evoca uma vivência individual e coletiva, que é cultural, cumulativa e intersubjetiva, pois ela é o resultado desse estar junto e, ao mesmo tempo, enquanto intersubjetividade, é o que realimenta esse mesmo estar junto.

Os contornos sensoriais da feira, fabricados ou conformados por seus frequentadores, funcionam como seus limites. O término da feira varia para cada pessoa. Cada um a delimita até onde a alcança, segundo sua vivência. A estrutura espacial, para existir, precisa de limites, de algum limite, ainda que seja no imaginário daquele que o configura como estrutura, como feira. Os limites da Feira do Guamá são fluídos, não se limitam aos mercados, de Carne, da Farinha e do Industrializado; eles se estendem ao longo da Av. José Bonifácio, tanto no sentido de São Brás como no do Porto da Palha, assim como ao longo da Passagem Mucajás e da Av. Barão de Igarapé-Miri. Apesar dessa extensão, podemos evocar a culminância da feira no cruzamento que abarca os três mercados citados e a imprecisão em seus limites, em um ponto que não é possível ser definido.

A relativa liberdade na arrumação dos espaços e na criação do lugar, perceptível durante o mercado provisório, foi rompida pela reforma da prefeitura. O novo mercado, adequado ao padrão da organização burocrática do comércio, exigiu dos feirantes a obediência a uma série de pré-requisitos impostos pela prefeitura, por exemplo, expositores com refrigeração e mesas de corte de carne em inox ou polietileno para os açougueiros — especialmente a exigência de expositores com refrigeração levou dois açougueiros a não voltarem à condição de feirantes depois da revitalização, pois, segundo Seu Francisco e Seu Antônio, não conseguiram o dinheiro ou financiamento necessário para a compra desse tipo de equipamento.

Os espaços são mais institucionalizados, organizados e, portanto, padronizados. A feira se apresenta mais limpa, mais clara e organizada e visualmente com menos interferência de quem ali está instalando-se. Em setembro de 2012, já encontrei a feira naquele espaço institucionalizado do mercado revitalizado pela prefeitura. Dessa maneira, naquele momento, pudemos observar que o espaço ainda não tinha sido de todo apropriado pelos feirantes.

A partir da entrega do mercado novo, a prefeitura procurou manter o controle da ordem, impedindo os feirantes de se apropriarem como desejavam, e como ainda desejam plenamente, de seus boxes, pois "o espaço habitado torna-se então produtor de comportamentos" (Le Breton, 2016b, p. 131). Podemos observar dois exemplos que ocorreram quase simultaneamente: o primeiro deles é o que Pingo queria fazer com seu box, aumentando sua parede de fundo para fechar sua visão em relação ao seu vizinho dos fundos, isolando-a dele, contra quem tinha certa animosidade:

Ele só quer Deus pra ele e o diabo pros outros; e eu não trabalho assim. Eu procuro ser amigo, todo mundo precisa vender. Ele é evangélico, acha que só ele merece, se o freguês não compra um dia com ele, ele fica com raiva do freguês. Por isso que eu fechei aqui, pra eu não olhar pra ele, deixa a gente triste uma pessoa assim fica medindo, chamando freguês aqui, diz que meu peixe não presta. Então, pra não brigar com ele, que eu já joguei peixe na cara dele, quase que eu mato ele, então, pra não brigar, eu fecho. Chamei o administrador, e ele me autorizou a fechar isso e estou esperando o banner pra fechar, e pronto. Tomara que ele tenha feito o banner quando ele vier aqui.[215]

Assim o fez durante um curto período de tempo, utilizando um grosso isopor, mas, depois, teve de voltar atrás por imposição da administração.

Outro exemplo aconteceu também com Pingo. Ela queria mandar ampliar sua foto para transformá-la em um pequeno banner e colocá-la justamente na parede ao fundo de seu box, o que não foi possível, visto não ter sido viável aumentar a parede, mesmo com outro material temporário, seja um *banner*, seja uma parede de compensado. De qualquer maneira, o pacto estava feito, e certa anuência por parte dos feirantes era mantida. Para a prefeitura, a reforma acabou legitimando sua presença mais efetiva no mercado, visto que os feirantes se sentiram comprometidos a se adequar às melhorias. De fato, em muitas entrevistas concedidas, os feirantes demonstraram satisfação de estar no mercado novo, *"limpo, bonito"*[216].

No entanto, o tempo passa, e o quotidiano acaba contribuindo para que o feirante volte a se apropriar de outras maneiras de seu espaço de trabalho. Os limites dessas apropriações são fluídos, e o feirante vai sempre o moldando de acordo com seu desejo, com a possibilidade, a necessidade, a iniciativa e o gosto, como também ele se molda a esse novo espaço ao criar o seu lugar. Esse moldar ocorre com base na rotina, essa coisa corriqueira que fazemos sem nos apercebermos, de tão inerente que ela se tornou em nossa vida; ela está impregnada em nosso quotidiano, servindo-nos de ponto de referência[217], ou seja, esse "hábito de fazer as coisas sempre da mesma maneira, por recurso a práticas constantemente adversas à inovação" (Pais, 2003, p. 28).

---

[215] Pingo, em entrevista concedida à pesquisadora na Feira do Guamá. Belém, 2 out. 2012. Em janeiro de 2018 os dois feirantes já tinham superado essas dificuldades, e já dialogavam amistosamente.

[216] Todos os feirantes que entrevistei de setembro a novembro de 2012 fizeram questão de falar da limpeza e da beleza do mercado; então "limpo e bonito" eram as palavras de ordem à época.

[217] Nós sabemos o que devemos fazer quando nos levantamos, escovamos dentes, nos lavamos, saímos para o trabalho, vamos ao trabalho, temos horário a cumprir, enfim, a rotina nos coloca em equilíbrio com o mundo, nos ajuda a manter pontos de contatos e de referências.

Logo que os feirantes adentraram o mercado já reformado, segundo eles, e pude notar em nossas conversas, ficaram felizes com o novo espaço: limpo, higienizado, novo. Mas, tão logo o tempo foi passando, os meses fluindo, as primeiras queixas e as expressões faciais e corporais, como a boca torta, o olhar enviesado, o corpo levemente jogado para trás ao olhar alguma sujeira na direção do box do feirante vizinho, apareciam. Alguns escárnios quanto a *"porcarias"*[218] evidenciavam a insatisfação de muitos. Se observarmos as fotos tomadas em 2012 e as tomadas em 2015 e 2016, podemos observar uma mudança visual no mercado, assim como no seu entorno. Há, nas imagens feitas no transcorrer da pesquisa, entre os anos de 2015 e 2018, uma intensidade maior da presença de elementos visuais. Os feirantes começaram a ocupar o gradeado e o corredor entre os boxes, algumas vezes diminuindo o espaço do passante, do freguês e do próprio feirante; mas, por outro lado, passaram a ganhar espaço expositivo, espaço de venda, espaço fundamental para a distensão do seu lugar na feira; assim, espaços cognitivos e expressivos foram-se gerando.

Podemos observar, ainda, outros elementos que contribuíram e contribuem para a conformação da feira como esse espaço expressivo: são as coisas lá utilizadas, aquilo que conforma sua cultura material. Esses elementos conformam a imagem que temos e fazemos da feira. Entre eles, podemos apontar as instalações elétricas que aparentam — apesar de socialmente não terem essa função — pequenas gambiarras (já evocadas no capítulo 1 deste trabalho); as mercadorias vendidas e, principalmente, a maneira como são vendidas, as formas como essas mercadorias são expostas e ofertadas ao frequentador da feira; os boxes em ferro; os boxes em alvenaria dos açougueiros, peixeiros, alimentação; o formato e a disposição desses boxes; os tipos de sacos plásticos em cores verde e azul, os feitos de rede; os caixotes em madeira; os pregos colocados para apoiar os sacos de legumes a serem vendidos. Os esses ou ganchos, que sustentam as carnes, são também utilizados para pendurar, além das carnes, sacolas, bolsas, mochilas, sacos plásticos, folhinhas calendários, fios elétricos, roupas, panos, instrumentos de trabalho, como serrotes, são coisas possuem o poder da invisibilidade, pois nunca são mencionados quando perguntamos sobre. Assim, podemos observar que, quanto mais ordinária, quanto mais quotidiana é a coisa e o uso que se faz dela, maior é sua invisibilidade (Miller, 2008).

---

[218] Dona Margarida, em entrevista concedida à pesquisadora na Feira do Guamá. Belém, 10 jan. 2016.

Ainda podemos apontar, na construção dessa instalação, o box, com sua instalação-mãe[219], a feira: as paredes dos boxes, ao fundo, que dão suporte ao nome do box; as balanças; as facas e facões, os cutelos, as machadinhas; os jornais para limpeza; além de imagens de santos, com números e cálculos, mensagens subliminares de caráter religioso ou laico. As disposições de todos esses elementos juntos, a versatilidade e a proximidade na relação entre feirante e freguês, os arranjos pessoais de cada equipamento, os sons, os odores, os movimentos dos corpos, enfim, uma série de objetos e coisas que conformam aquela forma social, são elementos que ocupam os espaços sensoriais da feira. Salientamos uma diversidade de elementos e combinações que não damos e nem daremos conta de enumerá-las, pois a constituição de uma forma social, como já foi colocado aqui, é dinâmica, cabendo ao pesquisador assinalá-la, compreendê-la e interpretá-la dentro de um escopo temporal, histórico e social.

No mais, observamos que o box se constrói como uma instalação de sentidos, de traços (Derrida, 1979); seu significado extrapola o significado isolado dos objetos e das coisas ali expostos, ultrapassa o caráter de comercialização, mas evidencia as valorações de estéticas, de sentido e de gosto de quem as produz e as vê.

5.3 Percepção, sentidos e sinestesia

Seria possível fazermos uma cartografia da cultura tátil, como propôs Classen (2005), sem passarmos pelas sensações provocadas na interação entre o nosso corpo e o mundo? Como percebermos a sensibilidade tátil do outro sem compreendermos a nossa? O que é o tato? Por essas questões, compreendemos o tato como aquele sentido que vivenciamos com o corpo em sua totalidade. Nossa pele, órgão maior de nosso corpo, encerra o tato. Das partes mais expostas às partes mais íntimas, o tato está presente na nossa percepção do mundo. Todo o corpo sente, percebe, vive — ainda que não seja de maneira racionalizante, mas sinestésica — o mundo por meio do tato:

> Todos os sentidos, incluindo a visão, são extensões do sentido tátil; os sentidos são especialidades do tecido da pele, e todas as experiências sensoriais são formas de tocar e, por-

---

[219] Professor Afonso Medeiros, em sala de aula (setembro 2012), evoca a feira como "a grande instalação", aquela que todo e qualquer artista sonha em realizar. Afonso Medeiros é artista plástico, professor da Faculdade de Artes Visuais (FAV) e do Programa de Pós-graduação em Artes – PPGArtes, ambos da UFPA.

> tanto, relacionadas a percepções táteis. Nosso contato com o mundo faz-se na extremidade do ser por meio de partes especializadas da membrana que nos envolve (Pallasmaa, 2010, p. 11, tradução nossa)[220].

Assim, o tato é mais um conteúdo da forma social que conformamos quando vivenciamos o mundo, quando o vivenciamos e o experienciamos[221]. Assim como o olfato é um dos nossos primeiros sentidos a serem vivenciados logo a partir do nascimento e do contato com o mundo, é por meio do tato que vivenciamos o nosso primeiro sentido de individualidade, pois, "Entre outras coisas, o tocar nos ensina a diferença que há entre o eu e o outro, que pode haver em qualquer um fora de nós; a mãe" (Ackerman, 1991, p. 103, tradução nossa)[222].

A pele, esse mediador sinestésico das sensações táteis, "Para a maioria das civilizações, é a tela perfeita para pinturas e tatuagens[223] e um fundo maravilhoso para joias. Mas, acima de tudo, é nela que reside o sentido do tato" (Ackerman, 1991, p. 90, tradução nossa)[224]. A pele se torna o nosso primeiro intercessor de nossa relação com o mundo, um mensageiro de mensagens (Communications, 2010; Howes, 2006; Pallasmaa, 2010). É por meio desse mensageiro que nos sentimos no mundo e começamos a vivenciá-lo e a experienciá-lo. Somos tocados intermitentemente pelo ar, pelo vento, pelo frio e pelo quente, pelo outro, pelas coisas, pela roupa que vestimos, pelos adereços que usamos, pelos sapatos que calçamos, pelo chão que pisamos, pelas coisas que vemos com os olhos físicos, pelas

---

[220] Como no original: "Tous les sens, y compris la vue, sont des extensions du sens tactile; les sens sont des spécialisations du tissu de la peau et toutes les expériences sensorielles sont des façons de toucher et, par là, reliées aux perceptions tactiles. Notre contact avec le monde se fait à la lisière de l'être à travers des parties spécialisées de la membrane qui nous enveloppe".

[221] Faço aqui neste trabalho uma diferença entre vivenciar e experienciar. Vivenciar é algo que pode acontecer, mesmo que não o queiramos, estamos no mundo e o sentimos, o vivenciamos. Experienciar seria algo mais proposital, mais intencional. No entanto, ambos podem ocorrer, e geralmente ocorrem, ao mesmo tempo; os níveis de vivência e experiência se modificam, dependendo do envolvimento perceptível de cada um. Podemos aqui fazer um paralelo entre a socialização, que ocorre de forma involuntária, no sentido de que a finalidade não é o envolvimento com o outro, mas outro objetivo qualquer; e a sociabilidade, que tem por objetivo a interação direta com o outro.

[222] Como no original: "Entre autres choses, le toucher nous enseigne la différence qu'il y a entre moi et l'autre, qu'il peut exister quelqu'un en dehors de nous; la mère".

[223] Lembrando aqui a importância da tatuagem em diversos povos, entre eles o japonês, que possui o Museu de Patologia Médica da Universidade de Tóquio, um museu concebido apenas para obras de arte que têm como suporte a pele, tatuada. O museu possui mais de 300 peles tatuadas, emolduradas e expostas ao público. Informação disponível em: http://lifeand6months.com/2012/11/01/the-tattoo-collectors-film-fiction/. (Hardy, 1987).

[224] Como no original: "Pour la plupart des civilisations, c'est la toile idéale pour les peintures et le tatouage, et un fond merveilleux pour les bijoux. Mais avant tout, c'est en elle que réside le sens du toucher".

que ouvimos com nossos ouvidos, pelas que entram pelas nossas narinas, pelas coisas que experienciamos e vivenciamos. Vivemos carregados pelas coisas do mundo que nos cercam. E esse sentido, que nos provê da percepção que fazemos e temos do mundo, promove nossa sociação com o mundo em nosso entorno muito antes de podermos refletir ou pensar sobre o mundo. É o tato o primeiro sentido que nos joga no "mundo da vida". A partir dele, passamos a construir nossas referências táteis, culturais, subjetivas, sensitivas, cognitivas do mundo que adentramos. Assim, podemos evocar a importância do tato para o desenvolvimento do ser humano e o papel que a sensação tátil tem no seu processo sociativo (Ackerman, 1991).

Se o tocar afeta todo o nosso organismo, por meio de nosso órgão maior, a pele, ele vai afetar também a cultura a ele vinculada. Segundo o neurologista e físico Schanberg[225], o tato provocaria a mais forte das emoções (Ackerman, 1991, p. 101), superando os demais órgãos; assim, ele acaba por ter um papel proeminente em tudo o que fazemos no dia a dia. O tato é "dez vezes mais forte do que palavras ou emoções, explicou Schanberg. E desempenha um papel em quase tudo o que fazemos" (Ackerman, 1991, p. 101-102, tradução nossa)[226].

Assim, o que é o sentido do tato na feira, como ele é percebido, vivenciado e experienciado pelo feirante? Como podemos compreender o papel do tato na conformação do gosto na feira, na interação e na reciprocidade?

O aborrecimento de Ezequiel, com o amassa-amassa do freguês, esse freguês que prefere comprar na feira a ir ao supermercado, pois na feira *"eu posso ver e pegar, chorar o preço e comparar com o do lado. Tem coisa que, se você não pegar, como você vai saber se tá bom? É assim com o abacate, com a banana... não quero levar banana verde, não! Só com zoio, minha filha"* — e aproxima o rosto para me falar e para que eu olhe bem para os olhos dela. *"Não dá pra vê, não! Às vezes, a gente tem até que cheirá!"*[227], diz-me Dona Etevilna, despachada, frequentadora há mais de 30 anos da feira,

---

225 Saul Schanberg, neurologista e físico, fazia parte do American College of Neuropsychopharmacology (ACNP), era ativo na ACNP, servindo em diversas comissões e conselhos. Tornou-se conhecido por sua pesquisa sobre a influência do toque (tato) no crescimento e desenvolvimento de bebês prematuros. Em seguida, estendeu sua pesquisa a adolescentes que sofriam de transtornos mentais, mulheres grávidas e mulheres que lutavam contra o câncer de mama. Por seu trabalho, Schanberg recebeu diversos prêmios e honrarias. Ele é autor de mais de 200 publicações. Informações disponíveis em: http://www.nature.com/npp/journal/v35/n13/full/npp2010112a.html

226 Como no original: "[...] dix fois plus fort que celui de la parole ou des émotions, explica Schanberg. Et il joue un rôle dans à peu près tout ce que nous faisons".

227 Dona Etelvina, em entrevista concedida à pesquisadora na Feira do Guamá. Belém, 10 jan. 2016.

e continua: *"Ihhh, já nem me lembro quanto tempo faz... pra mais de trinta anos, com certeza!"*[228]. Dona Etelvina é moradora do bairro, mora na Paulo Cícero, e, apesar do calor e desse *"empurra-empurra, prefiro vir logo aqui na feira e comprar o que quero... Num tem um supermercado bom por aqui... tem aquelas porcarias por ali* [e aponta em direção à Av. Barão] *e os preços são altíssimos!"*[229].

A Feira do Guamá, a esse espaço que aqui colocamos em evidência, localizada em uma zona quente e úmida, de baixa altitude e de alta pressão atmosférica[230], onde podemos observar que a preponderância do odor se faz presente, pois,

> A umidade intensifica o odor, e a baixa pressão faz um fluido tão volátil quanto o perfume se espalhar mais rápido do que o habitual. Afinal, uma fragrância é composta de 98% de água e álcool, e apenas 2% de moléculas de gordura e aroma. Quando a pressão é baixa, as moléculas evaporam-se mais rapidamente e podem transportar-se de um corpo para os cantos mais distantes de uma sala, a uma velocidade considerável (Ackerman, 1991, p. 64, tradução nossa)[231].

Destarte, na nossa região, onde encontra-se a feira do Guamá, sabemos, porque vivenciamos ordinariamente, observamos que a umidade intensifica os odores e, se somarmos esse fato com as características da região, de baixa altitude e de alta pressão atmosférica, podemos notar que estamos em uma zona em que os odores proliferam fácil e intensamente. Assim, indagamo-nos: que odores contribuem para a formação da feira enquanto tal? Que odores envolvem os frequentadores da feira? Qual odor é rotineiro, cotidiano e, portanto, banalizado, pois já está instalado ali e, por isso, se tornou imperceptível?

---

[228] *Idem.*

[229] *Idem.*

[230] Localização de Belém: Latitude Sul 01°27'20"; Longitude W - Gr 48°30'15"; altitude média: 10 m. O clima é quente e úmido com precipitação média anual alcançando os 2.834 mm. A temperatura média é de 25° C em fevereiro e 26° C em novembro. Está na zona climática (classificação de Köppen) que coincide com o clima de floresta tropical, permanente úmido, com ausência de estação fria e temperatura do mês menos quente, acima de 18° C (Pará, 2010). Isso indica que a proliferação de odores nessas zonas é mais intensa, justamente por serem locais situados em zonas quentes, úmidas e de maior pressão atmosférica, o que propicia a proliferação de odores, em relação a uma zona fria, mais seca e de menor pressão atmosférica.

[231] Como no original: "L'humidité intensifie l'odorat, et la basse pression fait qu'un fluide aussi volatile que le parfum se répand encore plus vite que d'habitude. Après tout, un parfum est composé, pour 98%, d'eau et d'alcool et, pour 2% seulement, de molécules de graisse et d'arôme. Quand la pression est basse, les molécules s'évaporent plus rapidement et peuvent se transporter, depuis le corps jusqu'aux recoins les plus éloignés d'une pièce, à une vitesse considérable".

Dependendo de onde nos encontremos, esse odor modifica. No mercado de produtos industrializados, é intenso o cheiro de roupa nova, segundo Seu Paulo[232]; já no Mercado da Farinha, o odor da farinha ocupa o ambiente. Entretanto, no Mercado de Carne, o cheiro varia segundo a área: peixe aqui, carne ali, frutos mais acolá, o da goma mais adiante. No entanto, é inevitável que os feirantes, em especial os feirantes da área da alimentação, queixem-se do odor das lixeiras colocadas na lateral, na calçada do mercado com a Passagem Mucajás. Ackerman observa que:

> Os odores estimulam a memória. Eles acordam também nossos sentidos sonolentos, deleitam-nos e cedem aos nossos caprichos, ajudam-nos a nos definir, fazem ferver o caldeirão da nossa sedução, alertam-nos contra o perigo, induzem-nos à tentação, revolvem nosso fervor religioso, acompanham-nos aos céus, casam-nos à moda, banham--nos no luxo (Ackerman, 1991, p. 55, tradução nossa)[233].

Dona Fabrícia, que trabalha próximo das lixeiras, se queixa do *"absurdo da coisa"*[234]; o mesmo acontece com a feirante Margarida. Quando pergunto a Seu Paulo do que ele mais gosta ali na feira, ele me fala que do cheiro da roupa nova que vende; que aquilo, aquele cheiro, faz com que ele sinta saudades da feira quando ele não está lá: *"Me sinto até doente quando não venho. Sinto falta desse cheiro de roupa nova"*[235]. Dona Fabrícia, esposa de Seu Paulo, que trabalha com ele na feira, afirma que *"ele é mais apaixonado por aqui do que eu"*[236], apontando para seus boxes de roupas. Ela, vez por outra, falta; ele, só se realmente estiver doente ou precisar fazer algo muito importante.

Observo as vendedoras de roupas usadas e de pechincha que vendem suas mercadorias na calçada da Av. José Bonifácio, bem em frente ao Mercado de Carne. Vendem roupas de segunda mão; muitas vezes, o estado da mercadoria não importa, e comumente as roupas estão arrumadas em montes, umas sobre as outras, fazendo uma pequena montanha, de forma que as roupas não escapam de se amarrotare. Há, decerto, uma evidência

---

[232]   Seu Paulo, em entrevista concedida à pesquisadora na Feira do Guamá. Belém, 14 jan. 2017.

[233]   Como no original: "Les odeurs éperonnent la mémoire. Elles réveillent aussi nous sens somnolents, nous choient et cèdent à nous caprices, nous aident à nous définir, font bouillir le chaudron de notre séduction, nous mettent en garde contre le danger, nous induisent en la tentation, attisent notre ferveur religieuse, nous accompahnent aux cieux, nous marient à la mode, nous baignent dans le luxe".

[234]   Dona Fabrícia, em entrevista concedida à pesquisadora na Feira do Guamá. Belém, 14 jan. 2017.

[235]   Seu Paulo, em entrevista concedida à pesquisadora na Feira do Guamá. Belém, 14 jan. 2017.

[236]   Dona Fabrícia, em entrevista concedida à pesquisadora na Feira do Guamá. Belém, 14 jan. 2017.

na acuidade com a apresentação. Algumas vezes, as roupas estão estendidas lado a lado, e o amontoado evoca a roupa em liquidação, aquela encontrada nos comércios e em bairros populares da cidade de Belém. O amontoado funciona como uma evocação à promoção, ao preço único; assim, podemos ver de dois a três montes de roupas, e cada um tem um preço definido. Outras peças são bem arrumadas e colocadas formando conjuntos; os sapatos são colocados em pares, lado a lado, geralmente à frente das roupas, ou as cercando.

Dona Maria, que já conta com uma idade mais avançada em relação às demais vendedoras de pechincha, está com mais de 70 anos; quando vai vender pechincha na feira, ocupa a sombra da árvore que fica quase na esquina; como já faz alguns bons anos que Dona Maria ali vende, ela se apropria da árvore, colocando fios e cabides para expor sua mercadoria. A seguir, há, primeiramente, uma imagem da venda de pechincha e, logo depois, uma imagem da mercadoria pendurada de Dona Maria.

Figura 62 – Área onde ocorre a venda da pechincha, calçada da José Bonifácio

Fonte: arquivo pessoal da autora (7 nov. 2015)

Figuras 63 e 64 – Área onde ocorre a venda da Pechincha, calçada da José Bonifácio

Fonte: arquivo pessoal da autora (7 nov. 2015)

Ouço, vejo, respiro, sinto pelo corpo a feira, o mundo e, por meio desses sentidos, interpreto-o, compreendo-o. Em meu entendimento, não seria possível fazer uma lista dos sentidos precisos e de como eles atuam para que conheçamos o mundo; não no momento, não é meu objetivo aqui fazer esse levantamento, nem mesmo sei se é possível. Acredito que não seria possível limitar as nossas percepções aos cinco sentidos, mas talvez a cinco sistemas sensoriais, como coloca o psicólogo J. J. Gibson (1966), ou, quiçá, aos 12 sentidos, como classifica Albert Soesman (1998), a saber: o tato, o sentido da linguagem, o sentido da vida, o sentido da temperatura, a audição, o sentido do movimento, o equilíbrio, o olfato, o paladar, a visão, o sentido conceitual e o sentido do ego. Como podemos notar, Soesman tenta englobar as possibilidades de classificar as percepções humanas, ou, ainda, as percepções culturais do humano.

Dessa maneira, compreendemos os sentidos dos quais falamos como canais, meios de comunicação pelos quais passam a informação e que, no entanto, atuam também como produtores dessas informações, e não somente como veiculadores. Tais meios, enquanto produtores, produzem cultura, pois todo esse sistema está ligado à mente do indivíduo, assim como está ligado aos processos intersubjetivos pelos quais o indivíduo se torna um sujeito do mundo e no mundo.

5.4 O pesquisador e o registro sensorial etnografado

O antropólogo, quando constrói sua narrativa sobre algo ou sobre um fenômeno, procura fazê-lo sob uma pretensa visão de equilíbrio, no sentido de que procura construir o texto inteligível, capaz de ser entendido e assimilado pelo seu interlocutor. Dessa maneira, o antropólogo acaba por construir realidades temporais, ou aquilo que posso chamar de realidades fotográficas[237], ou, ainda, de maneira mais acurada, posso nomear de registros sensoriais etnografados pelas percepções do corpo em diálogo com a mente. Essas realidades que estão baseadas em sensações e suas interpretações dos fenômenos observados estão pautadas em um contexto

---

[237] Chamo de realidades fotográficas essas que são tomadas na forma de um "clic", de um apanhado da vida; faço aqui alusão ao clic da câmera fotográfica, que delimita um campo de visão por certo ângulo que é escolhido por quem vê através dessa câmera e aperta o botão, procurando registrar, fazer o registro de um momento. No entanto, não devemos esquecer que esse registro é temporal, é uma interpretação, por ser uma forma de ver e de construir aquela imagem fotográfica. Assim é o texto, ele escolhe o ângulo daquilo que vai ser abordado, da forma como vai ser abordado, concatenando e adequando os elementos e conteúdos que construíram determinada realidade.

específico, temporal e espacial; estão permeadas de valorações objetivas e subjetivas presentes, mas cambiantes, que variam de acordo com a combinação de elementos em interação na conformação e na fomentação da intersubjetividade que gesta uma forma de estar junto. Le Breton, quando ele, acompanhando o pensamento de Panofsky (1975), ao observa que a:

> [...] perspectiva não é absolutamente um feito da natureza que aguardou pacientemente a inteligência de um sábio para ser atualizada, ela é uma forma simbólica, uma maneira de ver que faz sentido num determinado momento da história de uma sociedade (Le Breton, 2016b, p. 45).

Assim, essa relação entre realidade e sensibilidade também está presente na relação entre a realidade e a antropologia na voz de quem interpreta, uma vez que "As formas do texto, o corte e o layout têm efeitos sobre a voz, sobre as maneiras de ler, moldando as possibilidades de compreensão e recepção" (Roche, 1997, p. 11, tradução nossa)[238]. No entanto, assim como a interpretação de quem o escreve é livre — livre segundo uma paleta de escolhas possíveis —, as interpretações de quem lê esse texto também o são, pois, ainda que calcadas na possibilidade dos elementos oferecidos na paleta de escolhas, ele as tem.

Anteriormente, observei, seguindo Le Breton (2016b), que a percepção não é coincidência, mas interpretação; e, parafraseando-o, posso colocar que, percorrendo a mesma feira, indivíduos diferentes não são sensíveis aos mesmos dados, ou seja, nós, com base em nossa educação, cultura e individualidades, evidenciamos, por meio dessas individualidades, uma infinidade de percepções, construímos a feira tal qual ela se apresenta a cada um de nós. Seguindo uma abordagem fenomenológica, acredito que a função do antropólogo é escavar para colocar em evidência essas feiras, das quais estamos falando baseados na interpretação dos que a frequentam e a fazem, seja por meio de seus significados, de seus sentidos, de seus indícios, seja mediante seus traços (Derrida, 1979), ainda que essa interpretação passe por uma lente, a lente do pesquisador.

Falar das sensações sinestésicas proporcionadas pelos sentidos ou"

> [...] "fatos dos sentidos" são sempre um produto do com--sensus – isto é, de sentir junto com outros [aqui evoco o conceito de estética de Maffesoli]. A percepção é uma

---

[238] Como no original: "Les formes du texte, le découpage et la mise en page, ont des effets sur la voix, sur les manières de lire, en façonnant les possibilités de compréhension et de réception".

> atividade social na medida em que é condicionada pela cultura e não pode ser pensada exclusivamente em termos de atividade neural (Howes, 2013a, p. 9).

Como os sentidos proporcionam o nosso perceber, o nosso sentir, e como precisamos reduzir em palavras aquilo que sentimos e vivemos para que possamos, muitas vezes, mas não sempre, partilhar com o outro ou traduzir-nos esse sentimento em um trabalho acadêmico, partilhamos do entendimento de Ackerman (1991, p. 19, tradução nossa) de que "As palavras são pequenas formas no suntuoso caos do mundo. Elas encerram ideias, elas aguçam [mas também corrompem] o pensamento, pintam nossas percepções em aquarela"[239]. Então, limitamo-nos a falar sobre as sensações do outro, do frequentador da feira, conforme seus próprios indicativos, suas próprias vivências, já que assim o faz o antropólogo. No entanto, é importante lembrar que, quando o antropólogo fala do outro, do sentir e do viver do outro, ele tem a si como mediador desse conhecimento. Esse falar é provido de intencionalidade, colocada em prática pelo pesquisador. De acordo com Schutz (2012), todos nós temos intencionalidade, o que significa dizer que nada existe sem razão de ser. Nenhum objeto é ou está fora da consciência do sujeito. Todo o mundo e todos os objetos são mediados pela intenção de alguém em encontrar/estar com aquele mundo/objeto.

Compreendemos que toda ciência, assim como o pesquisador e o agir do pesquisador, não pode ser separada do contexto em que é gerada e fomentada; dessa maneira, compreendemos que a ciência e o pesquisador, na condição de seu produtor, têm um comportamento intencional. Diante disso, entendemos que a "atitude natural"[240], seja do pesquisador, seja do ser humano, é uma atitude intencional: nós produzimos o sentido com intenção; intenção política de dizer algo de determinada maneira. Convém observar que a intencionalidade não é apenas fruto de uma mente, mas de uma mente que vive em sociedade, ou seja, vive em interação, que compõe a forma social, que conforma uma forma de estar junto.

O que pretendi evidenciar é que nada está fora dessa construção dos sentidos e, consequentemente, do gosto, ou dessa *com-formação*, se pensarmos o gosto como uma sensibilidade ou, ainda, como uma forma

---

[239] Como no original: "Les mots sont de petites formes dans le sompueux chaos du monde. Ils enferment les idées, affûtent les pensées, peignent nos perceptions à l'aquarelle".

[240] Aqui entendemos "atitude natural" segundo Husserl. Esse autor defende que o mundo da vida quotidiana é formado pela atitude natural, ou seja, pelas atitudes que produzem sentido.

social, uma forma de *estar junto*, como ressalta Maffesoli (1999). Uma forma de estar junto é uma forma de interagir que coloca em evidência certa reciprocidade baseada no sentir junto, no gosto, naquilo que agrada, ainda que desagradável, naquilo que é possível *com-partilhar*, não dividir, somar ou subtrair; daquilo que está em relação, ainda que essa relação ocorra por meio do conflito (Simmel, 2006).

Novos elementos se misturam, e novas formas de estar no mundo geram-se: "A natureza é bem-sucedida pela miscigenação. Misturar bem é o lema da vida"[241] (Ackerman, 1991, p. 56, tradução nossa). Segundo Godelier (2010a), o homem não se contenta apenas em nascer e herdar uma sociedade, ele deseja e faz sociedade; ele faz formas sociais, ele participa desse processo criativo ao estar no mundo e vivenciá-lo, pois essas formas são construídas porque o homem no mundo — ou o ser-aí — está em interação contínua com o mundo que o cerca.

Diante da profusão de informações, de traços, de significados, de coisas, coisas concretas e não concretas, como racionalizar, como concatenar e transformar em texto essa relação do sujeito, pesquisador ou pesquisado, com seu meio, o estar ali? E até que ponto nossas escolhas são racionais diante de tal conjuntura? Em sua compreensão sobre nossas percepções, Le Breton destaca que até mesmo elementos e sensações que, a priori, são quase imperceptíveis à racionalidade ocidental, revelam como a percepção é uma forma de interpretação. Ele observa que essa interpretação pode ser "difusa, efêmera e incerta, e às vezes falsa" (Le Breton, 2016b, p. 61). Assim, sou eu, é você, o feirante e o freguês; assim o é todo aquele que vivencia a feira; assim somos todos nós quando temos percepções, quando sentimos, pois já estamos interpretando, ainda que não o façamos de maneira racionalizante. A percepção ocorre de maneira imanente a uma experiência de estar no mundo por meio de um corpo que sente mediante seus sentidos: "A percepção não é coincidência com as coisas, mas interpretação. Todo homem caminha num universo sensorial ligado àquilo que sua vida pessoal fez de sua educação" (Le Breton, 2016b, p. 12).

Mas, depois de nossa volta pela feira, com base na descrição feita anteriormente, seria mesmo o olhar o sentido de maior projeção? Segundo Pallasmaa (2010), não; o olhar foi apenas o sentido privilegiado pelo discurso filosófico moderno. Dessa maneira, partilhamos com Pallasmaa a compreensão de que:

---

[241] Como no original: "La Nature y réussit par le métissage. Bien mélanger est la devise de la vie".

> O tocar é o modo sensorial que integra nossa experiência do mundo naquela de nós mesmos. Mesmo as percepções visuais se fundem e se integram no contínuo táctil do ser, meu corpo lembra quem eu sou e onde eu me situo no mundo. Meu corpo é realmente o umbigo de meu próprio mundo, não como um ponto de vista central, mas como um lugar de referência, de memória, de imaginação e de integração (Pallasmaa, 2010, p. 11, tradução nossa)[242].

Assim como Pallasmaa, Ackerman (1991) compreende a proeminência do tato na percepção do mundo. Desse modo, relembramos que chegamos e sentimos o mundo, primeiramente, pelo tato, a partir da sensação de estar *contido em* mediante o corpo todo, quando chegamos ao mundo, por meio do nascimento. O mundo nos envolve e nos toma para o resto de nossas vivências e experiências; e é dessa maneira que também nos tornamos a carne do mundo na carne no mundo (Merleau-Ponty, 1945).

---

[242] Como no original: "Le toucher est le mode sensoriel qui integre notre expérience du monde dans celle de nous-mêmes. Même les perceptions visuelles se fondent et s'intègrent dans le continuun tectilles de l'être, mon corps se rappelle qui je suis et où je me situe dans le monde. Mon corps est vraiment le nombril de mon propre monde, non comme point de la perspective centrale, mais comme lieu de référence, de mémoire, d'imagination et d'intégration".

6

À GUISA DE CONCLUSÃO: GOSTO E INTERSUBJETIVIDADE, DISTENDENDO O CONCEITO DE GOSTO

6.1 O gosto como sociação

Com as reflexões colocadas ao longo deste trabalho, observamos que não podemos reduzir o gosto, o fenômeno do gosto, à condição de um simples prazer estético, enquadrando-o em categorias pautadas pelos conceitos hegemônicos de beleza, ideal, perfeição e, até mesmo, em alguns casos, racionalidade. Compreendemos, com Schiermer, que o gosto "implica, então, um tipo de razão que pode não estar bem consciente de cada passo que ele efetua, mas que, por outro lado, conseguiu se ajustar às variações e às mudanças constantes do ambiente" (Schiermer, 2012, p. 120, tradução nossa)[243]. Um tipo de razão próxima, talvez, àquela razão evocada pelo coração, a "razão" das emoções e sensações que, segundo Durkheim (2003), merece ser explorada, na medida em que as sensações e as emoções são estruturantes do pensamento e cruciais nas conformações da vida social.

Por meio dessa compreensão, entende-se o gosto como uma forma de expressão que evoca a capacidade de entendimento sensível do entorno, da experiência e da vivência comum dos indivíduos: é por meio da capacidade inerente ao indivíduo que ele responde a essas vivências e experiências. Por meio dela que ele se dá a si e ao mundo, no seu processo de interação, ou melhor, no mundo da vida. Ou seja, por meio do gosto, o indivíduo se coloca no mundo, interage e, partilhando percepções, sensações e sentidos se apresenta, se dá a ver, a sentir e a existir.

O gosto é aquilo que é conformado e consubstanciado nos processos cognitivos de cada indivíduo como resultado das interações que vivencia. Faz parte do processo cognitivo de cada um e de todos em interação. É o

---

[243] Como no original: "[...] implique donc une sorte de raison qui n'est peut-être pas bien conscient de chaque pas qu'elle effectue mais qui en revanche parvient à s'ajuster aux variations et aux chagements constants de l'environnement".

processo de distensão da razão em relação aos regimes compreensivos de inspiração cartesiana, caracterizados por sua prática de limitar o sentir e os sentidos. Mais uma vez evocando Schiermer, podemos dizer que o gosto "é — literalmente — uma questão de aproveitar ao máximo as coisas. O gosto torna o mundo mais rico. Melhor ainda: o provador [aquele que vivencia e experiencia] encontra e beneficia-se das diferenças e nuances oferecidas pelo objeto" (Schiermer, 2012, p. 120, tradução nossa)[244].

Assim, procurando delinear o que seria o gosto por uma percepção antropológica e sensível de mundo, compreendemo-lo como uma sensibilidade, uma sensibilidade que se coloca em evidência, que se deixa a ver, que se mostra e dialoga com o mundo. Nesse sentido, o gosto seria um engendrador de sociações (Simmel, 2006) que conformam uma forma social, uma forma de estar no mundo, formas essas que contribuem para a organização da vida social.

Precisamente, esse é o sentido de estética em Maffesoli. De acordo com esse pensador, estética é a faculdade de "sentir em comum" (Maffesoli, 1999, p. 28), o que faz com que seja também uma ética: é porque se sente em comum, ou seja, com atenção para com o outro, que essa estética também se torna uma ética. O conceito de ética da estética de Maffesoli significa estar e sentir em conjunto — sem que para isso se precise ter um motivo ou um objetivo específico, ou melhor, sem que se precise ter uma razão objetiva e racional. Como diz Maffesoli, trata-se de:

> [...] experimentar junto emoções, participar do mesmo ambiente, comungar dos mesmos valores, perder-se, numa teatralidade geral, permitindo, assim, a todos esses elementos que fazem a superfície das coisas e das pessoas fazer sentido (Maffesoli, 1999, p. 163).

Para desenvolver esse conceito, Maffesoli parte de Simmel (1981, 1999, 2006) e de sua ideia de sociação, que referimos anteriormente. Partilhar experiências e gostos permite a construção de horizontes comuns, e, assim, conformamos a sociação.

Abordamos o gosto, portanto, como uma sensibilidade comum, uma forma social (Simmel, 1981, 1999, 2006) — como dissemos antes, uma estrutura por meio da qual se produzem interações, em permanente estado de disponibilidade, para que, por meio dela, se produza a(s) forma(s) social(is).

---

[244] Como no original: "est – littéralment – une questions de tirer le meilleur parti des choses. Le goût rend le monde plus riches. Mieux encore: le goûteur trouve et profite des différences et nouances qu'offre l'objet".

Recorrendo à analogia que Simmel faz entre formas e conteúdos, podemos pensar que as formas são essas estruturas não visíveis que tornam pertinente a partilha do gosto e que conteúdos são as concretudes por meio das quais essa partilha se dá. Assim, por exemplo, uma dada maneira de arrumar os produtos num box, ou o brega que está sendo reproduzido ao fundo, ou a brincadeira e a galhofa entre os feirantes, ou os símbolos religiosos, esportivos ou eróticos afixados às paredes, conforma conteúdos, concretudes do gostar junto, do gostar comum. Ao acontecerem, necessariamente de forma partilhada e social — porque o gosto de um só tem sentido quando tangencia o gosto do outro, e quando se coloca como potencialmente reconhecível e partilhado —, produzem o fenômeno da sociação (Simmel, 2006), que, por meio das estruturas intersubjetivas invisíveis, que são as formas sociais, conformam a própria reprodução da vida social.

Necessário observar, também, que, quando falamos em concretude, não estamos referindo-nos, necessariamente, a objetos materiais ou a objetos empíricos. Concretude é a forma social preenchida e produzindo sociação. É por meio da concretude, da sociação, que o gosto tem lugar.

Assim, entendemos o gosto como um processo que é constituído continuamente em sociedade, processo esse:

> [...] realizado nos indivíduos, que condicionam sua existência enquanto sociedade – não como causas antecedentes no tempo desse resultado, mas sim como processos parciais dessa síntese que nós, de maneira condensada, denominamos "sociedade" (Simmel, 2013, p. 656).

Esse processo social, do qual o homem faz parte, não é, segundo Schutz, um "mundo apenas físico, mas também sociocultural [...] um mundo pré-organizado e pré-constituído cuja estrutura particular é o resultado de um processo histórico que, portanto, é diferente em cada cultura e cada sociedade" (Schutz, 2012, p. 91). Portanto, como coloca Schutz, é um mundo que preexiste ao sujeito, e, nele já inserido, ele o vivencia, ele o sabe:

> [...] o mundo social no qual o homem nasce e no qual ele precisa encontrar seu caminho é experienciado por ele como uma estreita rede de relações sociais, de sistema de signos e símbolos, com sua estrutura particular de significados, de formas institucionalizadas de organização social, de sistemas de status e prestígio etc. (Schutz, 2012, p. 92).

Esse mundo experienciado é esse mundo sabido, que advém de um saber (*Wissen*), do qual fala Simmel (1981), ou seja, saber como resultado de uma experiência, de uma forma de estar, de vivenciar o mundo que não é, necessariamente, uma forma racional, mas vivencial, emocional, intuitiva, perceptiva, subjetiva e objetiva e racional; mas, sobretudo, intersubjetiva, porque é partilha. O homem não está só em sociedade, queira ele ou não, ele compartilha o mundo em que ele vive, pois ele faz parte desse mundo, ele é carne do mundo.

O gosto seria o resultado não imutável, não fixo ou acabado, de uma forma de estar no mundo. Seria o resultado temporário, fugaz e interativo de formas de se estar no mundo. E se compreendemos o indivíduo como um ser fragmentário, no sentido wagneriano (Wagner, 2011), o gosto também refletirá essa composição temporária que se conforma no tempo e no espaço, que aquiesce de acordo com as interações que o acomodam.

Mapeando a conformação do gosto, observamos que ela ocorre na interação entre sujeito-sujeito, sujeito-objeto, sujeito-mundo, aqueles que sofrem e causam as impressões do sujeito — ele é um dos motivos diretos de estesia[245] do sujeito ao interagir com o seu entorno, pois as qualidades sensíveis das coisas que estão no mundo são conferidas pelo sujeito (mesmo que o sujeito herde essas qualidades que, ainda assim, não são fixas e sofrem arritmias), além do ambiente sócio-histórico-cultural, um dos emuladores ou conformadores da estesia do sujeito, que corroboram conformar o próprio sujeito e a própria coisa ao conformar o sujeito.

Ressaltamos que nenhum desses elementos conforma-se de maneira isolada. Eles só se conformam na interação, na relação que se estabelece entre o sujeito, a coisa e o ambiente sócio-histórico. Observa-se ainda que, na interação, o sujeito não é neófito; como observamos anteriormente, ele traz consigo percepções, sentidos, interpretações e valores já conformados previamente, que vão contribuir para uma nova percepção, assimilação e inferência de novos valores, de valores sobre o novo, diante da nova interação. Assim, confirmamos o círculo contínuo entre sujeito e sujeito-objeto, não só intermediado pelo ambiente sócio-histórico-cultural, mas

---

[245] Acompanhando o pensamento de Oliveira (2010), assim como o de outros autores sobre os sentidos e as percepções (uma lista longa aqui se faria, mas, como não se trata de discutir esse conceito, e deixo-o para um outro momento), observamos que compreendemos a estesia como processos de apreensão do sentir e dos sentidos que tocam o corpo. Dessa maneira, a estesia só poderia ocorrer no processo de interação; de interação com qualquer coisa, seja uma coisa imaterial, como uma lembrança de algo já acontecido; seja diante da materialidade de outra pessoa ou coisa. Convém observar que essa definição ou esse conceito de estesia não vai, de todo, em par, com o de Oliveira (2010).

fazendo desse ambiente mais um elemento de composição da conformação do gosto. Novamente evocamos aí o círculo hermenêutico — seja da interação, seja do conhecimento, ou da percepção.

O gosto evoca uma "espécie de poética do viver, do provar e do sentir" (Silva, 2014, p. 48); portanto, como perceber, captar, capturar, mensurar e analisar — tudo o que a ciência exige — o fenômeno, sem o reduzir, sem reduzir a sua complexidade à simples categorização cientificista, que teria grandes possibilidades de mascarar o objeto?

A tentativa, exigida pela ciência, de categorizar para legitimar a pesquisa, não se coaduna com o que acreditamos e partilhamos com Landowski (2013, p. 56, tradução nossa) que, "abstendo-nos de categorizar as coisas, nós as deixamos desenvolver/aflorar, dinamicamente, seus potenciais interacionais como (quase) sujeitos"[246]. Sim, quase sujeito, pois assim vemos e tratamos nossos objetos de pesquisa, e assim são as coisas que interagem no mundo. E a tentativa à qual me refiro fica sempre no estado de tentativa, pois é uma alienação o que o pesquisador faz com a coisa categorizada, o que não poderia ser possível quando se pretende estudar a cultura, objeto inerente à interação, e sem a interação não seria possível sua existência. Dito isso, evidencio meu lugar como pesquisadora e a maneira, provável, de como esta pesquisa se constitui. Afinal, se as escolhas evidenciam critérios prévios já assimilados (Landowski, 2013, p. 38), que isso sirva para os gostos, para a política ou para o que quer que seja na construção do conhecimento.

Mas não busquemos uma simplificação do gosto partilhado, seja partilhado por classe social ou classe econômica, seja de qualquer outra ordem ou categoria. Busquemos, ao contrário, uma complexificação da conformação do gosto, no sentido de que entendemos que o gosto se constrói de um emaranhar relacional entre a subjetividade do indivíduo, que é da ordem do sensível, a objetividade e a intersubjetividade, que resulta naquela conformação que se torna uma convenção estabelecida socialmente.

Na tentativa de construir uma teoria do gosto, Landowski (2013) interpreta este como um efeito da interação, observando que, a priori, o gosto e o sentido das coisas não existem e eles passam a existir e a ter valor conferido na apreensão e no conhecimento, que será negociado, seja socialmente, seja na construção do próprio processo de identificação

---

[246] Como no original: "nous abstenant de catégoriser les choses, nous les laissions déployer, dynamiquement, leurs potentialités interactionnelles en tant que (quasi) sujets".

individual, mas com interferência de outros elementos, como o mundo, as coisas, a cultura já adquirida que sustenta uma forma de percepção e que treina o sujeito a perceber e a fruir o objeto de gozo. Para o autor, "O gosto, como efeito dos sentidos, constitui-se caso a caso no próprio processo de construção recíproca deste 'sujeito' e deste 'objeto' em favor de seu encontro como parceiros em interação" (Landowski, 2013, p. 20, tradução nossa)[247]. Ou seja, na conformação do gosto, sujeito A e sujeito B[248], seja B coisa, seja objeto, são atores ativos na construção do sentir, do perceber, das sensações e do gosto. Sujeito e cultura material fazem parte desse imbricamento na constituição e no amoldamento da sociação.

Evidenciando essa construção recíproca e essa construção fragmentada do sujeito que constrói processos e se constrói em sociedade, Simmel coloca que:

> O olhar do outro, entretanto, integra essa existência fragmentada de tal modo a fazer dela algo que nunca pura e completamente somos. [...] assim como nós integramos o ponto cego em nosso campo de visão sem que dele tenhamos absolutamente nenhuma consciência, assim também formamos, a partir dessa existência fragmentada, o acabamento [*Vollständigkeit*] de sua respectiva individualidade (Simmel, 2013, p. 659).

As sensações, os sentidos ou o gosto se constroem nesse processo intermitente e em permanente negociação. No processo sociativo, ele é, antes de tudo, negociado, já que, em interação, é um ser coletivo que precisa negociar para não viver somente em conflito, para definir socialmente determinada identidade, para manter as relações de troca e de reciprocidade. No entanto, esse processo interativo está inserido em um ambiente maior, do qual sofre influência e é influenciador.

> A prática da vida nos impele a configurar a imagem da pessoa unicamente a partir de seus fragmentos reais (ou seja, das partes dessa pessoa que conhecemos [*wissen*][249] de

---

[247] Como no original: "le goût, en tant qu'effet de sens, se constitue cas par cas dans le procès même de construction réciproque de ce ' sujet' et de cet 'objet' à faveur de leur rencontre en tant que partenaires interagissants".

[248] Ou sujeito e sujeito e/ou sujeito e objeto e/ou mundo. Ou seja, não importa se o sujeito B é coisa ou pessoa, ele é ativo porque ele sofre a intencionalidade do sujeito A, produzindo em A uma intencionalidade; e, portanto, o sujeito B se transforma em sujeito ativo, ou melhor, como coloca Landowski, sujeito actante.

[249] Importante observar que o termo *"wissen"* está mais para *"o saber"*, de ordem vivencial, do que para conhecer, de ordem racional e/ou intelectual. Mas seguimos aqui a tradução do texto e os indicativos do tradutor no estabelecimento da diferença.

> maneira empírica); mas essa mesma prática está baseada naquelas alterações e complementações, nas reformulações daqueles fragmentos dados que levam à universalidade de um tipo e ao acabamento da personalidade ideal (Simmel, 2013, p. 659).

O que vemos, ao entrarmos em contato com certo universo, é determinada estética que evoca para o observador — mas também que materializa uma percepção de mundo —, uma vivência, um sentido ou um gosto, que é conformado e evidenciado por algo de cada partícipe, por meio de representações, de significados, de sentidos ou de traços. Essa negociação também é uma negociação entre duas tendências correlatas de gosto, que, segundo Landowski (2013, p. 24), podem ajustar-se ou confrontar-se. De um lado, temos o gosto de gozar, de ter prazer nas coisas do mundo, no outro, quando transformamos o outro em objeto de prazer — seja esse outro objeto, seja sujeito. De outro lado, temos aquele gosto que gera o prazer do outro, quando o sujeito faz algo pensando no prazer do outro, podendo ou não esse prazer também ser o seu.

Ainda que essa segunda forma de prazer seja a do prazer por si próprio, conferido a outro, propusemo-nos, nesse caso, a superar a dicotomia entre o eu e o outro, entendendo a fruição dos sentidos ou do gosto como o resultado de uma troca que se estabelece entre o eu e o mundo. E é justamente nessa troca que se possibilita a reciprocidade: o estabelecimento da gênese do prazer para a fruição do outro, com base na satisfação de um desejo que ressalta uma sensibilidade ou um gosto. E isso só é passível de ocorrer na troca; e essa troca evoca a reciprocidade, porque o meu gosto pode ensejar o gosto do outro, assim como o proporcionar o gosto do outro pode ensejar o meu próprio gosto. A relação entre os níveis de gosto e de reciprocidade, em nosso entendimento, seria difícil de mensurar; no entanto, sabemos que essa troca só ocorre mediante a reciprocidade, ainda que esse segundo sujeito seja uma coisa, pois ela carrega consigo os sentidos e traços a ela conferidos pelo sujeito.

Acentuamos, também, ao longo deste trabalho, a relação entre os sentidos e o gosto, passando pelo prazer ou, quiçá, desprazer. Como coloca Landowski (2013), o gosto se constrói em ações e objetos que tendem a gerar o prazer, ou seja, o gosto se constrói, ou se conforma, das vivências de mundo adquiridas pelo sujeito, que testa e constrói essas (suas) experiências e vivências na interação com o mundo.

6.2 A dinâmica intersubjetiva do gosto

Como já evidenciamos, os sentidos, as sensações, o gosto, não são subjetivos, mas, eminentemente culturais, portanto, são conformações temporais e contextuais, são conformados na interação e conformadores dela. Assim, o gosto (não substantivo) é contingencial (Sprenger, 2009). O gosto é essa sensibilidade pessoal e social que se constrói *com*, ou seja, socialmente, na relação eu/outro, eu/mundo, conformando o *nós somos*. Desse modo, essa sensibilidade social, para a qual cada indivíduo colabora em sua conformação, por meio de sua experiência de mundo, se conforma na intersubjetividade da qual ele, o gosto, faz parte; intersubjetividade essa que é conformada e conformadora da própria interação.

Da parte individual, podemos observar que o gosto, além de socialmente construído, é também construído pelo indivíduo que porta em si o que Gadamer (1976, p. 107-108)[250] chama de "estruturas de antecipação do compreender". Esses arcabouços são influenciados pelas instituições e, portanto, arcabouços culturais das quais o indivíduo faz parte, mas que não são nem definitivos nem arbitrários; assim como essas influências são diversas de suas cosmologias sociais e comunitárias "condicionada(s) pelos *moeurs*[251] e pelos hábitos de um lugar sócio-histórico específico"[252] (Sprenger, 2009, p. 159, tradução nossa). Essas estruturas de antecipação equivaleriam a todo o conhecimento, seja sensível, seja intelectivo, adquirido pelo indivíduo ao longo de sua vida, e esse conhecimento é evocado no transcurso de suas experiências de vida, podendo o sujeito ter consciência ou não disso.

Schutz (2012) trata desse mesmo tema quando fala em "estoques de conhecimento": um estoque de conhecimento presente no mundo da vida e que é partilhado entre os indivíduos intersubjetivamente.

Sprenger (2009), refletindo sobre como a literatura de Balzac pode ser pensada enquanto descrição e análise sociológica de setores diversos da vida social francesa no século XIX, sugere que o gosto constitui uma argamassa da coesão social. Segundo Sprenger (2009, p. 169, tradução nossa), "Balzac sugere claramente a existência de uma força inconsciente

---

[250] Como no original: "[...] La structure d'antecipation du comprendre" [seriam] "acquis préalable, vue préalable, saisie préalable".

[251] Decidi permanecer com a palavra *"moeurs"*, do francês, porque é uma palavra que significa costumes enquanto hábito e cultura.

[252] Como no original: "[...] conditionnés par les mœurs et les habitudes d'un lieu socio-historique spécifique".

e 'necessária' por trás das expressões de gosto (aparentemente) voluntárias"[253]. Essa força, inconsciente e invisível, coloca o homem no mundo; é uma força que ele herda, mas que vai contribuir para transformá-la.

Com base no romance de Balzac[254], em especial conforme o referido anteriormente, *La Femme de trente ans*, e também *Le Cousin Pons*, compartilhamos com Sprenger a compreensão do gosto como "uma via de acesso aos funcionamentos involuntários da consciência"[255] (Sprenger, 2009, p. 158, tradução nossa), pois essa via permitiria a compreensão dos sentidos e da cognição que acede, no indivíduo, a uma espécie de conhecimento que é utilizada na quotidianidade nas suas pequenas escolhas, assim como nas grandes, pois todos os gostos são no "fundo contingentes, e, portanto, condicionados pelos costumes e hábitos de um lugar sócio-histórico específico"[256] (Sprenger, 2009, p. 159, tradução nossa), e que, se os significantes são os mesmos, eles adquirem, em sociedades distintas, significados diferentes. A prática social existe, mas o uso dessas práticas altera-se no tempo e no espaço.

Percebe-se aí a ideia de uma estrutura invisível que justifica e permite a coesão social. O "aparentemente voluntário", antes citado, equivale, em nossa compreensão, à noção de "estruturas de antecipação do compreender", de Gadamer (1976), e, igualmente, à noção de "estoques de conhecimento", de Schutz (2012). O que torna possível a continuidade dessas forças de coesão, na vida social, seria, na compreensão desses dois autores, justamente o fenômeno da partilha de experiências no plano histórico e cultural que compreendemos por intersubjetividade.

Como diz Sprenger (2009, p. 160, tradução nossa):

> Muito antes de Freud, Balzac pode observar que os seres humanos podem desejar, sentir, agir, lembrar-se, e, em consequência, provar [saborear, sentir] inconscientemente e com base em um "pensamento" do qual eles ignoram as raízes imaginárias.[257]

---

[253] Como no original: "Balzac suggère clairement l'existence d'une force inconsciente et 'nécessaire' derrière les expressions du goût (apparemment) volontaires".

[254] Sprenger observa em Balzac que as expressões de gosto assim como as afetivas são, geralmente, acompanhadas de metáforas espirituais (cf. Sprenger, 2009, p. 174), em especial quando se refere ao gosto de M. Pons descrito por Balzac. Observamos aí a sensibilidade antropológica do autor, Balzac, ao construir um personagem que, segundo ele, corresponde a muitos dentre nós.

[255] Como no original: "une voie d'accès aux fonctionnements involontaires de la conscience".

[256] Como no original: "sont au fond contingents, et donc conditionnés par les mœurs et les habitudes d'un lieu socio-historique spécifique".

[257] Como no original: "[...] bien avant Freud, Balzac a pu observer que les êtres humains peuvent désirer, sentir, agir, se souvenir et, en l'occurrence, *goûter* inconsciemment et à partir d'une « pensée » dont ils ignorent les racines imaginaires".

Da mesma forma, a noção de intersubjetividade está presente na noção de "raízes imaginárias". É essa intersubjetividade que nos dá a possibilidade de compreender o outro e o mundo e mesmo de "desejar, sentir, agir, lembrar-se e, em consequência, provar inconscientemente"[258] (Sprenger, 2009, p. 160, tradução nossa).

Outro conceito que podemos evocar aqui, para compreender essa ligação que existe entre os indivíduos, e que corrobora a compreensão do conceito de intersubjetividade, é o conceito de *branchement*[259], de Amselle (2015), por meio do qual o autor declara que todos nós estamos *ligados* por significantes universais, ainda que com construções de significados que derivam das particularidades locais. Esse entendimento permite aproximarmo-nos do entendimento de intersubjetividades em Schutz (2012), pois ambos evidenciam a partilha de significados e significantes, permitidos, segundo Amselle (2001), pelo *branchement*, e, segundo Schutz (2012), pela intersubjetividade.

Esses significantes universais, em nosso entendimento, seriam gestados na própria intersubjetividade da qual partilhamos. E é isso que dá ao pesquisador a possibilidade de compreender o universo pesquisado. Seriam essas construções de significados que fundam, ratificam e articulam nossos processos identitários e que contribuem para a conformação das formas sociais. Amselle (2009) observa que estamos todos conectados, *branchés*, e, portanto, o processo de influências e de interferências não é novo e, em várias fases ou processos de globalização, ocorreu e ocorre ao longo da história humana; tal ligação varia em época e em intensidade em cada cultura específica, por isso temos a capacidade de compreender o outro, por isso também influenciamos e somos influenciados concomitantemente.

Como exemplo desse fenômeno, podemos evocar o trabalho de Lúcia Van Velthem (2010) sobre os Wayana, de como, ao longo de sua construção identitária, eles foram influenciados por culturas exógenas, conformando, em sua própria cultura, os significados endógenos em relação à cultura

---

[258] Como no original: "désirer, sentir, agir, se souvenir et, en l'occurrence, *goûter* inconsciemment [...]".

[259] *Branchement* foi o conceito que Amselle utilizou para compreender a relação entre os processos de globalização e conformação social em um determinado espaço africano, processos esses que ultrapassavam as fronteiras nacionais. A ênfase foi dada a três capitais da África: Bamako, no Mali; Cairo, no Egito e Conakry, na Guiné, assim como foi estudada a cultura N'ku. O autor foi pautado pela globalização, pelo afrocentrismo, pela escrita, pela filosofia africana e pelo genocídio para a compreensão desse conjunto cultural (Amselle, 2001/2015, p. 7).

material exógena ali inserida. Também podemos citar os trabalhos de Epeli Hau'ofa (2013) sobre os povos das ilhas da Oceania, como Papua-Nova Guiné, os de Sahlins (1990, 1997a) e os de Miller (2009b).

Acreditamos que as noções de intersubjetividade, presente em Schutz (2012), e de *branchment*, presente em Amselle (2001), também estão presentes em Godelier (2010b), quando este analisa os fundamentos das sociedades humanas, em especial, dos Baruya, observando que estes, antes ainda do processo colonizador, já haviam passado por processos de mestiçagem ou hibridez, que estavam ligados fosse ao seu passado, fosse às construções imaginárias desse passado, ou ao seu entorno, e àqueles com quem estabeleciam contato, e que seria justamente essa relação de alteridade que os constituía a si mesmos como Baruya. Acerca desse assunto, de acordo com Godelier:

> As sociedades não podem ser pensadas nem analisadas como totalidades fechadas, conjuntos finitos de relações sociais localizadas, inalteráveis, totalidades muradas sobre si mesmas por sua identidade particular e povoadas de indivíduos que compartilham as mesmas representações e os mesmos valores, incapazes de agir sobre si mesmos ou sobre suas relações que eles mantêm uns com os outros e com a natureza. Tais sociedades nunca existiram [...] (Godelier, 2010a, p. 29, tradução nossa)[260].

O conceito de *branchement* e a pertinência do conceito de intersubjetividade em Schutz, evidenciam que nenhum ser, nenhuma sociedade ou comunidade está ou esteve isolado no mundo (Godelier, 2010b; Hau'ofa, 2013) e que cada ser social constrói, na interação, no processo de sociação, seus significados. Ainda que os significantes sejam ditos como universais, seus significados são culturais, locais, pontuais e relativos e dinâmicos. Esse entendimento da intersubjetividade está presente em Balzac, quando este afirma que "há pensamentos aos quais nós obedecemos sem os conhecer; eles estão em nós sem o nosso conhecimento" (Sprenger, 2009, p. 161, tradução nossa)[261]. Ou seja, o pensamento que está naquele

---

[260] Como no original: "les sociètes ne peuvent être pensées ni analysées comme des totalités closes, des ensembles finis des rapports sociaux localisés, inaltérables, des totalités murées sur elles-mêmes par leur identité particulière et peuplées d'individus partageant les mêmes représentations et les mêmes valeurs, incapables d'agir sur eux-mêmes ni sur les rapports qu'ils entretiennent entre eux et avec la nature. De telles sociétés n'ont de toute façon jamais existé".

[261] Como no original: "Il existe des pensées auxquelles nous obéissons sans les connaître; elles sont en nous à notre insu".

mundo que nos conforma como indivíduo social, coletivo, que participa da conformação de desejos, das maneiras de sentir e de agir, que só são voluntários porque são desejos já consolidados culturalmente e já estão em nós assimilados, compreendidos e, quiçá, justificados.

Mais uma noção importante que nos auxilia na compreensão da intersubjetividade é a cognição. A cognição, ato de subjetivação dos estímulos sensoriais, pode ser pensada também como um ato social: à medida que o indivíduo vive em sociedade, as práticas e os saberes partilhados podem ser direcionados conforme uma expectativa, ou um *habitus* dado. Não que não haja um papel de autonomia e de subjetivação plena na vida social: evidentemente há e se trata de algo comum e recorrente, mas é preciso perceber que nem tudo, nem todos os estímulos são processados sem a interveniência da prática e da experiência comum, intencional (Heidegger, 2006; Gadamer, 1976; Schutz, 2012), desses agentes mediadores que conformam a sociação.

O gosto de que tratamos aqui é um fenômeno cognitivo, mas não individual nem subjetivo. É um padrão de fenômenos sociais que observamos na feira, em nossa pesquisa: um gosto intencional, mediado pela prática social e pela experiência intersubjetiva.

Falamos do gosto como uma forma social construída intermitentemente por meio dos diferentes e diversos elementos e conteúdos presentes nas relações intencionais atualizadas no lugar. Não propriamente um fenômeno de imitação, mas um processo cognitivo de assimilação e de construção partilhada do e no mundo da vida.

No processo de interpretação da construção do gosto por meio das interações, podemos evocar aqui o círculo hermenêutico, aquele que, no entendimento de Gadamer, ao interpretar Heidegger, é "a constante renovação do projeto que mantém o movimento de compreensão e interpretação" (Gadamer, 1976, p. 105, tradução nossa)[262]. É essa fenomenologia que utilizei como um método e uma postura, na tentativa de escavar os sentidos para compreender esses mesmos sentidos, para compreender como o outro elabora seus valores, seu estar junto, e conforma as formas das quais faz parte. Essa compreensão é externalizada por meio da interpretação da coisa estudada; e, entre a compreensão e a interpretação, nossa postura se volta para a hermenêutica, aquela "arte de explicar e de

---

[262] Como no original: "le renouvellement incessant du projet qui entretient le mouvement de la compréhension et de l'interpretation".

mediar com base em um esforço interpretativo o que é dito pelos outros e o que vem ao nosso encontro no interior da tradição" (Gadamer, 1976, p. 4-A, tradução nossa), entendida aqui como uma estrutura circular de pensamento que vai e volta ao encontro da coisa a ser conhecida para que o conhecimento sobre a coisa possa vir à tona, ou mesmo vir à tona a própria coisa que, aos olhos do pesquisador, não está evidente!

Adentrando essa questão entre compreensão e interpretação, podemos pautar a compreensão sobre a relação de alteridade entre o eu e o outro: como compreender o outro sem a alteridade, sem a disposição da alteridade? Ainda que a consciência da alteridade provoque uma ruptura na relação *eu* e o *outro*, essa disposição de alteridade só pode ser vivenciada se houver um engajamento recíproco, uma troca e, no processo de troca, a reciprocidade. É na relação de troca, ou na sociação, que o *eu* passa a se enxergar, a se ver, a se conhecer por meio do enxergar, do ver e do conhecer o *outro*; essa é a ruptura, a consciência de que o *eu* não é o *outro*.

Essa disposição de ver o outro, sabendo que o *eu* é uma individualidade e o *outro* é outra, é o que torna a alteridade um dos elementos imprescindíveis do conhecimento do outro e de nós mesmos, pois ela é o reconhecimento do outro em sua diferença. Esse movimento de ir e vir, de viver o outro para compreendê-lo e interpretá-lo, nos revela que tanto a interpretação quanto a compreensão têm como base as vivências e experiências derivadas da alteridade. Ambas se configuram como um esforço contínuo, onde a compreensão leva à interpretação, e a interpretação, por sua vez, gera uma nova compreensão, formando assim um círculo infinito.

6.3 De que gosto estamos falando?

Propus-me a refletir sobre o gosto na feira, como disse. Não exatamente sobre o gosto da feira — pois não saberia dizer, mesmo depois da etnografia realizada, se a feira possui um gosto, ou mesmo diferentes gostos —, mas sobre as diversas experiências do gosto no espaço da feira e, talvez, sobre as práticas sociais do gosto no espaço da Feira do Guamá. Penso que as dinâmicas do gosto são tangentes ao espaço da feira, são necessárias nesse espaço e chegam mesmo a ser constitutivas dele, embora não sejam realmente claras, de tão naturalizadas que estão nesse espaço. Afinal, a ação social de comprar é necessariamente mediada por uma subjetividade do gosto pessoal construído na intersubjetividade.

É claro que há variadas formas sociais do gosto: o gosto como paladar, o gosto como odor, o gosto como tato e mesmo o gosto visual, perceptível em relação à maneira como os alimentos são dispostos para a venda ou mesmo em relação a seu estado e sua qualidade. Há também uma dinâmica mais subjetiva do gosto, presente em múltiplos elementos que conformam o espaço e o estar social naquele espaço, por exemplo, o gosto musical: o gosto das canções que são reproduzidas em múltiplos lugares da feira. Há, ainda, muitos outros, como o gosto presente nas relações sociais em curso no lugar: o afeto, o apreço, a consideração e o não gosto, o antigosto, tangente em todas as formas do gosto, presente no alimento que não tem bom aspecto ou qualidade, no não gostar de alguém, no gênero musical incomum etc.

Embora seja difícil dizer o que é o gosto — e, consequentemente, encontrar um ponto de observação para se compreender o gosto como manifestação social —, podemos dizer que se trata de uma dinâmica de intersubjetivação da que constitui um fenômeno de partilha, de troca, de comutação de experiências sensíveis.

A feira compõe uma intersubjetividade e, assim, um tecido social (Schutz, 2012) que tem no gosto uma de suas dinâmicas motrizes constituidoras. Certamente o gosto, que podemos compreender como um fato social total (Mauss, 2003), está presente em todas as esferas intersubjetivas da vida social: podemos falar do gosto na experiência religiosa, na experiência política, na experiência econômica etc. Porém, na experiência social de ir à feira, temos uma experiência social centrada no gosto, agenciada pelo gosto, tangente ao gosto como fato social total, ou seja, um gosto que não pode ser reduzido a uma questão, simplesmente, de gostar, que, assim, portanto, envolve toda uma dinâmica intersubjetiva.

Isso permite perceber, até mesmo, como se produz uma migração dos sentidos do gosto na medida em que ir à feira, fazer a feira, torna--se mais que uma lida com o gosto dos alimentos para se tornar uma experiência múltipla de outros gostos, de outras formas de gosto. Assim, embora comprar alimentos seja a função fundamental e estruturadora do "lugar" feira, nela também está presente a possibilidade de adquirir inúmeros outros produtos e bens. Pensada dessa maneira, a feira pode ser compreendida como experiência sensorial, intersubjetiva, das formas sociais do gosto; um lugar social no qual o gosto está presente de maneira aberta e peculiar, de maneira a permitir experimentações, interações, comutações e reelaborações.

Portanto, observo que aquela forma social, aquela forma-feira, se coloca de maneira plena, ela se coloca a si própria, ela se mostra, ela se desnuda e se constrói continuamente, sem precisar conformar-se a uma pretensa identidade. São múltiplas as identificações que ali se conformam, e, no contexto, a única identidade possível é a identidade feira, uma identidade refratária que, em uma imagem sintética, pode apenas ser intuída, para fins imagéticos, como a de um caleidoscópio.

Construir um lugar de observação da experiência social do gosto, numa feira, exige, evidentemente, que confrontemos nossa própria perspectiva a respeito do gosto e, de outra forma, de nossos gostos em relação aos gostos presentes no lugar, aos gostos do lugar. Não que haja divórcios de experiências, não que os mundos sejam diferentes, afinal sempre fui à feira, sempre fiz a feira e, muitas vezes, nessa mesma feira que agora observo. Mas ver a feira por minha própria experiência de gosto exige a construção de um outro lugar de fala, exige a construção de um lugar etnograficamente elaborado.

Além disso, é preciso observar que a tradição acadêmico-literária, ao tratar o gosto, se atém, com certa frequência, ao gosto como paladar ou ligado a um código estético-artístico com referenciais pautados por distinções, em geral, explicadas por grandes categorias, como classe ou estamento social, com códigos simbólicos que corroboram a construção social do bom ou mau gosto. Esses códigos são conformados, criados, gerados de valores estéticos produzidos por indivíduos dotados de maior poder de mobilidade ou experiência ou por classes dominantes que, por meio desses mesmos sistemas de símbolos, pautam a *doxa* ou o discurso acadêmico — que também faz parte dessa doxa —, em que os valores que conformam o que aqui abordamos, o gosto, possam conformar-se de maneira a definir grupos, classes, valores etc.

Assim, construir um lugar etnograficamente elaborado para compreender o gosto da feira exigiu também a superação dos limites impostos por uma tradição *savante* que compreende o gosto pelos limites de uma estética moderna que, evidentemente, oferece limitações a toda interpretação das dinâmicas exógenas do gosto, digamos, hegemônico presente no senso comum.

Essa estética, essa forma de pensar (Rancière, 2009), que estaria, de certa maneira, presente no senso comum, estaria também presente no discurso acadêmico. Esse aspecto pode ser observado em Bourdieu (2007), quando fala sobre a elite parisiense; e em Pulici (2010, 2011), quando observa a elite paulista. Ambos, acredito, compreendem o gosto como um referencial correlativo a determinada estética, do "bom gosto", vinculando-a frequentemente a uma classe, a um status, a símbolos de poder, de diferenciação e de distinção; assim, quando abordam o gosto, abordam-no pela via da estética. Talvez até seja a mesma coisa, mas aqui, neste trabalho, não é pela distinção que nos propusemos a abordá-lo, compreendê-lo e empreender uma tentativa de interpretação. Nosso estudo do gosto parte daquilo que está no sentimento, na vontade, no desejo, no prazer, e que também pode perfazer uma estética, mas uma estética no sentido de Miller (2009a) e de Maffesoli (1990). Falamos do gosto de gostar, naquilo que evoca um prazer, um qualquer prazer, que na feira recebe o nome de gostar: "Sim, eu gosto", eu gosto..., eu não gosto..., eu gosto pouco. Então, o que é esse gosto que procuramos satisfazer, que pode ter um sem-número de termos para descrevê-lo, como "estética", por exemplo?

Mas o que significa falar sobre a feira e sobre o gosto? Ou, ainda, sobre o gosto que conseguimos perceber na feira? Preciso colocar a questão do ponto de vista da pesquisadora, que explora etnograficamente a feira e procura construir uma compreensão que também possui uma forma: a forma acadêmica. Assim, procurei ocupar um espaço excepcional — por não ser um espaço banal, e sim crítico —, a Academia, para colocar em evidência a experiência sensível do gosto na feira e, talvez, alhures, falas, discursos, sentidos, valores, intersubjetividade, que existem e persistem, que se dão a ver, que gritam e não precisam de porta-vozes para estar no mundo e o vivenciar plenamente. Digo-o porque é preciso construir respeitosamente esse lugar de fala, esse ponto de observação da Academia sobre o mundo da vida. Respeitosamente, cuidadosamente, porque, ainda que se diga que "gosto não se discute", observamos, pelos trabalhos de Bourdieu (2007), que o gosto é uma das formas mais ferozes e agressivas de promover a diferenciação social. Somos nós pesquisadores que, salientes, nos imiscuímos na vida das pessoas, em seus afazeres, para, diante de uma necessidade talvez ilusória, fazer conhecimento, mas, na verdade, suprindo uma curiosidade pelo mundo e de nos conhecermos melhor, alimentamo-nos da vida do outro, talvez buscando um sentido para a nossa própria vida.

Procurei escapar de qualquer julgamento de valor que projete construir o que seria o *bom* ou *mau* gosto segundo valorações estéticas preestabelecidas. Procurei evidenciar que o gosto presente em determinada sociedade, gosto esse reverberado por seus constituintes, centrado na vida quotidiana e nas interações sociais que nela ocorrem. Assim como não acreditamos em alta ou baixa cultura, em alta ou baixa arte (Castro, 2013), também não acreditamos em bom ou mau gosto, visto ser o gosto um constructo social. O gosto é mais um dos elementos que contribuem para a conformação desse social. Na condição de um constructo social, o gosto se reverbera de certa forma social de estar no mundo, portanto é legítimo, já que advém desse constructo. Desse modo, não caberia uma classificação de qualidade sob paradigmas encontrados fora da forma social em questão.

REFERÊNCIAS

ABBAS, B. *La vision esthetique du monde chez Frédéric Schiller*. 2008. Tese (Doutorado em Filosofia) – Université de Poitiers, Poitiers, 2008.

ACKERMAN, D. *Le livre des sens*. Paris: Grasset, 1991.

ADLER, R.; RODMAN, G. *Comunicação humana*. Rio de Janeiro: LTC, 2003.

ALMEIDA, C. Mercado do Guamá. 2011. Disponível em: http://www.cyroalmeida.comblogportfolio=mercado-de-carnes. Acesso em: 11 ago. 2011.

AMATO, J. A. *Dust*: a history of the small and the invisible. Berkeley, CA: University of California, 2001.

AMSELLE, J.-L. *Branchements*: anthropologie de l'universalité des cultures. Paris: Flammarion, 2001. 265p. (Champs Essais).

ANDERSON, B. L.; LATHAN, A. J. H. (ed.). *The market in history*. York: Columbia University, 1986.

APPADURAI, A. Introdução: mercadorias e a política de valor. *In*: APPADURAI, A. *A vida social das coisas*: as mercadorias sob uma perspectiva cultural. Tradução de Agatha Bacelar. Niterói: UFF, 2008. p. 15-88.

AUGÉ, M. *Não lugares*: introdução a uma antropologia da supermodernidade. Campinas: Papirus, 1994.

BAITELLO JR., No. Para que servem as imagens mediáticas? Os ambientes culturais da comunicação, as motivações da iconomania, a cultura da visualidade e suas funções. ENCONTRO DA COMPÓS, 16., 13 a 16 junho, Universidade Tuiuti do Paraná *Anais 16º Encontro da COMPÓS*. Curitiba: UTP, jun. 2007.

BALÉE, W. Sobre a indigeneidade das paisagens. *Revista de Arqueologia*, [S. l.], v. 21, n. 2, p. 9-23, 2008.

BARROS, C.; ROCHA, E. *Lógica de consumo em um grupo das camadas populares*: uma visão antropológica de significados culturais. Trabalho apresentado ao Encontro da ANPAD, 31., 22 a 26 de setembro de 2007, Rio de Janeiro.

BELÉM. *Anuário estatístico do município de Belém*. Belém: Prefeitura Municipal, 2011.

BELL, J. *Uma nova história da arte*. São Paulo: Martins Fontes, 2008.

BELLAVANCE, G.; VALES, M.; RATTÉ, M. *Sociologie et Sociétés*, [*S. l.*], v. 36, n. 1, p. 27-57, 2004.

BENDER, B. Time and landscape. *Current Anthropology*, [*S. l.*], v. 43, n. S4, p. S103-S112, Aug./Oct. 2022. Special Issue. The Wenner-Gren Foundation for Anthropological Research, University of Chicago.

BENJAMIN, W. *Passagens*. Belo Horizonte; São Paulo: UFMG; IMESP, 2007. (Originalmente publicada em 1935).

BENSON, A. L. (ed.). *I shop therefore I am*: compulsive buying and search for self. Northvale, New Jersey: Jason Aroson, 2000.

BOURDIEU, P. *A distinção*: crítica social do julgamento. São Paulo; Porto Alegre: USP; Zouk, 2007.

BOURGEOIS, L.; ALEXANDRE-BIDON, D.; FELLER, L.; MANE, P.; VERNA, C.; WILMART, M. *La culture matérielle: un objet en question. Anthropologie, archéologie et histoire*. Caen: Presses universitaire de Caen (Publications du CRAHAM. Série antique et médiévale), 2018. hal-03873408

BOURRIAUD, N. *Estética relacional*. São Paulo: Martins Fontes, 2009.

BOWLBY, R. *Just looking consumer cultures in Dreiser, Gissing and Zola*. Oxon: Routledge, 1985.

BORGES, D. R. *A influência da doação e ocupação de terra urbana em Belém nos atuais conflitos de dominialidades sobre os terrenos de marinha*. 2012. Dissertação (Mestrado em Sociologia) – Universidade Federal do Pará, Instituto de Filosofia e Ciências Humanas, Belém, 2012.

BRAUDEL, F. *Civilisation matérielle, économie et capitalisme, XVe-XVIIIe siècle*. Paris: Armand Colin, *1979*. v. 3.

BRIDBURY, A. R. Markets and freedom in Middle Ages. *In*: ANDERSON, B. L.; LATHAN, A. J. H. *The market in history*. Oxon: Routledge, 1986. p. 55-78.

BRILLAT-SAVARIN, J. A. *Physiologie du gout*. Paris: Charpentier, 1839.

BUENO, F. S. *Dicionário escolar da língua portuguesa*. Rio de Janeiro: FENAME, 1983.

BULL, M. *et al.* Introducing sensory studies. *The Senses and Society*, [*S. l.*], v. 1, n. 1, p. 5-7, 2006.

BULL, M.; HOWES, D. Editorial: The Expanding Field of Sensory Studies. *The Senses and Society*, v. 11, n.1, p. 1-2, 2016.

BUCHLI, V. Introduction. *In: The Material Culture Reader*. London: Routledge, 2002.

CAMPELO, M. Conflitos e espacialidades de um mercado paraense. *In*: LEITÃO, W. M. (org.). *Ver-o-Peso*: estudos antropológicos no mercado de Belém. Belém: NAEA/UFPA, 2010. p. 41-68.

CARDOSO, M. R. *et al.* (org.). *Processamento e comercialização de produtos derivados da mandioca no nordeste paraense*. Belém: Embrapa Amazônia Oriental, 2001.

CARDOSO DE OLIVEIRA, R. *O trabalho do antropólogo*. Brasília; São Paulo: Paralelo 15; UNESP, 2006.

CARDOSO DE OLIVEIRA, R. *Sobre o pensamento antropológico*. 3. ed. Rio de Janeiro: Tempo Brasileiro, 2003.

CARRÉ, L.; JEUDY, H. Esthétique au quotidien. *Socio-Anthropologie*, [*S. l.*], août 2000. Disponível em: http://socio-anthropologie.revues.org/119. Acesso em: 20 jan. 2014.

CARRIER, J. G. *Gifts and commodities*: exchange and Western capitalism since 1700. London: Routledge, 1995.

CARVALHO, F. M. *O dicionário do folclore brasileiro*: um estudo de caso da etnografia e tradução etnográfica. 2013. Dissertação (Mestrado em Estudos da Tradução) – Universidade de Brasília, Brasília, 2013.

CASANOVA, M. A. Introdução. *In*: GADAMER, H.-G. *Hermenêutica da obra de arte*. São Paulo: Martins Fontes, 2010. p. 9-24.

CASEY, E. How to get from space to place in a fairly short stretch of time. *In*: FELD, S.; BASSO, K. (ed.). *Senses of place*. Santa Fe, NM: School of American Research, 1996. p. 13-52.

CASTAING-TAYLOR, L. (ed.). *Visualizing theory*: selected essays from V. A. R. 1990-1994. New York: Routledge, 1994.

CASTRO, F. F. *Entre o mito e a fronteira*: estudo sobre a figuração da Amazônia na produção artística contemporânea de Belém. Belém: Labor, 2011.

CASTRO, F. F. Intencionalidade, experiência banal e comunicação: esboço de prospecção fenomenológica do cotidiano. *Logos*, [*S. l.*], v. 22, n. 2, p. 58-70, 2015.

CASTRO, F. F. Temporalidade da comunicação na sua quotidianidade. *In*: MUSSE, C. F.; VARGAS, H.; NICOLAU, M. (org.). *Comunicação, mídias e temporalidades*. Salvador: UFBA, 2017. p. 97-116.

CASTRO, M. R. N. A antropologia dos sentidos e a etnografia sensorial: dissonâncias, assonâncias e ressonâncias. *Revista de Antropologia*, [*S. l.*], v. 64, n. 2, e186657, 2021a.

CASTRO, M. R. N. *A arte na sua cotidianidade*: uma percepção de arte na feira do Guamá. 2013. Dissertação (Mestrado em Artes) – Universidade Federal do Pará, Belém, 2013.

CASTRO, M. R. N. Aportes teóricos para pensar a feira enquanto forma social. *Revista Sociais e Humanas*, [*S. l.*], v. 30, n. 2, p. 169-183, out. 2017. Disponível em: https://periodicos.ufsm.br/sociaisehumanas/article/view/20951. Acesso em: 8 fev. 2018.

CASTRO, M. R. N. Etnografia sensorial e experiência sensível: experienciando a carne do mundo. *Amazônica*: Revista de Antropologia, [*S. l.*], v. 13, n. 1, p. 289-310, nov. 2021b.

CASTRO, M. R. N. Narrativas imagéticas do gosto na feira do Guamá. EAVAAM, 1. *Anais* [...]. Belém: [*s. n.*], 2016. Disponível em: http://www.eavaam.com.br/anais/anais/2016/39.pdf. Acesso em: 8 fev. 2018.

CASTRO, M. R. N. O vestido vermelho: consumo, cultura material e comunicação intersensorial na feira do Guamá, Belém-Pará. *Novos Cadernos NAEA*, [*S. l.*], v. 24, n. 2, ago. 2021c.

CASTRO, M. R. N.; CASTRO, F. F. Banalidade e intersubjetividade na arte. *Porto Arte*, Universidade Federal do Rio Grande do Sul, v. 22, p. 181-193, 2017a.

CASTRO, M. R. N.; CASTRO, F. F. Mercado, forma, don: asimetrías de la sociación en un mercado en Belém (Amazonia). *Cuadernos Antropol. Soc.*, [*S. l.*], n. 44, 2016. Disponível em: http://www.scielo.org.ar/scielo.php?script=sci_arttext&pid=S1850-275X2016000200007&lng=es&nrm=iso. Acesso em: 13 out. 2017.

CASTRO, M. R. N.; CASTRO, F. F. No emaranhado do Guamá: trajetos etnográficos numa feira de Belém. *Ponto Urbe*, [*S. l.*], v. 1, p. 1-12, 30 jun. 2017b. Disponível em: http://pontourbe.revues.org/3404. Acesso em: 12 out. 2017.

CAVALCANTI, M. L. V. C. Conhecer desconhecendo: a etnografia do espiritismo e do carnaval carioca. *In*: VELHO, G.; KUSCHNIR, K. (org.). *Pesquisas urbanas*: desafios do trabalho antropológico. Rio de Janeiro: Jorge Zahar, 2003. p. 55-84.

CAVALCANTI, M. L. V. C. *Entendendo o folclore e a cultura popular.* [S. l.: s. n.], [2006?]. Disponível em: http://www.cnfcp.gov.br/pdf/entendendo_o_folclore_e_a_cultura_popular.pdf. Acesso em: 5 jun. 2015.

CLASSEN, C. Foundations for an anthropology of the senses. *International Social Science Journal*, [S. l.], v. 153, p. 401-412, 1997.

CLASSEN, C. Sweet colors, fragrant songs: sensory models of the Andes and the Amazon. *American Ethnologist*, [S. l.], v. 17, n. 4, 1990.

CLASSEN, C. *The book of touch.* Oxford; New York: Berg, 2005.

CLASSEN, C. *The color of angels*: cosmology, gender and the aesthetic imagination. London: Routledge, 1998.

CLASSEN, C. *The deepest sense*: a cultural history of touch. Champaign: University of Illinois, 2012.

CLASSEN, C. The senses. *In*: STEARNS, P. (ed.). *Encyclopedia of European social history*. New York: Charles Scribner's Sons, 2001. v. 4, p. 325-332.

CLASSEN, C. *Worlds of sense*: exploring the senses in history and across cultures. London: Routledge, 1993.

CLASSEN, C.; HOWES, D.; SYNNOTT, A. *Aroma*: the cultural history of smell. London: Routledge, 1994.

CLIFFORD, J. Introducción: verdades parciales. *In*: CLIFFORD, J.; MARCUS, G. *Retóricas de la antropología*. Madrid: Júcar, 1991a. p. 25-60.

CLIFFORD, J. *On the edges of anthropology.* Chicago: Prickly Paradigm, 2003.

CLIFFORD, J. On ethnographic authority. *Representations*, [S. l.], n. 2, 1983, p. 118-146.

CLIFFORD, J. Sobre la alegoría etnográfica. *In*: CLIFFORD, James; MARCUS, George. *Retóricas de la antropología*. Madrid: Júcar, 1991b. p. 151-182.

CLIFFORD, J.; MARCUS, G. (org.). *Writing culture*: the poetics and politics of ethnography. [S. l.]: A School of American Research Advanced Seminar/University of California, 1986.

COMMUNICATIONS. [S. l.], n. 86 p. 7-14, 2010. Corps et langages des sens. Número dirigido por Marie-Luce Gélard e Olivier Sirost. Disponível em: http://www.persee.fr/doc/comm_0588-8018_2010_num_86_1_2531. Acesso em: 29 set. 2016.

CORBIN, A. Histoire de sensibilités. *In*: MESURE, S.; SAVIDAN, P. (dir.). *Le dictionnaire des sciences humaines*. Paris: PUF, 2006. p. 745-747.

CORBIN, A. Histoire et anthropologie sensorielle. *Anthropologie et Sociétés*, [*S. l.*], v. 14, n. 2, p. 13-24, 1990.

CORBIN, A. Histoire et anthropologie sensorielle. *In*: CORBIN, A. *Le temps, le desir et l'horreur*. Paris: Aubier, 1991. p. 227-240.

CORIAT, B.; WEINSTEIN, O. 2005. The social construction of markets. *Issues in Regulation Theory*, n. 53, september 2005.

COSTA, A. M. D. *Festa na cidade*: o circuito bregueiro de Belém do Pará. 2. ed. Belém: UEPA, 2009.

CRAPANZANO, V. At the heart of the discipline: critical reflections on fieldwork. *In*: ROBBEN, A. C. G. M.; SLUKA, J. A. (ed.). *Ethnographic fieldwork*: an anthropological reader. Malden, MA: Blackwell, 2012. p. 547-562.

CSORDAS, T. J. Intuition, revelation. *In*: ROBBEN, A. C. G. M.; SLUKA, J. A. (ed.). *Ethnographic fieldwork*: an anthropological reader. Malden, MA: Blackwell, 2012. p. 540-546.

DA MATTA, R. *A casa e a rua*: espaço, cidadania, mulher e morte no Brasil. 5. ed. Rio de Janeiro: Rocco, 1997.

DE CERTEAU, M. *A invenção do cotidiano*. Petrópolis: Vozes, 1974. v. 1-2.

DE CERTEAU, M. *A invenção do quotidiano*: artes de fazer. Petrópolis: Vozes, 1994. v. 1.

DE CERTEAU, M. Practices of space. *In*: BLONSKY, M. (ed.). *On signes*. Baltimore: The Johns Hopkins University, 1985. p. 122-145.

DEGEN, M. The everyday city of the sense. *In*: PADDISON, R.; McCANN, E. (ed.) *Cities and social change*. London: SAGE, 2012. p. 63-78.

DERRIDA, J. *A escritura e a diferença*. São Paulo: Perspectiva, 1979.

DERRIDA, J. *A voz e o fenômeno*. Rio de Janeiro: Jorge Zahar, 1994.

DITTMAR, H. *The social psychology of material possessions*: to have is to be. Hemel Hempstead: University of Michigan, 1992.

DOUGLAS, M.; ISHERWOOD, B. *O mundo dos bens*: uma antropologia do consumo. Rio de Janeiro: UFRJ, 2004.

DUMONT, L. *Essais sur l'individualisme*: une perspective anthropologique sur l'idéologie moderne. Paris: Éditions du Seuil, 1983.

DURKHEIM, É. *Les formes élémentaires de la vie religieuse*: le système totémique en Australie. 5. ed. Paris: Presses Universitaires de France, 2003.

EAGLETON, T. *A ideologia da estética*. Tradução de Mauro Sá Rego Costa. Rio de Janeiro: Jorge Zahar, 1993.

FALTA de estrutura no mercado de farinha do Guamá traz transtornos a feirantes em Belém. [*S. l.*]: O Globo; Jornal O Liberal, 20 jul. 2017. 1 vídeo (2 min). Publicado pelo G1 Pará. Disponível em: http://g1.globo.com/pa/para/videos/t/todos-os-videos/v/falta-de-estrutura-no-mercado-de-farinha-do-guama-traz-transtornos-a-feirantes-em-belem/5827642/. Acesso em: 30 ago. 2017.

FAROQI, S. *Towns and townsmen of Ottoman Anatólia*: trade, crafts and food production in an urban setting, 1520-1650. Cambridge: University of Cambridge, 1984.

FAVRET-SAADA, J. Ser afetado. *Caderno de Campo*, [*S. l.*], n. 13, p. 155-161, 2005.

FAVRET-SAADA, J. The way things are said. *In*: ROBBEN, A. C. G. M.; SLUKA, J. A. (ed.). *Ethnographic fieldwork*: an anthropological reader. Malden, MA: Blackwell, 2012. p. 528-539.

FIELD, S. Dialogic editing: interpretating how Kalula reads sound in sentiment. *In*: ROBBEN, A. C. G. M.; SLUKA, J. A. (ed.). *Ethnographic fieldwork*: an anthropological reader. Malden, MA: Blackwell, 2012. p. 480-495.

FIORAVANTE FILHO, Z. "Bocas de ferro": rádios de poste divulgam música e serviço em bairros de Belém. *Amazônia Acontece*, [*S. l.*], jan. 2014. Disponível em: http://amazoniaacontece.blogspot.com.br/2014/01/bocas-de-ferro-radios-de--poste-divulgam.html. Acesso em: 10 mar. 2018.

FONSECA, M. C. Londres. Cultura e saber do povo: uma perspectiva antropológica. *Revista Tempo Brasileiro*, Rio de Janeiro, n. 147, p. 69-78, 2001. Patrimônio Imaterial.

FRASER, W. H. *The coming of the mass market, 1850-1914*. London: [*s. n.*], 1981.

GADAMER, H.-G. *Hermenêutica da obra de arte*. São Paulo: Martins Fontes, 2010.

GADAMER, H.-G. *Vérité et méthode*: les grandes lignes d'une herméneutique philosophique. Paris: Seuil, 1976.

GEERTZ, C. *A interpretação das culturas*. Rio de Janeiro: LTC, 1989.

GEERTZ, C. *Le souk de Sefrou*: sur l'économie du bazar. Saint-Denis: Bouchene, 2003.

GEURTS, K. L. *Culture and the senses*: bodily ways of knowing in an African community. Berkeley, CA: University of California, 2002.

GEURTS, K. L. On rocks, walks and talks in West Africa: cultural categories and an anthropology of the senses. *In*: ROBBEN, A. C. G. M.; SLUKA, J. A. (ed.). *Ethnographic fieldwork*: an anthropological reader. Malden, MA: Blackwell, 2012. p. 496-510.

GIBSON, J. J. *The ecological approach to visual perception*. Boston: Houghton Mifflin, 1979.

GIBSON, J. J. *The senses considered as perceptual systems*. Boston: Houghton Mifflin, 1966.

GODELIER, M. *Au fondement des sociétés humaines*: ce que nous apprend l'anthropologie. Paris: Flammarion, 2010a.

GODELIER, M=. *L'idéel et le matériel*: pensee, économies, sociétés. Paris: Flammarion, 2010b. (Champs Essais).

GOFFMAN, E. *A representação do eu na vida cotidiana*. Petrópolis: Vozes, 2013.

GOFFMAN, E. *Ritual de interação*: ensaios sobre o comportamento face a face. Petrópolis: Vozes, 2012.

GOLDMAN, M. Alteridade e experiência: antropologia e teoria etnográfica. *Etnográfica*, [*S. l.*], v. 10, n. 1, p. 161-173, 2008.

GOMBRICH, E. H. *A História da arte*. Rio de Janeiro: LTC, 1999.

GONÇALVES, A. O.; ABDALA, M. C. Na banca do 'seu' Pedro é tudo mais gostoso: pessoalidade e sociabilidade na feira-livre. *Ponto Urbe*, [*S. l.*], 2013. Disponível em: http://pontourbe.revues.org/528. Acesso em: 24 jun. 2015.

GONÇALVES, J. R. S. Teorias antropológicas e objetos materiais. *In*: ANTROPOLOGIA dos objetos: coleções, museus e patrimônio. Rio de Janeiro: MinC; IPHAN, 2007. p. 37-58.

GOOGLE. *Google Maps*. [S. l.], [2017]. Disponível em: https://www.google.com. br/maps/preview. Acesso em: 8 abr. 2017.

GRIMSHAW, A. *The ethnographer's eye*: ways of seeing in anthropology. Cambridge: University of Cambridge, 2001.

HAHN, T. *Sensational knowledge*: embodying culture through Japanese dance. Middletown, CT: Wesleyan University, 2007.

HARDY, D. E. Remains to be Seen. *In*: *Tattoo Time*, v. 4: Life and Death Tattoos. 1987

HAU'OFA, E. *Notre mer d'île*. Tahiti: Pacific Islanders, 2013.

HEIDEGGER, M. *Os conceitos fundamentais da metafísica*: mundo, finitude, solidão. Rio de Janeiro: Forense Universitária, 2006.

HÉNAFF, M. Lévi-Strauss et le principe de réciprocité. *European Journal of Sociology*, [S. l.], v. 49, n. 2, août 2008, p. 315-321. Publicado on-line em 19 de janeiro de 2009.

HENSHAW, V. *Urban smellscapes*: understanding and designing urban smell environments. New York: Routledge, 2013.

HINTON, D.; HOWES, D.; KIRMAYER, L. Medical anthropology of sensations. *Transcultural Psychiatry*, [S. l.], v. 45, n. 2, 2008. Special issue.

HONIG, E. *Painting and the market in early modern Antwerp*. New Haven: [s. n.], 1999.

HOWES, D.; MARCOUX, J.-S. Introduction à la culture sensible. *Anthropologie et Sociétés*, [S. l.], v. 30, n. 3, 2006, p. 7-17.

HOWES, D. The social life of the senses. *Ars Vivendi Journal*, [S. l.], v. 1, n. 3, 2013a, p. 4-23.

HOWES, D. *Sensory studies*. [S. l.], 2013b. Disponível em: http://www. sensorys-tudies.org/sensorial-investigations/the-expanding-field-of-sensory-studies. Acesso em: 11 dez. 2017.

HOWES, D. Re-visualizing anthropology through the lens of the ethnographer's eye. *In*: HEYWOOD, I.; SANDYWELL, B. (ed.). *The handbook of visual culture*. Oxford: Berg, 2012. p. 131-147.

HOWES, D. (ed.). *The sixth sense reader*. Oxford: Berg, 2009.

HOWES, D. Can these dry bones live? An anthropological approach to the history of the senses. *Journal of American History*, [S. l.], v. 95, n. 2, 2008, p. 442-451.

HOWES, D. Charting the sensorial revolution. *The Senses and Society*, [*S. l.*], v. 1, n. 1, 2006, p. 113-128.

HOWES, D. (ed.). *Empire of the senses*: the sensual culture reader. Oxford: Berg, 2005.

HOWES, D. *Sensual relations*: engaging the senses in culture and social theory. Ann Arbor: University of Michigan, 2003.

HOWES, D. *The varieties of sensory experience*: a sourcebook in the anthropology of the senses. Toronto: University of Toronto, 1991.

HOWES, D.; CLASSEN, C. Sounding sensory profiles. *In*: HOWES, D. (ed.). *The varieties of sensory experience*. Toronto: University of Toronto, 1991. p. 257-288.

HOWES, D. Les cinq sens. *Anthropologie et Sociétés*, [*S. l.*], v. 14, n. 2, 1990.

HOWES, D.; CLASSEN, C. *Ways of sensing*: understanding the senses in society. London: Routledge, 2013b.

HOWES, D.; PINK, S. The future of sensory anthropology/the anthropology of the senses. *Social Anthropology*, [*S. l.*], v. 18, n. 3, p. 331-340, 2010.

HSU, E. The senses and the social. *Ethnos*, [*S. l.*], v. 73, n. 4, 2008. Edição especial.

HUYGUES, R. *O poder da imagem*. Lisboa: Edições 70, 2009.

INGOLD, T. O dédalo e o labirinto: caminhar, imaginar e educar a atenção. *Horizontes Antropológicos*, [*S. l.*], v. 21, n. 44, p. 21-36, 2015.

INGOLD, T. Trazendo as coisas de volta à vida: emaranhados criativos num mundo de materiais. *Horizontes Antropológicos*, Porto Alegre, ano 18, n. 37, p. 25-44, jan./jun. 2012.

INGOLD, T. Worlds of sense and sensing the world: a response to Sarah Pink and David Howes. *Social Anthropology/Anthropologie Sociale*, [*S. l.*], v. 19, n. 3, p. 313-317, 2011.

INGOLD, T. Bindings against boundaries: entanglements of life in an open world. *Environment and Planning A*: Economy and Space, [*S. l.*], v. 40, n. 8, p. 1.796-1.810, 2008a.

INGOLD, T. Pare, olhe, escute! Visão, audição e movimento humano. *Ponto Urbe* 3, 3, 2008b. Disponível em: https://journals.openedition.org/pontourbe/1925. Acesso em: 30 set. 2016.

INGOLD, T. Pare, olhe, escute! – um prefácio. Ponto Urbe 3, 2008c. Disponível em: http://journals.openedition.org/pontourbe/1944. Acesso em: 20 set. 2023.

INGOLD, T. *The perception of the environment*: essays on livelihood, dwelling and skill. London: Routledge, 2000.

JACKSON, P. *Inside clubbing*: sensual experiments in the art of being human. Oxford: Berg, 2004.

JAY, M. In the realm of the senses: an introduction. *The American Historical Review*, [S. l.], v. 116, n. 2, 2012.

JONAS, H. *The phenomenon of life*. Chicago: University of Chicago, 1966.

JULIEN, M.-P.; ROSSELIN, C. *La culture matérielle*. Paris: La Découverte, 2005.

KAMPEN, N. B. *Image and status*: Roman working women in Ostia. Berlin: Mann, 1981.

KAREL, E. *Ernst Karel*. [Interview granted to] By Mark Peter Wright. *In*: WRIGHT, M. P. *Ear Room*. [S. l.], 14 fev. 2013. Disponível em: https://earroom.wordpress.com/2013/02/14/ernst-karel/. Acesso em: 12 jan. 2018.

KOWINSKI, W. S. *The malling of America*: an inside look at the great consumer paradise. New York: Responsibility William Severini Kowinski, 1985.

LA CULTURE materielle: un object en question. Conference, symposium. *In*: CALENDA. [S. l.], 1 jul. 2015. Disponível em: http://calenda.org/334214. Acesso em: 13 set. 2016.

LANDOWSKI, E. *Pour une sémiotique du goût*. São Paulo: Centro de Pesquisas Sociossemióticas, 2013.

LAPLANTINE, F. *Le social et le sensible*: introduction à une anthropologie modale. Paris: Téraèdre, 2017.

LE BRETON, David. *Antropologia do corpo*. 4. ed. Petrópolis: Vozes, 2016a.

LE BRETON, D. *Antropologia dos sentidos*. Petrópolis: Vozes, 2016b.

LE BRETON, D. Pour une anthropologie des sens. *Vie Sociale et Traitements*, [S. l.], v. 4, n. 96, p. 45-53, 2007.

LE ROY LADURIE, E. *Montaillou, village occitan de 1294 a 1324*. Paris: Gallimard, 1975.

LEAL, E. F. Contando o tempo: a quadrilha moderna dos anos 80. *Ensaio Geral*, Belém, v. 3, n. 5, jan./jul. 2011.

LEE, J.; INGOLD, T. Fieldowork on foot: perceiving, routing, socializing. *In*: COLEMAN, S.; COLLINS, P. (org.). *Locating the field*: space, place, and context in anthropology. Oxford; New York: Berg, 2006. p. 67-86.

LEITÃO, W. Mercado do Ver-o-Peso: práticas sociais no mundo do trabalho. *In*: LEITÃO, W. (org.). *Ver-o-Peso*: estudos antropológicos no mercado de Belém. Belém: NAEA/UFPA, 2010. p. 21-40.

LEMASSON, J.-P. Le goût et la ville: une difficile reencontre (note de recherche). *Antropologie et Sociétés*, [S. l.], v. 30, n. 3, p. 153-166, 2006.

LIMA, M. D. Patrimônio cultural: os discursos oficiais e o que se diz no Ver-o--Peso. *In*: LEITÃO, W. (org.). *Ver-o-Peso*: estudos antropológicos no mercado de Belém. Belém: NAEA/UFPA, 2010. p. 41-68.

LIMA, T. Cultura material: a dimensão concreta das relações sociais. *Boletim do Museu Paraense Emílio Goeldi*, Belém, v. 6, n. 1, p. 11-23, jan./abr. 2011.

LOBATO, F. H. S.; RAVENA-CAÑETE, V. A viagem da farinha: da produção ao consumo papa-chibé. *In*: MERCADOS populares em Belém. Belém: NAEA, 2017.

LOBATO, F. H. S.; RAVENA-CAÑETE, V. Farinha de feira: memórias e identidades de vendedores de feiras do bairro do Guamá, Belém (PA). *Iluminuras*, Porto Alegre, v. 16, n. 37, p. 242-271, jan./jun. 2015.

MacDOUGALL, D. *The corporeal image*: film, ethnography, and the senses. Princeton, NJ: Princeton University, 2005.

MAFFESOLI, M. O paradigma estético. *In:* SOUZA, J.; ÖELZE, B. *Simmel e a modernidade*. Brasília: UnB, 2005. p. 111-123.

MAFFESOLI, M. *Le temps de tribus*. Paris: La Table Ronde, 2000a.

MAFFESOLI, M. Le vitalisme sauvage. *Le Portique*, [S. l.], 2000b. Edição on-line a partir de 24 de março de 2005. Disponível em: http://journals.openedition.org/leportique/410. Acesso em: 10 mar. 2016.

MAFFESOLI, M. *No fundo das aparências*. 2. ed. Petrópolis: Vozes, 1999.

MAFFESOLI, M. *Éloge de la raison sensible*. Paris: Grasset, 1996a.

MAFFESOLI, M. *La contemplation du monde*. Paris: Le Livre de Poche, 1996b. Reedição.

MAFFESOLI, M. *La transfiguration du politique*. Paris: Le Livre de Poche, 1995.

MAFFESOLI, M. *La contemplation du monde*: figure du style communautaire. Paris: Grasset; Frasquelle; Le Livre de Poche; Biblio-Essais, 1993.

MAFFESOLI, M. *La transfiguration du politique*. Paris: La Table Ronde, 1992.

MAFFESOLI, M. *Au creaux des apparences*. Paris: Plon, 1990.

MAGNANI, J. G. Etnografia como prática e experiência. *Horizontes Antropológicos*, [*S. l.*], v. 15, n. 32, p. 129-156, 2009. Disponível em: http://www.producao.usp.br/bitstream/handle/BDPI/6806/art_MAGNANI_Etnografia_como_pratica_e_experiencia_2009.pdf?sequence=1&isAllowed=y. Acesso em: 24 jun. 2015.

MALINOWSKI, B. The subject: methods and scope of this inquiry [Argonauts of the Western Pacific]. *In*: ERICKSON, P. A.; MURPHY, L. D. (ed.). *Readings for a history of anthropological theory*. Toronto: University of Toronto, 2013. p. 183-196.

MASSCHELEIN, J. The idea of critical e-ducational research: e-ducating the gaze and inviting to go walking. *In*: GUR-ZE'EV, I. (ed.). *The possibility/impossibility of a new critical language of education*. Rotterdam: Sense, 2010. p. 275-291.

MAUSS, M. Ensaio sobre a dádiva: forma e razão da troca nas sociedades arcaicas. *In*: MAUSS, M. *Sociologia e antropologia*. São Paulo: USP, 1974. p. 37-178. v. 2.

MAUSS, M. Essai sur le don: forme et raison de l'échange dans les sociétés archaïques. *In*: MAUSS, M. *Sociologie et Anthropologie*. Paris: Quadridge; PUF, 1991. p. 143-279.

MAUSS, M. *Sociologia e antropologia*. São Paulo: Cosac & Naify, 2003.

McCRACKEN, G. *Culture and consumption*: new approaches to the symbolic caracter consumer goods and activities. Indianapolis: Indiana University, 1986.

MERLEAU-PONTY, M. *Fenomenologia da percepção*. Tradução de C. Moura. São Paulo: Martins Fontes, 1994.

MERLEAU-PONTY, M. *L'œil et l'esprit*. Paris: Gallimard, 1985.

MERLEAU-PONTY, M. *Le visible et l'invisible*. Paris: Gallimard, 1964.

MERLEAU-PONTY, M. *Phenomenologie de la perception*. Paris: Gallimard, 1945.

MESKELL, L. Introduction: object orientations. *In*: MESKELL, L. (ed.). *Archaeologies of materiality*. Oxford: Blackwell, 2005. p. 1-17.

MILLER, D. *Trecos, troços e coisas*: estudos antropológicos sobre a cultura material. Rio de Janeiro: Zahar, 2013.

MILLER, D. Individuals and the aesthetic of order. *In*: MILLER, D. *Anthropology and the individual*: a material culture perspective. Oxford; New York: Berg Publishers, 2009a. p. 3-24.

MILLER, D. *Sobre pessoas e coisas*: entrevista com Daniel Miller. Departamento de Antropologia da University College London, 21 de setembro de 2009b.

MILLER, D. The Christian and the Taxi Driver: Poverty and aspiration in rural Jamaica. *In*: MILLER, D. *Anthropology and the individual*: a material culture perspective. Oxford; New York: Berg, 2009c. p. 69-82.

MILLER, D. *The comfort of things*. Cambridge: Polity, 2008.

MILLER, D. Consumo como cultura material. *Horizontes Antropológicos*, Porto Alegre, ano 13, n. 28, p. 33-63, jul./dez. 2007.

MILLER, D. *A theory of shopping*. Ithaca: Cornell University, 1998a.

MILLER, D. *Material cultures*. London: UCL, 1998b.

MILLER, D. *Material culture and mass consumption*. London: Basil Blackwell, 1987.

MILLER, M. B. *The Bon Marché*: bourgeois culture and the department store, 1869-1920. Princeton: Michael B. Miller, 1981.

NAZAREA, V. D. Local knowledge and memory in biodiversity conservation. *Anual Review of Anthropology*, [S. l.], p. 317-335, 2006. Disponível em: anthro.annualreview.org. Acesso em: 2 dez. 2017.

NEAD, L. *Victorian Babylon; peoples, streets and images in nineteenth-century London*. New Haven: [s. n.], 2000.

OGBORN, M. *Spaces of modernity*: London's geographies, 1680-1780. New York: Guilford, 1998.

OLIVEIRA, A. C. Estesia e experiência do sentido. *Casa*, [S. l.], v. 8, n. 2, dez. 2010.

OSTROWER, F. *Universos da arte*. 24. ed. Rio de Janeiro: Campus, 1983.

PAIS, J. M. *Vida cotidiana*: enigmas e revelações. São Paulo: Cortez, 2003.

PALLASMAA, J. *Le regard des sens*. Paris: Éditions du Linteau, 2010.

PANOFSKY, E. *La perspective comme forme symbolique.* [*S. l.*]: Les Ed. Minuit, 1975.

PARÁ. *Diagnóstico da área e das atividades turísticas do Polo Belém – PA.* Belém: Expansão Gestão em Educação e Eventos; Ministério do Turismo; PARATUR, 2009.

PEIRANO, M. *A favor da etnografia.* Rio de Janeiro: Relume-Dumará, 1995.

PEIRANO, M. *A teoria vivida.* Rio de Janeiro: Jorge Zahar, 2006.

PINK, S. What is Sensory Ethnography. *National Centre For Reasearch Methods* NCRM. Southampton: University the Southampton, 2023. Disponível em: https://www.youtube.com/watch?v=ON7hfORQUio. Acesso em: 12 out. 2023.

PINK, S. *Doing sensory ethnography.* London: SAGE, 2009.

PINK, S. *Doing sensory ethnography.* London: SAGE, 2012.

PINK, S. Mobilising visual ethnography: making routes, making place and making images. *Forum Qualitative Social Research/SOZIALFORSCHUNG,* [*S. l.*], v. 9, n. 3, art. 36, set. 2008.

PINK, S. The future of sensory anthropology/the anthropology of the senses. *Social Anthropology/Anthropologie Sociale,* [*S. l.*], v. 18, n. 3, p. 331-340, 2010.

PINK, S. *The future of visual anthropology:* engaging the senses. London: Routledge, 2006.

PINTAUDI, S. Os mercados públicos: metamorfoses de um espaço na história urbana. *GEU:* Revista Cidade, São Paulo, v. 3, n. 5, p. 81-100, jan./jun. 2006.

PRATT, M. L. Trabajo de campo en lugares comunes. *In:* CLIFFORD, J.; MARCUS, G. (org.) *Retóricas de la antropología.* Madrid: Júcar, 1991. p. 61-90.

PULICI, C. M. *O charme (in)discreto do gosto burguês paulista:* estudo sociológico da distinção social em São Paulo. 2010. Tese (Doutorado em Sociologia) –Universidade de São Paulo, São Paulo, 2010.

PULICI, C. M. O gosto dominante como gosto tradicional: preferências e aversões estéticas das classes altas de São Paulo. *Novos estudos – CEBRAP,* [*S. l.*], v. 91, p. 123-139, 2011. Disponível em: http://www.scielo.br/pdf/nec/n91/a07n91.pdf. Acesso em: 20 jan. 2012.

QUÉRÉ, L. Sociabilité et interactions sociales. *Réseaux,* [*S. l.*], v. 6, n. 29, p. 75-91, 1988.

RABINOW, P. Fieldwork and friendship in Morocco. *In*: ROBBEN, A. C.G.M; SLUKA, J. A. (ed.). *Ethnographic Fieldwork*: An anthropological reader. New Jersey, Blackwell, 2012. p. 520-528.

RABINOW, P. Las representaciones son hechos sociales: modernidad y postmodernidad en la antropología. *In:* CLIFFORD, J.; MARCUS, G. (org.). *Retóricas de la antropología*. Madrid: Júcar, 1991. p. 321-356.

RABINOW, P. *Marking time*: on the anthropology of the contemporary. Princeton: Princeton University, 2007.

RABINOW, P.; SULLIVAN, W. *Interpretive social science*: a second look. Berkeley, CA: University of California, 1987.

RADCLIFFE-BROWN, A. *Structure and function in primitive society*. London: Cohen and West, 1952.

RANCIÈRE, J. *O Inconsciente Estético*. São Paulo: Ed. 34, 2009.

RAPPAPORT, E. D. The halls of temptation: gender, politics and the construction of the department store in Late Victorian London. *Journal of British Studies*, [S. l.], v. 35, p. 58-83, 1996.

REDFIELD, J. M. The development of the market in the archaic Greece. *In*: ANDERSON, B. L.; LATHAN, A. J. H. (ed.). *The market in history*. Oxon: Routledge, 1986. p. 9-28.

REIS, M. Feiras de Belém sofrem com sujeira e falta de estrutura. *In*: BLOG DO CURSO DE FORMAÇÃO DE PROFESSORES EM INFORMÁTICA EDUCATIVA. Belém: NIED, 6 fev. 2012. Disponível em: http://niedformacao.blogspot.com/2012/02/feira-do-guama.html. Acesso em: 11 ago. 2023.

RHYS-TAYLOR, A. *Coming to our senses*: a multi-sensory ethnography of class and multiculture in East London. 2010. Tese (Doutorado em Sociologia) – Goldsmiths College, University of London, London, 2010. Disponível em: http://eprints.gold.ac.uk/3226/1/SOC_thesis_Rhys-Taylor_2011.pdf. Acesso em: 20 nov. 2017.

RICOEUR, P. *Tempo e narrativa*. São Paulo: Martins Fontes, 2011.

RICOEUR, P. *Teoria da interpretação*: o discurso e o excesso de significação. Lisboa: Edições 70, 1999.

RICOEUR, P. *O conflito das interpretações*: ensaios de hermenêutica. (H. Japiassu, trad.). Rio de Janeiro: Imago, 1978. (Trabalho original publicado em 1969).

RIVIÈRE, C. Laplantine, François: le social et le sensible, introduction à une anthropologie modale. *Recherches Sociologiques et Anthropologiques*, [S. l.], v. 37, n. 2, p. 212-214, 2006. Disponível em: http://journals.openedition.org/rsa/597. Acesso em: 24 nov. 2017.

RIVLIN, R.; GRAVELLE, K. *Deciphering the senses*: the expanding world of human perception. New York: Simon and Schuster, 1985.

ROCHA, G. A etnografia como categoria de pensamento na antropologia moderna. *Cadernos de Campo*, São Paulo, n. 14-15, p. 99-114, 2006.

ROCHE, D. *Histoire des choses banales*: naissance de la consommation, XVIIe -XIXe siècle. Paris: Fayard, 1997.

ROEDER, G. H. Coming to our senses. *Journal of American History*, [S. l.], v. 81, p. 1.112-1.122, 1994.

ROSALDO, R. Desde la puerta de la tienda de campaña: el investigador de campo y el inquisidor. *In*: CLIFFORD, J.; MARCUS, G. (org.) *Retóricas de la antropología*. Madrid: Júcar, 1991. p. 123-150.

SABOURIN, E. Marcel Mauss: da dádiva à questão da reciprocidade. *Revista Brasileira de Ciências Sociais*, [S. l.], v. 23, n. 66, 2008.

SAHLINS, M. *Cultura e razão prática*. Rio de Janeiro: Zahar, 1979.

SAHLINS, M. *Des îles dans l'histoire*. Paris: Seuil, 1989.

SAHLINS, M. *Ilhas de história*. Rio de Janeiro: Jorge Zahar, 1990.

SAHLINS, M. O "pessimismo sentimental" e a experiência etnográfica: por que a cultura não é um "objeto" em via de extinção (parte I). *Mana*, [S. l.], v. 3, n. 1, p. 41-73, 1997a.

SAHLINS, M. O "pessimismo sentimental" e a experiência etnográfica: por que a cultura não é um "objeto" em via de extinção (parte II). *Mana*, [S. l.], v. 3, n. 1, p. 103-150, 1997b.

SANTOS, S. N.; LEITÃO, W. M. Transmissão de patrimônio: barracas e saberes na feira do Ver-o-Peso. *In*: RODRIGUES, C. I.; SILVA, L. J. D.; MARTINS, R. F. (org.). *Mercados populares em Belém*: produção de sociabilidades e identidades em espaços urbanos. Belém: NAEA, 2014. p. 105-122.

SARGENTSON, C. *Merchants and luxury markets*: the marchands merciers of eighteenth-century Paris. Berkeley, CA: University of California, 1996.

SCHAMA, S. *The embarrassment of riches*: an interpretation of Dutch culture in the golden age. New York: Random House, 1987.

SCHIERMER, B. La raison sensible et ses limites: le bon goût, le mauvais goût et le sans goût. *Sociétés*, [*S. l.*], n. 118, p. 117-127, 2012/4.

SCHUTZ, A. *Phenomenology of the social world*. Evanston: Northwestern, 1967.

SCHUTZ, A. *Sobre fenomenologia e relações sociais*. Petrópolis: Vozes, 2012.

SEURAT, G. *Le cirque*: peinture, tableau, huile sur toile, H. 1.86; L. 1.52 m. - Dim. avec cadre: H. 2,320 ; L. 1,985 m. Paris, 1859; 1891; 2010. Entre outras realizadas pelo pintor (cf. Musée d'Orsay). Disponível em: http://www.musee-orsay.fr/fr/collections/oeuvres-commentees/recherche/commentaire_id/cirque-7090.html. Acesso em: 9 jun. 2016.

SILVA, B. W. S. Dia do feirante: construção de sociabilidades em mercados populares em Belém-PA. *In*: RODRIGUES, C. I.; SILVA, L. J. D.; RAVENA-CAÑETE, V. (org.). *Mercados populares em Belém*. Belém: NAEA, 2017. p. 117-142.

SILVA, C. A. F. O retorno ao mundo da vida: Merleau-Ponty, leitor de Husserl. *Revista Filosófica de Coimbra*, [*S. l.*], v. 4, n. 1, p. 11-32, 2012.

SILVA, L.; RODRIGUES, C. Feira de artesanato domingo na praça: comércio, circulação e lazer no centro da cidade de Belém-PA. *In*: RODRIGUES, C. I.; SILVA, L. J. D.; MARTINS, R. F. (org.). *Mercados populares em Belém*: produção de sociabilidades e identidades em espaços urbanos. Belém: NAEA, 2014. p. 11-32.

SILVA, L. H. O. Identité du sujet, interaction et mutabilité des goûts. *Actes Sémiotiques*, [*S. l.*], n. 117, 2014. Disponível em: http://epublications.unilim.fr/revues/as/5222. Acesso em: 19 maio 2015.

SIMMEL, G. Excurso sobre o problema: como é possível a sociedade? *Sociologia & Antropologia*, Rio de Janeiro, v. 3, n. 6, p. 653-672, 2013.

SIMMEL, G. *Questões fundamentais da sociologia*. Rio de Janeiro: Zahar, 2006.

SIMMEL, G. Sociabilidade: um exemplo de sociologia pura ou formal. *In*: MORAIS FILHO, E. (org.). *Georg Simmel*: sociologia. São Paulo: Ática, 1983. p. 35-60.

SIMMEL, G. *Sociologie et epistemologie*. Paris: PUF, 1981.

SIMMEL, G. *Sociologie*: études sur les formes de la socialisaton. Paris: PUF, 1999.

SIMMEL, G. *The philosophy of money*. London: Routledge, 1978.

SOESMAN, A. *Our twelve senses*: wellsprings of the soul. Stroud, Glous.: Hawthorn, 1998.

SOLOMON, M. *et al. Consumer behavior*: an European perspective. Harlow: Prentice Hall, 2002.

SOUZA, R. C.; RODRIGUES, C. Sociabilidades, práticas e identidades na Feira da 25 de Setembro. *In*: RODRIGUES, Carmen Izabel; SILVA, Luís de Jesus Dias; MARTINS, Rosiane Ferreira (org.). *Mercados populares em Belém*: produção de sociabilidades e identidades em espaços urbanos. Belém: NAEA, 2014. p. 123-144.

SPENCER, D. C. *Ultimate fighting and embodiment*. London: Routledge, 2012.

SPRENGER, S. Le Cousin Pons, ou l'anthropologie balzacienne du goût. *L'Année Balzacienne*, [*S. l.*], n. 10, p. 157-179, 2009.

STEINER, P. En avant vers de nouvelles topiques: Maurice Godelier, l'idéel et le materiel. *Espaces Temps*, [*S. l.*], v. 29, n. 1, p. 77-78, 1985. Disponível em: http://www.persee.fr/doc/espat_0339-3267_1985_num_29_1_3254_t1_0077_0000_2. Acesso em: 16 set. 2016.

SYNNOTT, A. *The body social*. London: Routledge, 1993.

TILLEY, C. *et al. Handbook of material culture*. London: SAGE, 2013.

TILLEY, C.; BUCHLI, V. *The material culture reader*. Oxford: Berg, 2002.

TOMASSON, A. L. Ontologia da arte. *In*: KIVY, P. (org.). *Estética*: fundamentos e questões da filosofia. São Paulo: Paulus, 2008. p. 113-138.

TYLER, S. Etnografía postmoderna: desde el documento de lo oculto al oculto documento. *In*: CLIFFORD, J.; MARCUS, G. (org.). *Retóricas de la antropología*. Madrid: Júcar, 1991. p. 183-204.

VAN VELTHEM, L. H. Os "originais" e os "importados": referências sobre a apreensão wayana dos bens materiais. *Indiana*, [*S. l.*], n. 27, p. 141-159, 2010.

VANDENBERGHE, F. *As sociologias de Simmel*. Bauru; Belém: USC; UFPA, 2005.

VEDANA, V. *Fazer a feira*: estudo etnográfico das "artes de fazer" de feirantes e fregueses da Feira Livre da EPATUR no contexto da paisagem urbana de Porto

Alegre. 2004. Dissertação (Mestrado em Antropologia Social) – Universidade Federal do Rio Grande do Sul, Porto Alegre, 2004.

VEDANA, V. *No mercado tem tudo que a boca come*: estudo antropológico da duração das práticas cotidianas de mercado de rua no mundo urbano contemporâneo. 2008. Tese (Doutorado em Antropologia Social) – Universidade Federal do Rio Grande do Sul, Porto Alegre, 2008.

VELHO, G. Observando o familiar. *In*: NUNES, E. O. (org.). *Aventura sociológica*: objetividade, paixão, improviso e método na pesquisa social. Rio de Janeiro: Zahar, 1978. p. 36-46.

VELHO, G. *Projeto e metamorfose*: antropologia das sociedades complexas. 3. ed. Rio de Janeiro: Jorge Zahar, 2003.

VERNIK, E. Idéaux Simmeliens. *Sociétés*, [*S. l.*], n. 101, p. 65-75, 2008.

WAGNER, R. A pessoa fractal. *Ponto Urbe*, ago. 2011. Publicado on-line a partir de 15 maio 2013.

WAIZBORT, L. *As aventuras de Georg Simmel*. São Paulo: Edições 34, 2000.

WEBER, M. *Economia e sociedade*. Brasília: UnB, 2009.

WESTPHALEN, C. M. *Dicionário da história da colonização portuguesa no Brasil*. São Paulo: Verbo, 1994.

WHAT is sensory ethnography? [*S. l.*]: SAGE Research Methods, 2011. 1 vídeo (11 min). Interview granted by Sarah Pink. Disponível em: http://methods.sagepub.com/video/what-is-sensory-ethnography. Acesso em: 10 jan. 2018.

WILLIAMS, R. *Dream worlds*: mass consumption in late nineteenth-century France. Berkeley, CA: University of California, 1982.